辽宁省燕秦汉长城资源调查报告

辽宁省文物局　编著

文物出版社

图书在版编目（CIP）数据

辽宁省燕秦汉长城资源调查报告／辽宁省文物局编著．
—北京：文物出版社，2017.6

ISBN 978－7－5010－4484－9

Ⅰ.①辽…　Ⅱ.①辽…　Ⅲ.①长城－调查报告－辽宁省－
战国时代、秦汉时代　Ⅳ.①K928.77

中国版本图书馆 CIP 数据核字（2015）第 314657 号

辽宁省燕秦汉长城资源调查报告

编　　著：辽宁省文物局

责任编辑：冯冬梅　智　朴
责任印制：张　丽

出版发行：文物出版社
社　　址：北京市东直门内北小街 2 号楼
邮　　编：100007
网　　址：http：//www.wenwu.com
邮　　箱：web@wenwu.com
经　　销：新华书店
印　　刷：北京京都六环印刷厂
开　　本：889×1194　1/16
印　　张：24.5
版　　次：2017 年 6 月第 1 版
印　　次：2017 年 6 月第 1 次印刷
书　　号：ISBN 978－7－5010－4484－9
定　　价：350.00 元

《辽宁省燕秦汉长城资源调查报告》
编辑委员会

序　言

　　在中华历史文化遗产的方阵中，长城历来是工程量最浩繁、修筑时代延续最长、跨越地域最广阔、建筑体系最完备的古代军事防御工程；是中华民族创造伟力、传统文化和精神力量的象征。长城以其雄伟的建筑史迹、深邃的文化底蕴和丰富的人文内涵，成为屹立在中华大地上的不朽人文胜迹和历史丰碑。

　　辽宁地处东北亚前沿的黄、渤海北岸和辽河流域，是东北亚古代文明的中脊和前沿地带，在当代也是环黄渤海沿岸的国家级重要经济文化区。辽海大地自古就是以"辽河文明"为主导的重要文化区。考古发现证明，从几十万年前的营口金牛山、本溪庙后山、海城仙人洞，到万年文明起步的辽西兴隆洼、阜新查海、沈阳新乐、辽东半岛小珠山，直到距今5000多年前的"红山文化"古国文明和2000多年前的秦汉帝国文明，千百年来，辽宁地区一直是中华先民繁衍生息的人杰地灵之地。蜚声中外的中华万里长城，正是辽宁大地上至今遗迹尚存、延续了数千年的重要文化遗产之一。

　　辽宁地区的长城史迹，从公元前3世纪战国时燕将"秦开却胡"开始，历经秦汉、高句丽、辽金至明代边墙，历代都有修筑。其中尤以燕秦汉长城和明代长城涉及地域广阔，体系完备而遗迹明确，是中国北方10余省（直辖市、自治区）长城史迹分布和保存最丰富的省份之一。

　　即将出版的《辽宁省燕秦汉长城资源调查报告》是进入21世纪的第一个10年，在中央统一决策布署下，由国家文物局和国家测绘局组织实施的国家重点文化遗产保护工程"长城资源调查报告"的重要组成部分，即辽宁地区的早期长城考古调查报告。是继2011年《辽宁省明长城资源调查报告》出版后，一部关于辽宁省燕秦汉时期的长城报告。诚如报告《前言》中所说：本报告既是全国长城资源调查成果的组成部分，又反映了辽宁地区早期长城的实际情况。其时段包括辽宁地区从战国燕、秦到两汉三个历史时期。这一时期既是中华长城体系的形成期，也是中国封建郡县体制的奠基期。辽宁地区的早期长城，作为中国历史上以秦统一六国为标志的"社会转型"的史迹遗存，也是当时北方"幽州"所属的"五郡"长城的一部分。

　　长期以来，辽宁省各级党委、政府和社会各界高度重视以长城保护为代表的文化遗产工作。从20世纪80年代开展的"爱我中华，修我长城"活动，到21世纪以来启动了长城资源调查保护工作。在此基础上，正在实施《辽宁省重点文化遗产保护工程规划》，其中长城遗产为其保护项目的重中之重。我们希望此次长城资源调查报告的出版，能够进一步推动辽宁省文化遗产保护工作的开展，并建立长城遗产保护、研究和利用的长效机制。

　　捧读这部浸透全体长城资源调查和编写人员汗水的厚重的报告，可以使人们在领略辽宁地区 2000 年前早期长城史迹的同时，了解中华长城所蕴含的深厚文化内涵和历史价值，从中深刻体悟"史迹是一种凝固的文化"。随着岁月的流逝，作为古代军事障塞性质的长城，可能越来越成为历史的陈迹。但作为文化遗产的长城，不仅价值永存，而且成为中华民族不朽"国魂"的象征，并永远是振兴中华的强大精神力量和文化动力。从这个意义上说，今天我们保护、珍视和开发长城遗产，就不单纯是对文化遗产的保护和历史的回顾，更有其重要的现实社会意义和文化价值，也是全体文化工作者的神圣使命和历史责任。

　　在这部报告即将出版之际，我们衷心感谢国家文物局和长城资源调查项目组多年来对辽宁长城保护、调查和研究给予的大力支持和精心指导。感谢所有关心、支持长城遗产保护的各级领导和社会各界，特别是长城资源调查和编写人员，为辽宁省长城资源调查、保护和研究付出的巨大努力和辛勤汗水。希望以这次长城资源调查为契机，进一步推动辽宁省的文化遗产保护、传承和开发利用工作，为实现建设辽宁经济、文化强省的宏伟目标做出无愧于时代的贡献。

辽宁省文化厅厅长　丁辉

2016 年 5 月

目　录

插图目录

插表目录

地图目录

彩图目录

前　言

从 2007 年起至 2010 年，在国务院统一布署下，由国家文物局和国家测绘局联合组织了全国重点文化遗产保护工程——长城资源调查。遵照国家文物局的要求，辽宁省在明代长城资源调查结束的同时，又开展了早期长城的考古调查工作，《辽宁省燕秦汉长城资源调查报告》即是这次早期长城资源调查的主要成果。在早期长城田野考古调查结束、报告开始编写的 2013 年春秋两季和 2014 年 7 月间，为了补充完善这次考古调查资料和对重点段落做进一步认定，辽宁省文物局又组织省文物保护专家组和有关人员，对辽宁省早期长城的重点段落和与长城有关的重点遗址点进行了复查。在报告编写过程中，为了使这次考古调查材料更为完善，除补充了相关调查资料以外，还梳理了历年来与燕秦汉长城有关的辽宁地区重要考古发现，从而形成本报告的基础资料。

本报告内容分为四部分：概述；辽宁省燕秦汉长城调查研究的历史回顾；本次辽宁省燕秦汉长城调查的主要成果；结论与分析。

报告的总体思路是，《辽宁省燕秦汉长城资源调查报告》是全国长城资源调查报告的组成部分，同时也是辽宁省早期长城现存考古资料的全面记录和综合。其时段包括辽宁省从战国燕秦到两汉共三个历史阶段。这一时期，正是中华统一多民族国家从形成到发展的重要时期，其重要标志就是封建郡县制的建立和巩固。地处中国东北的辽宁省，作为当时中央王朝在北方所建立的右北平郡、辽西郡、辽东郡及玄菟郡的所在地，既承担着军事防御的任务，也起着促进多民族交往的作用。早期长城的修筑即是郡县政体建立的重要内容和组成部分，共同构成北方军事防御体系，并对民族交流起到有序化和减缓冲突的作用。这就决定了辽宁省早期长城的形成，在时代背景和结构特征等方面，与内郡和西北等地的早期长城基本相同，共同构成了燕秦汉时代的北方长城体系。

按照这一历史背景和长城史迹保存分布的实际情况，本报告将辽宁省的燕秦汉长城史迹，分为辽东和辽西两部分以及燕秦长城和汉长城两大时段。

历史上的辽东和辽西的分区基本以医巫闾山为分界（历史上的辽东郡和辽西郡的分界线）。本报告的分区则以辽河干流为基本分界，这兼顾了辽宁省的自然地理特点、先秦时期古文化分布以及长城现存史迹的分布、结构特点、保存状况等实际情况。从早期长城的保存情况看，报告中的辽西地区与辽东地区最主要的区别在于辽河以西地区可见部分长城墙体；而辽河以东地区则罕见墙体，更多为烽燧遗址和屯戍遗迹。在辽河河套的阜新以东、新民以北、法库以南等后期人类活动较多的平原地区，保存下来的早期长城遗迹更为稀少。

辽宁省早期长城时段的划分要加以说明的是"燕秦长城"。将燕与秦并称是因为在田野实际考古调查中，燕长城与秦长城多数情况下难以区分，一是两者特点相近、采集遗物又很少，且特征不明显的缘故；再一种情况就是有的长城段秦长城就是延用了燕长城，两者本来就是一体的，这也同文献记载相吻合。

还要强调的是，本报告主要反映了这次长城资源调查的资料，同时也大量吸收了历年有关考古发现和研究的成果，由此反映了辽宁早期长城的主要收获：一是基本厘清了文献所记"自造阳（右北平）至襄平（辽东郡）"的燕秦长城在辽西地区的走向和结构，对辽东燕秦汉长城，即《史记》中的"辽东故塞"辽东段，经由今沈铁间和抚顺、本溪、宽甸的基本走向也进一步明确了线索；二是明确了辽宁省东部汉长城的烽燧线与燕秦早期烽燧线的分途点，以及过新宾后与吉林省通化地区的汉烽燧的基本接点；三是明确了辽西燕秦汉三代长城与赤峰地区长城史迹的主要接点坐标；四是对辽西锦州等地汉代长城烽火台（烽燧）的新发现，证明在燕秦汉时代的"汉郡"腹地仍有与长城戍边相关的系列烽燧设施；五是通过对辽宁省燕秦汉长城的全方位、系统的考古调查，较系统、全面地反映了长城遗迹遗物，并进一步明确了辽宁省早期长城与内郡和西北等地存在着基本相同的防御体系。

需要说明的是，限于现存辽宁省长城史迹的不完整性、遗迹毁坏严重和调查条件的局限，本报告对调查成果的介绍和分析必然是初步的和阶段性的。这一成果反映的应是进入 21 世纪第二个 10 年对辽宁省早期长城史迹的基本认识。从这个意义说，本报告应是后续研究的引玉之石。

在这部报告即将出版之际，我们向所有辽宁省长城资源调查和报告编辑整理的参与者和支持者，特别是一线长城调查考古工作者表示衷心的感谢。对因时间紧促和学识不逮产生的不足之处，请不吝赐正。

第一章　概　述

一　辽宁省燕秦汉长城形成的历史背景

根据文献记载，辽宁省燕秦汉长城的修筑最早开始于公元前 3 世纪，是燕国将军"秦开却胡"开拓"五郡"的一部分，这同战国时期中原地区列国长城的修筑几乎是同步的。

文献记载的燕国长城，有"燕南长城"和"燕北长城"两部分。燕南长城，主要在今河北省境内的太行山东麓易水流域，故史称"易水长城"，其主要防御齐、晋和强秦。《史记·张仪列传》记载，燕昭王元年（公元前 311 年），张仪说燕昭王天下大势："秦下甲云中、九原，驱赵而攻燕，则易水长城非大王之有也。"指的就是公元前 311 年前已修筑的"燕南长城"。而"燕北长城"即包括今辽宁省在内的北方五郡（上谷、渔阳、右北平、辽西、辽东）长城的修筑，主要防御当时的辽西东胡、匈奴和辽东史称"胡貊"的秽貊诸部（汉代辽东夫余和高句丽的先人）。燕北长城修筑的时间要稍晚于燕南长城。燕北长城的修筑见于《史记》《汉书》等早期文献，与"秦开却胡"后设上谷、渔阳、右北平、辽西、辽东五郡同时进行，其时代应在周赧王十六年（公元前 299 年）赵国修筑河套地区的九原长城之后，燕昭王（公元前 311 ~ 前 279 年）"中兴"之始。《史记·匈奴列传》记载："其后燕有贤将秦开为质于胡，胡甚信之。归而袭破走东胡，东胡却千余里……燕亦筑长城，自造阳至襄平，置上谷、渔阳、右北平、辽西、辽东以拒胡。"[①] 这里明确记载，"燕亦筑长城"应在秦开却胡设五郡之后的公元前 3 世纪，其目的是保护五郡的腹地"以拒胡"。

继燕以后的秦筑长城，则见于《史记·蒙恬列传》：秦始皇二十六年（公元前 221 年）"秦已并天下，乃使蒙恬将三十万众，北逐戎狄，收河南，修长城。因地形用险制塞，起临洮至辽东，延袤万余里"[②]。显然秦代长城的修筑，应在秦统一六国之后，并且是在连接和修缮六国长城的基础上，"用险制塞"而为之。故《汉书·食货志》应劭注曰："秦始皇遣蒙恬攘却匈奴，得其河南造阳之北千里，地基好，于是为筑城郭，徙民充之，名曰新秦。"造阳即上谷郡首，"造阳（沮阳）之北千里"的新拓之地，正是燕昭王时代秦开却胡千里的五郡地区。但秦长城由于秦立国短暂，有些段落多利用战国长城、山险、河险与"木柴僵落"，从而方可

---

① （西汉）司马迁：《史记》卷一一〇《匈奴列传》，中华书局，1969 年。
② （西汉）司马迁：《史记》卷八八《蒙恬列传》，中华书局，1969 年。

在短时期内完成"延袤万余里"的长城。

辽宁省汉长城的修筑有部分是对前期燕秦长城的沿用,更多是在新的更为复杂的历史背景下修筑的。这在文献记载中有较多反映。

其一,史载"汉兴,复修辽东故塞"。这段有关西汉初辽宁省长城的文字,主要见于《史记·朝鲜列传》:"自始全燕时,尝略属真番、朝鲜,为置吏,筑障塞。秦灭燕,属辽东外徼。汉兴,为其远难守,复修辽东故塞。"① 其后《史记·匈奴列传》记:"文帝后二年使遣匈奴曰:'先帝制,长城以北引弓之国,受命单于;长城之内,冠带之国,朕亦制之。匈奴无入塞,汉(人)无出塞,犯令者杀之。'"又《史记·绛侯周勃世家》所载,(勃)以将军从高帝击反者,破绾军沮阳。追至长城。以上所引汉初"长城",应为汉初仍存在的燕秦长城,是指汉武帝开拓辽东"朝鲜四郡"以前西汉初的高、惠、文、景时期。其继承的主要是"全燕时"(公元前3世纪燕昭王时)和秦灭六国后"所筑障塞"。故司马迁在《史记》中称为"辽东故塞"。

其二,为汉武帝开拓朝鲜四郡和汉昭帝内迁玄菟郡于辽东以后对长城的复修。

汉武帝开拓"朝鲜四郡"和汉昭帝内迁"玄菟郡"于辽东后,复有辽东障塞之设,在《汉书》和《后汉书》中亦有相关记载。

《汉书·匈奴传》记载:"北边塞,至辽东,外有阴山,东西千余里……至孝武帝世,出师征伐,斥夺此地,攘之于幕北。建塞徼,起亭燧,筑外城,设屯戍以守之。"② 所指正是汉武帝时所筑包括辽西、辽东在内的北边长城障塞。这些障塞应包括"塞垣""亭燧""障城"等长城综合防御体系。汉昭帝继承父业后,鉴于"辽东故塞"的攻守形势的变化,对新开辟的"朝鲜四郡"等边郡建置和防务有所调整。最重要的是将朝鲜半岛北部的"玄菟郡"(治沃沮县),内迁至辽东苏子河流域的"高句丽县"(今新宾南)。《后汉书·东夷列传》记载:"元封三年(公元前108年),灭朝鲜,分置乐浪、临屯、玄菟、真番四郡。至昭帝始元五年(公元前82年),罢临屯、真番,以并乐浪、玄菟。玄菟复徙居句丽。"③ 这是对汉武帝和汉昭帝两代的追述。前后两《汉书》记载,元封三年(《汉书·地理志》记为元封四年)先开设"朝鲜四郡",汉昭帝始元五年,又罢"临屯""真番"两郡,而并入"乐浪"和"玄菟"二郡。同时将"玄菟郡"由"沃沮"(今朝鲜半岛北部),内迁徙至辽东"句丽"部族地区,即辽东"第二玄菟郡"治地的"高句丽县"(今苏子河上游新宾满族自治县永陵南汉城)。

《后汉书》关于玄菟郡内迁辽东的记载,可与《汉书》中《昭帝纪》和《天文志》相印证。《汉书》卷七《昭帝纪》和卷二六《天文志》都记载,"(元凤)六年(公元前75年)春正月,募郡国徒筑辽东玄菟城"④。古今对这段文献的断句有"辽东玄菟"合称和"辽东"

① (西汉)司马迁:《史记》卷一一五《朝鲜列传》,中华书局,1969年。
② (东汉)班固:《汉书》卷九四《匈奴传》,上海古籍出版社,1984年,第353页。
③ (南朝宋)范晔:《后汉书》卷八五《东夷列传》,中华书局,1965年,第2817页。
④ (东汉)班固:《汉书》卷七《昭帝纪》,上海古籍出版社,1984年,第223页。

"玄菟"分指句读之别。前者"辽东"应指方位，后者"辽东郡"与"玄菟郡"应分指二城。但无论如何解读，昭帝时"筑玄菟城"无可争议。这是汉昭帝始元五年"玄菟复徙句丽"后七年，即元凤六年首筑"玄菟城"的最早记载。从筑城的士卒多为"募郡国徒"来看，参照居延等地出土的汉简记载，边郡和障塞的修筑及戍守多同时进行，并多有"刑卒"①。可推证汉代辽东玄菟郡筑城和屯守的"募郡国徒"，亦应当包括郡国发配的"刑徒"，在修城和戍边、筑塞中的多种功用。

其三，为西汉末和东汉以后，对辽东、辽西部分长城障塞、烽燧的补筑。记载见于《汉书·匈奴传》，在汉元帝以后，有司上书朝廷的一段文字："起塞以来百有余年，非皆以土垣也……十年之外，百岁之内，卒有它变，障塞破坏，亭燧灭绝，当更发屯缮治。"② 这段记载反映了汉元帝以后长城修筑百年后的西汉后期，北边障塞的坏绝和需要重新修缮的状况。《后汉书·光武帝纪》也记载，建武十二年（公元36年）"春，遣骠骑大将军杜茂将众部施刑屯北边，筑亭堠，修烽燧"③。东汉时蔡邕《谏伐鲜卑议》中也说："（鲜卑）自匈奴北遁以来，称兵十万，弥地千里……臣以为宜止征伐之计，令诸营甲士循行塞垣，屯守冲要，以坚守不动为务。"④ 其后晋代著名地理学家郭璞在注释《山海经·貊国》时说："今扶余国即秽貊故地，在长城北，去玄菟千里。"此长城即指辽东长城。以上《汉书·匈奴传》和《后汉书·光武帝本纪》及东汉蔡邕和晋郭璞所言，均应是汉元帝以后，鲜卑逼进五郡边塞的西汉末和东汉时期的北方边塞情况。所谓"当更发屯缮治""筑亭堠，修烽燧"和"循行塞垣，屯守冲要"，以为屯边之计，正是指西汉末至东汉当时五郡障塞，包括今辽宁省在内的长城实际屯守、长城修缮和戍边的实际状况。从历年考古调查看，在辽西建平县等地的汉长城烽燧遗址和遗物，以及本次长城调查发现的锦州市等地的汉墩台，明显晚于燕秦早期长城遗迹。可能与这些记载有关。

二　历年考古调查对辽宁省燕秦汉长城遗迹的了解

辽宁省的燕秦长城分布，经历年调查，在辽宁省8个市10余县（市、区）都发现了早期长城遗迹和遗物线索。其中在辽东地区的沈阳市、铁岭市、抚顺市、本溪市、丹东市虽没有发现明确的早期长城墙体，却有不少与早期长城有关的重要墩台遗迹等线索被陆续发现；在辽西地区的阜新市、朝阳市、锦州市有包括长城墙体在内的明确的长城遗迹发现。

从历年辽西和辽东早期长城调查情况来看，辽宁省早期长城的总体保存状况不好。辽西地区发现的长城墙体遗迹有个别地段尚在地上保存着高近1米的墙体下部，大部分只在地表

① 王辉：《浅谈汉简人名身份的补充和区分问题》，《中国文物报》2013年8月14日。
② （东汉）班固：《汉书》卷九四《匈奴列传》，上海古籍出版社，1984年，第353页。
③ （南朝宋）范晔：《后汉书》卷一《光武帝纪》，上海古籍出版社，1986年，第770页。
④ （东汉）蔡邕：《蔡中郎集》，《东北古史资料丛编》，辽沈书社，1987年，第48页。

显露墙体的地基部分，即当地称为"土龙"或"石龙"。辽东地区则除了长城墙体一直无明确发现以外，现存于地上的烽燧址等多遭自然和人为因素严重扰动，其他有关遗迹点也较为分散，需综合梳理。本报告的结论部分对此进行了初步分析。

以上情况表明，对辽宁省早期长城遗迹的深入了解，仍需在包括此次调查的历年考古调查基础上对调查发现的遗迹进一步认定。除已公布为各级文物保护单位外，亟待进行一次全面的核查，为整体保护提供全面资料和基础依据。

三　本次辽宁省燕秦汉长城资源调查的启动和工作背景

（一）工作缘起与准备工作

在20世纪80年代国家启动"爱我中华，修我长城"的基础上，21世纪初，根据国务院有关领导关于切实做好长城保护工作的指示和要求，国家有关部门启动了为期10年的长城保护工程。2006年10月国务院颁布《长城保护条例》和《长城保护工程（2004～2010年）总体工作方案》，提出开展长城资源调查工作。长城资源调查工作拟历时5年（2006～2010年），由国家文物局和国家测绘局牵头，各省（直辖市、自治区）文物和测绘部门统一组织实施。开展长城资源调查工作的目的，是全面、准确掌握现存长城的规模、分布、构成、走向及其时代以及自然与人文环境、保护管理现状等基础资料，测量长城长度，建立长城调查记录档案和长城资源信息系统，为研究制定长城保护长远规划及其相关政策提供科学依据。在辽宁省明长城资源调查工作结束后，根据国家文物局的部署，于2009年正式启动了第二阶段即燕、秦、汉长城资源的调查工作。

辽宁省是早期长城资源比较丰富的省份之一。据史料记载和前人的调查发现，历史上，燕、秦、汉、北齐、高句丽、辽、明几个时期均在辽宁修筑过长城。燕秦长城由内蒙古自治区赤峰市进入辽宁省朝阳市，在阜新、沈阳、抚顺、本溪、丹东等市均有遗迹分布；辽宁省汉长城主要分布于朝阳、阜新、沈阳、抚顺、丹东5个市；北齐长城由河北省山海关延伸到辽宁省绥中县万家镇墙子里村一小段至渤海，遗迹已湮没；辽代长城则主要分布于辽宁省大连市金州区南关岭"哈斯关"一段，长度不足10千米。

根据国家文物局的工作部署，辽宁省长城资源调查项目办公室于2009年初，组织各调查队开展了编制早期长城资源调查工作方案和查找相关文献等各项前期准备工作。2009年3月中旬，辽宁省长城资源调查项目办公室专门召开了早期长城资源调查工作会议，安排部署有关工作，并邀请省内有关考古专家为各调查队进行业务指导。会议结束后，辽宁省长城资源调查项目办公室为各调查队配备了必要的工作设备和装备，并为每位调查队员上了人身保险。辽宁省测绘局为此项工作给予了强有力的支持，无偿向辽宁省文物部门提供了调查所需的1：10000和1：50000地图，为辽宁省早期长城资源调查提供了各种方便条件，使辽宁省早期长城资源调查工作得以顺利进行。

（二）组织实施情况

包括早期长城在内的辽宁省长城资源调查工作是从 2006 年开始的。这一年内，根据国家文物局的工作部署，辽宁省文物局组织有关单位和人员，编制了《辽宁长城资源调查工作方案（草案)》，上报了国家文物局，并得到正式批复。同年，根据国家文物局的统一安排，抽调辽宁省文物保护中心和葫芦岛市有关业务人员，参加了河北省长城资源调查试点工作，获得了野外工作经验；2007 年 3 月 9 日至 21 日，辽宁省文物局、辽宁省测绘局组织全省文物和测绘部门 11 人，参加了全国长城资源调查培训班。在此基础上编制完成了《辽宁省长城资源调查工作方案（2007～2010 年)》，并得到了国家文物局、国家测绘局的正式批复。

辽宁省文化厅党组高度重视长城资源调查工作，2007 年 3 月，文化厅党组书记、厅长彭益民听取工作汇报，提出工作要求，并向辽宁省副省长滕卫平作了汇报。根据省领导要求，由辽宁省政府副秘书长马述君负责协调这项工作。辽宁省财政厅在经费的使用和管理中对这项工作给予大力支持。辽宁省文物局、辽宁省测绘局经过协调、沟通，就合作内容、各自任务和工作衔接等事宜达成一致意见。辽宁省文化厅继任厅长郭兴文对此项工作高度重视，就如何保质保量完成各时期长城资源调查任务多次提出工作要求。

2007 年 4 月 3 日，辽宁省文物局、辽宁省测绘局联合向全省各有关部门和单位下发了文件，组建了辽宁省长城资源调查工作领导小组。领导小组下设项目办公室，设在辽宁省文物局。在全省统一组织下，调查工作共成立了 12 支调查队伍，其中文物调查工作队 6 支，测绘工作队 6 支，分别由考古、文物保护、测绘、摄影摄像等专业人员组成。

2007 年 4 月 23 日至 27 日，辽宁省文物局和辽宁省测绘局联合在兴城市举办了辽宁省长城资源调查培训班，为保障辽宁省长城资源调查工作顺利实施奠定了坚实的基础。

同时，辽宁省长城资源调查项目办公室专门制定了长城资源调查财务管理制度、资料管理制度、专家咨询制度、检查验收制度等规章制度，为辽宁省长城资源调查工作的有序、安全进行提供了有力保障。

2009 年 3 月底，担负辽宁省早期长城资源调查的 6 个工作队在完成明长城调查之后，又陆续抵达各自的工作区域开展野外工作，标志着辽宁省早期长城资源调查工作全面启动。

自 2009 年 5 月中旬至 2010 年 3 月末，参加辽宁省明长城资源调查的共 6 个队 48 名调查队员克服一切困难，再接再厉，圆满完成了燕秦汉及其他时代长城野外调查工作。一年来，调查一队、三队、五队的调查队员穿越辽宁境内的 4 个市 9 个县（市、区），调查燕秦长城墙体 107290 米，敌台、哨所、烽火台等单体建筑 67 座，关堡 19 座，相关遗存 9 处。调查一队、三队、四队、五队的调查队员穿越 4 个市 15 个县（市、区），调查汉长城墙体 1034 米、烽火台 134 座、关堡 30 座。

2010 年 11 月 19 日至 21 日，国家长城资源调查项目组组织有关专家，对辽宁省燕秦汉及其他时代长城资源调查资料进行了审查验收。专家组听取了辽宁省文物局省级验收汇报，审阅了调查资料，进行了现场考察。专家组专家一致认为，辽宁省的燕秦汉及其他时代长城资源调查资料完整、齐备，登记工作全面细致，符合《长城资源调查工作手册》的要求，达到了验收标准，一致同意辽宁省燕秦汉及其他时代长城资源调查资料合格，建议通过国家验收。

通过调查，证明辽宁省现存燕秦汉长城与以往史籍中关于长城的记载基本吻合。此次长城资源调查，基本搞清了辽宁省境内燕秦汉长城的分布及走向、结构体系、自然与人文环境、保护与管理状况，为辽宁省燕秦汉长城的深入研究、科学保护与利用，建立了科学、准确、详实的长城记录档案，促进长城遗产的科学保护研究和宣传提供了可靠的依据。

第二章　辽宁省燕秦汉长城调查研究的历史回顾

一　考古调查情况

辽宁省早期长城（包括今河北省北部和内蒙古自治区赤峰市的五郡长城）的调查和发现，可追溯至清乾隆时期。

清乾隆十七年（1752年），在乾隆皇帝东巡盛京（今沈阳），途经今河北省围场县时，在围场县岱尹上村，发现有一道"土龙"。其近处立有"古长城说"碑。其文有："东至西延袤数百里，横亘若城堑之状，依山连谷。"这一段古长城遗址，近年经河北省等考古工作者的实地考古调查证实，不是后来的北齐长城和明长城，而是燕秦汉早期长城，即历史上的"燕北长城"和秦汉长城遗迹。其经由围场县后，向东进入内蒙古自治区赤峰市和辽西地区的古长城。说明早在300年前的清代中期，燕秦汉长城遗迹已被发现。尽管由于缺乏当代考古学手段，当时尚未确定其时代，但已确认了"横亘若城堑"的障塞性质。并刊石立碑，实属难能可贵。

（一）20世纪中叶以前的调查与发现

对东北地区燕秦汉早期长城最早调查发现的首推李文信、佟柱臣先生。1941年，李文信在内蒙古东部考古调查，经蒙古族人那苏图介绍，最早了解到建平县北部黑水村有古城址，老哈河西岸又有"老边"。1943年，李文信和佟柱臣先生再次赴赤峰一带考古调查。"在调查辽金元高州故城过程中，发现一大段古长城址。"这段古长城即在英金河北岸的一段古长城痕迹。后经调查证实，应是辽西赤峰、建平等地的燕秦古长城。这些早期调查考古发现成果，大多记录在李文信先生的《中国北方长城沿革考》（1979年）和佟柱臣先生的《赤峰附近新发见之汉前土城址与古长城》中（1946年10月《沈阳博物馆专刊》历史与考古第二号）。

中华人民共和国建立后至20世纪60年代，辽宁省燕秦汉古长城的调查工作主要是结合文物保护和各级文物档案的编写等工作进行，缺少专门调查。在20世纪60年代初期，对辽宁省燕秦汉长城考古调查的，主要有辽宁省博物馆文物考古队的陈大为、孙守道、李庆发等专家学者。其成果主要反映在1961年辽宁省博物馆编著的《辽宁史迹资料》和2009年出版的

《中国文物地图集·辽宁分册》的长城史迹中对早期长城历史的追溯。

（二）20世纪中叶至本次长城调查以前的考古调查和发现

20世纪中叶以后的辽宁省早期长城调查，主要指"文化大革命"以后和第二次全国文物普查以来，至本次长城资源调查前后的历次调查。以此次长城资源调查报告对现存早期长城遗迹的分区，可分为辽东和辽西两个地区。

1. 辽东地区

辽东地区燕秦汉早期长城的调查起步较晚，其开始约在20世纪80年代第二次全国文物普查前后，集中在20世纪末以后。

1980年6月，辽宁省博物馆研究室遵照指示修订《辽宁史迹资料》，派王绵厚等赴抚顺、本溪等地调查早期长城和明边墙遗迹，在本溪市溪湖区一带先调查了几处明清史迹和碑刻。后据当地人介绍，在本溪湖以东约5千米的威宁营子村太子河西北岸，即明代威宁营堡遗址附近发现有一处早期战国和汉代遗址。回馆咨询李文信先生，告之1978年即出土板瓦。一月后再复查时，当时地表仍可见零星的汉代和汉代以前的灰陶绳纹陶片和板瓦残片。访问当地老乡方知，早年当地居民曾发现过"铜刀"（战国燕刀币）。后经1981年前后第二次全国文物普查确认和此次复查，本溪威宁营的早期遗址出土有战国和汉代筒瓦和瓦当（彩图一八五、一八六），应存在障城或烽燧建筑址。这相邻的两处辽东长城重要屯戍地显然应有早晚的时代继承性，即后代明边堡应建筑在燕秦汉长城障城遗址的基础上。这是20世纪80年代初，对辽东燕秦汉早期长城史迹和明边墙关系的最初发现。尽管当时的认识粗浅，但其遗迹现象的发现，特别在对太子河上游的早期燕秦汉长城走向的确认中具有坐标意义。

1981年开始第二次全国文物普查后，抚顺市博物馆肖景全、张正岩、延德玉等最先在沈、抚地区调查发现了燕秦汉墩台遗址。后经辽宁省博物馆孙守道、马沙、魏凡等共同认定，应为早期辽东障塞遗迹。

1985年6月，辽宁省博物馆王绵厚为编写《东北古代交通》，与孙力和抚顺博物馆徐家国首次调查第二次全国文物普查中发现的新宾满族自治县旺清门东白旗堡城址和苏子河北岸一处汉墩台址（孤脚山烽燧）。在白旗堡现场发现尚存高约1米，长、宽几十米的台地遗迹，并有汉代绳纹板瓦、筒瓦和云纹瓦当残片，初步勘定白旗堡古城与其北临的墩台应为汉长城戍边道上对应的古戍营地。推测白旗堡古城或即后来高句丽建国后，西汉玄菟郡治高句丽县（永陵南二道河子汉城）东行高句丽"北道"上的"帻沟娄"城遗址。

1998年5~6月，本溪市博物馆考古队梁志龙、齐俊、陈德辉、马义、靳军分成两组对本溪县、桓仁县两地长城进行调查，此次调查包括燕秦汉长城遗迹和明代边墙，此后作者有专题报告和论文发表。

1998~1999年，为配合辽宁省文化厅主持编写的《中国文物地图集·辽宁分册》"长城"条目，辽宁省长城学会组织辽宁省考古研究所冯永谦、吉昌胜和相关市县肖景全、梁志龙、李继群等参加辽东长城调查。其成果主要反映在《辽宁长城（四）》中《沈抚地区汉代烽燧址考察纪要》中。

1997 年 4 月，冯永谦、王海、任鸿魁三人历时半个月在宽甸县大西岔镇进行早期长城调查。调查了白菜地等重要遗址，推测白菜地边墙等，可能与燕秦早期长城有关。

1998 年 5 月，冯永谦、任鸿魁、王海在宽甸县镇江、下露河等地考察 13 天，调查了部分燕秦汉早期长城遗迹。进一步认为太平哨、下露河和白菜地等遗址，是在辽东寻找早期长城遗迹的重要线索。

1998 年 10 月，辽宁省博物馆王绵厚和抚顺博物馆萧景全，调查了沈阳至抚顺段的部分燕、秦、汉早期长城遗迹。重点调查了东陵区东陵东山、晓仁境、植物园南门、三家子、抚顺高湾农场等地烽燧遗址，采集有汉代遗物。

2002 年，本溪博物馆梁志龙、靳军又对本溪市溪湖区、明山区、本溪县先后进行调查。调查内容包括燕秦汉长城和明长城。

2002～2003 年，冯永谦、金光远、关寒等，到宽甸进行早期长城调查工作。

2004 年，本溪市博物馆梁志龙、靳军、马义、李勇，本溪县文化局局长师尚华，本溪县文物管理所所长乔程等，对本溪县长城再次进行调查。金光远、吉昌盛、关寒到宽甸进行早期长城调查工作。

2009 年，靳军、王海、魏海波等，组成辽宁省早期长城考察第三队，进行了对辽东本溪—丹东段的调查。

另外，2001 年，辽宁省长城学会曾组织有王绵厚、冯永谦、吉昌盛、萧景全、李继群等参加的调查队对沈阳、抚顺、新宾境内早期长城进行调查，历时一周。其中在抚顺市境内调查了 67 座烽燧，相关资料刊发在《辽宁长城（四）》。

2008 年 5 月 13 日，国家长城资源调查项目组荣大为、杨招君，在辽宁省文物专家组王绵厚、姜念思和长城调查队一队队长陈山的陪同下，专门赶赴新宾满族自治县孤脚山汉墩台和通化县快大茂镇赤柏松汉城等地实地调查。在考察了孤脚山汉墩台和赤柏松古城后，当场议定并电话与吉林省文物局金旭东等联系，推测辽东新宾满族自治县境内的汉长城墩台，应东延向吉林省通化境内的汉长城，与其墩台相接。

2. 辽西地区

20 世纪中叶以后，辽西地区的长城调查，主要开始在 60 年代和 70 年代，集中在 80 年代初的第二次全国文物普查以后。

20 世纪 60 年代中期，辽宁省博物馆陈大为、孙守道、郭文宣和朝阳市博物馆邓宝学等，调查了 20 世纪 40 年代李文信等调查的赤峰、建平等地的燕秦汉长城，并扩大了认识范围。为在这一地段后续的多次调查研究奠定了基础。

1975 年 5～10 月，辽宁省博物馆文物考古队李庆发、张克举、方殿春和赤峰市文物工作站项春松等，调查当时属辽宁省管辖的昭乌达盟（赤峰市）燕秦汉古长城。这是辽宁省进行系统长城考古调查最早的一次。此次调查和后续调查基本认定，辽西地区的早期长城遗迹可分为燕秦和汉代两个历史时期。早期的燕长城可分为内外两道。燕"外长城"与内蒙古"赤北长城"相接，燕秦"内长城"与"赤南长城"相接，并推断秦长城主要沿用了外长城。而汉代长城除早期沿用燕秦长城外，主要遗迹分布在辽西建平县境内，被称为辽西第三道长城。其成果主要记录在 2009 年出版的《中国文物地图集·辽宁分册》。

在 20 世纪 70 年代，对包括辽宁省在内的辽西燕秦汉早期长城调查，除辽宁省考古工作者外，还有河北和内蒙古等省区的考古工作者调查。其中特别是对承德、赤峰等地区的早期长城调查，其成果集中反映在 1981 年文物出版社出版的《中国古代长城遗址调查报告集》。同年，吉林省博物馆李殿福等对奈曼、库伦两旗境内的燕秦汉长城线上的沙巴营子古城等进行了调查发掘，出土了秦始皇"廿六年"刻款陶量等重要文物。

1980 年，阜新市文管办孙杰等，在第二次全国文物普查中对阜新蒙古族自治县境内的燕北长城进行了调查，确认有墙体 74 千米、城障 15 座。1986～1987 年，他又对彰武县境内的燕秦长城进行了全面调查，认为有墙体 125 千米（直线距离）。

1982 年，第二次全国文物普查期间，对朝阳、阜新市等地古长城进一步勘察，确认建平县等地的长城墩台遗迹。

1984 年 10 月，辽宁省博物馆王绵厚在朝阳市博物馆邓宝学引导下，赴朝阳县十二台营子、大庙乡土城子等地考古调查。在大庙乡土城子和马迷水西南山坡采集部分标本，初步确认与燕秦汉古长城戍边和大青山关隘古道有关的两处古城址。

1998 年，冯永谦、霍玉斌、赵振生、王久贵、崔嵩等省市联合考察队，对阜新市境内燕秦汉古长城进行系统调查。初步认定阜新市境内有南北两线，称为燕北内长城和燕北外长城。并认为内线长城（南线）应修筑在"秦开却胡"时，外线长城修筑在燕国"国力强盛"以后。

1999 年，辽宁省文物考古研究所冯永谦、朝阳市博物馆蔡强和北票市文管所包瑞军又对北票境内的"燕北长城"进行了部分调查。调查了从敖汉旗宝国吐乡范杖子，东到北票市台吉营子乡二色村和六和成村，东过牤牛河接阜新县化石戈乡以北的长城段。

2001 年 10 月～2002 年 8 月，辽宁省长城学会吉昌盛、冯永谦、金光远和阜新市霍玉斌、罗显明等，对辽西阜新市等地的燕秦汉长城进行调查，发现了一批新的城址和相关重要遗迹。

2002 年，吉昌盛、金光远、罗显明、孙刚对阜新市境内与长城有关的部分古城址进行考察，并有简报发表。

2003 年，辽宁省长城学会吉昌盛、金光远、王久贵、罗显明等对前一年阜新市境内的燕秦汉长城进行复查，并撰有《复查情况纪实》。对经由阜新市境的南线从化石戈、紫都台、大五家子、红帽子、他本扎兰乡一线的长城进一步认定为燕秦汉长城，最初发现了与早期长城有关的阜新高林台城址。

2004 年春，辽宁省长城学会在已调查的基础上，邀请郭大顺、辛占山、王绵厚、姜念思等，专赴阜新市复查燕秦汉长城，进一步确认阜新高林台等与长城有关的古城址的性质。

2004 年 4 月，朝阳市博物馆于俊玉、寇玉峰和建平县博物馆李波对建平县境内的古长城进行了调查。调查了从内蒙古自治区赤峰市元宝山区美丽河乡黑山头北梁段燕秦长城过老哈河，应进入建平县热水乡下湾子东山，至小五家子战国城址以东过蹦河进入敖汉旗境。

2005年，辽宁省长城学会吉昌盛和罗显明等再次对他本扎兰、海州营子、沙拉、大巴等地长城遗址复查，同时与《阜新晚报》"阜新古长城寻踪"考察队重新考察阜新市境内古长城遗迹后，先后追踪报道相关长城调查研究资料26篇。

2013年11月19~20日，辽宁省文物局组织专家组，对辽西地区的燕秦汉长城重点遗迹进行复查。参加人有郭大顺、姜念思、王绵厚、田立坤、尚晓波、付兴胜等，重点考察了阜新市八家子乡六家子长城段、朝阳市西北长城区召都巴西土城子、大庙镇卧佛沟北土城子等地。

二　历年研究成果述略

在此次长城资源调查以前，辽宁地区燕秦汉长城的考古调查和研究，已有100多年的历史。

（一）20世纪初至中华人民共和国建立前后的研究概况

1911年，傅运森在《地学杂志》第二卷第7期发表《秦长城东端考》，对辽东地区和鸭绿江两岸的部分古长城进行了考证。

1931年，商务印书馆出版王国良著《中国长城沿革史》，这是20世纪上半叶最早系统研究中国历代长城沿革的著作，其中涉及辽东燕秦汉古长城部分。

1943年，汤定远在《边疆研究通讯》发表《东北与燕赵长城》。

1946年，佟柱臣先生在考古调查的基础上，发表了《赤峰附近新发见之汉前土城址与古长城》，最早确认了辽西赤峰地区的战国长城遗址。这是除文献考辨外，中国考古学界对辽西燕秦汉古长城，在考古调查基础上发表的第一篇论著。

1956年，佟柱臣在《考古学报》第1期发表《考古学上汉代及汉以前的东北疆域》，论证了1956年以前的东北疆域研究和燕秦汉辽宁地区长城的发现和研究情况。

（二）20世纪中叶至20世纪末的研究成果

1961年，辽宁省博物馆李文信等编著《辽宁史迹资料》，记录了部分辽宁省经调查的早期长城和明边墙遗迹。

1979年，李文信的《中国北部长城沿革考（上、下）》发表在《社会科学辑刊》创刊号和第2期上，从文献和考古学两个方面对燕秦长城、汉长城和历代中国北方长城进行了专题研究，这是"文化大革命"以后最早系统研究北方长城的重要论著。

1979 年，中华书局出版张维华著《中国长城建置考》，其中涉及辽东燕秦汉时期辽宁省古长城问题。

1981 年，郑绍忠在《河北师院学报》第一期发表《战国秦汉时期古长城的发现与研究》，论及河北省北部和辽西地区的燕秦汉古长城的调查发现和研究情况。

1981 年，文物出版社出版《中国长城遗迹调查报告集》，收录有布尼哈林、项春松、郑绍忠、李殿福等关于河北、赤峰、辽西古长城的调查资料，这是国内第一部长城调查报告集。

1982 年，李殿福在《黑龙江文物丛刊》发表《东北境内燕秦长城考》，论及辽西境内燕秦古长城及相关古城址（如奈曼旗善宝营子）。

1983 年，李文信在《社会科学辑刊》第 1 期发表《西汉右北平郡治平刚考》，在论及右北平郡时，涉及辽西燕秦汉长城等重要问题。

1985 年，冯永谦在《本溪丹东考古文集（内刊本）》发表《辽东地区燕秦汉文化与古长城》，对辽东地区燕秦汉古长城与考古文化的关系进行了较系统分析。

1986 年，王绵厚在上海《历史地理》发表《汉晋隋唐南苏水与南苏城考》。从水道地理、考古史迹和文献推证，辽东燕秦汉长城线应经由今铁岭市以南和沈阳、抚顺市以北（即铁岭邱台遗址至沈北尹家一线）而不可能如以往认为的辽东燕秦古长城应经由今辽北昌图、西丰等铁岭以北和清源、桓仁地区。

1986 年，辽宁人民出版社出版冯永谦、何蒲莹著《辽宁古长城》。较系统论及辽宁省燕秦汉和明代等各个时期古长城，认为辽东燕秦汉古长城的一部分，仍可能经由昌图、西丰，东延至桓仁等地。

1987 年，李庆发、张克举在辽西考古调查基础上，于《北方文物》发表《辽宁西部汉代长城调查报告》。该文在考古调查基础上，系统介绍了辽西地区汉长城的考古遗迹，是辽宁省考古学界第一次在系统考古调查基础上，首次集中介绍了建平县境内的汉代长城"墩台连线"等重要遗迹。李庆发等人的长城调查和报告，是"文化大革命"后辽宁省组织的一次历时近一年、较系统的长城调查。

1987 年，叶小燕在《文物》第 7 期发表《中国早期长城的探索与存疑》，讨论了燕秦辽东和朝鲜境内的古长城。

1984 年，王绵厚在调查了朝阳县大庙乡土城子等战国和汉代古城后，于《中国考古年会第六次年会论文集（上）》发表《考古学所见两汉辽西郡县的变迁和边塞内徙》（1990 年），论及辽西早期长城障塞的变迁与辽西郡县兴废的关系。

1991 年，王德柱在《中国文物报》5 月 19 日，发表《鸭绿江畔发现燕秦汉长城东段遗迹》，介绍辽东宽甸县境"奠果壁"等古长城考古遗迹。认为本溪市、丹东市、宽甸县境内的辽东古长城遗迹，即燕秦汉时期与朝鲜半岛"大宁江长城"相连接的"辽东故塞"遗迹。推测鸭绿江西岸今宽甸县北部的太平哨、白菜地等地的长城遗址，应为辽东地区燕秦汉早期长城遗迹。

1992 年，孙守道在《辽海文物学刊》第 2 期发表《汉代辽东长城列燧遗迹考》，重点论证了在抚顺浑河北岸发现的烽燧为汉代辽东长城列燧遗迹，系统论述了辽东地区汉长城以"列燧"为主的考古学遗迹现象和结构特征。从文献探索和考古发现两方面，论证汉长城在辽东的可能行径线路。提出燕秦汉三代长城，在辽东的一些段落，"是否被后来明边墙所利用、改筑以致难予认出……抚顺浑北发现的此类烽台实汉之亭燧无疑"。又在《结语》中推论："燕秦汉三代长城在辽东当不只一道，而是几道，并有'复线'长城的存在。"

1992 年，冯永谦在辽沈书社出版的《东北亚历史与文化》一书中发表《东北古代长城考辨》，系统考介了燕秦汉、北齐、高句丽、辽代和明清各代古长城（包括明边墙和清柳条边）。再次肯定辽西燕秦长城应有内外两线；并推测辽东燕秦汉长城，"由宽甸下露河过江，经太平哨一线，转向北去进入桓仁县，再到新宾、清源"。

1994 年，辽宁人民出版社出版王绵厚《秦汉东北史》。其中第七章"燕秦汉时代的东北障塞"提出：辽东早期长城东端，应经由今本溪县、宽甸县境。早期长城东段的"番汗"和"遂成县"，均在唐《通典》中记载的燕秦汉长城东端所起的"左碣石"地即今之朝鲜半岛；燕秦汉早期辽东长城的结构，不一定非找出一条连贯墙垣。而应如《汉书》中记载"非皆以土石为垣……而有木材僵落"。

1997 年，郑君雷在《史学集刊》第 1 期发表《大宁江长城的相关问题》。针对朝鲜学者将"大宁江长城"推考为"高丽长城"，提出朝鲜境内的"大宁江长城"应为燕秦长城。并对辽东地区燕秦汉障塞进行考论。

1997 年，孙杰在《辽海文物学刊》发表《阜新地区燕北长城调查》，认为阜新市境内有燕北内长城和燕北外长城。

1997 年，吉林文史出版社出版李健才、刘素云主编《东北地区燕秦汉长城和郡县的调查研究》，收录有辽宁省学者李文信以及孙守道、王绵厚、冯永谦、李庆发、张克举、梁志龙、王德柱等人的多篇研究论文和调查报告。这是总结 20 世纪末以前，汇集东北地区燕秦汉长城调查研究成果最全面的一部文集。

（三）21 世纪以来的研究情况

2000 年，周向永在《博物馆研究》第 1 期发表《铁岭邱台遗址所涉相关问题的初步探讨》，涉及辽东早期长城的走向问题。对铁岭南邱台等第二次全国文物普查以来的重要考古发现作了重点分析和介绍。

2000 年，肖景全在《北方文物》第 3 期发表《辽东地区燕秦汉长城障塞的考古学考察研究》。在考古调查基础上，对辽东长城的遗迹分布、走向及相关问题进行考证，在基本同意先前孙守道、王绵厚考证意见的基础上，特别对辽河东铁岭、抚顺、本溪市境内的长城障塞，根据实地调查提出，"抚顺浑河、苏子河一线发现的 60 余座墩台，是汉武帝时伐卫氏朝鲜后，在辽东及其迤远地区建四郡后的产物，可称为汉武边塞"等新的认识。

2000 年，王绵厚应辽宁省长城学会之邀，在《辽宁长城（二）》上发表《辽东地区燕秦汉长城的考古调查与思考》。主要根据 1980 年首次对本溪威宁营等地的考古调查，发现在明边堡下部，有燕秦汉早期重要遗址（障城址）。又结合第二次全国文物普查以来各地其他考古发现推论：燕秦汉辽东长城，应经由铁岭市南与沈北区之间后，东沿沈阳、抚顺市和本溪市、宽甸县北境而延伸至鸭绿江两岸，并列出上述辽东地区的早期长城史迹连线已发现的考古遗址点 42 处。

2002 年，辽宁省长城学会编辑《辽宁长城（第四辑）》，是收录早期长城研究论文最多的一辑。其中有姜念思《战国燕北长城的修筑与对五郡的开发》，王绵厚《燕秦汉时代的东北长城障塞与管理》，冯永谦《辽东地区燕秦汉文化与古长城考》，冯永谦、吉昌盛、肖景全、李继群《沈抚地区汉代烽燧址考察纪要》，梁志龙、王俊辉《关于早期长城行经本溪地区的推定》，刘长江《辽东早期长城的一点探索》等专论。姜念思论述了燕筑长城设置五郡，及其对五郡地区的开发，王绵厚则对考古发现的东北地区燕秦汉古长城的走向、史迹勘证和防御体系进了论证，冯永谦提出"西从阜新起，东至宽甸止的这一段早期长城路线，到现在还没有任何考古学上的发现"。而其中梁志龙、王俊辉在《关于早期长城行径本溪地区的推论》中，则提出"燕长城应经过本溪市区北部及本溪县东部山区，东进或许进入桓仁。秦长城应由桓仁经过，汉长城经过本溪市东部山区，但未进入桓仁县"。

2002 年，许志国、王兆华在《铁岭文博》创刊号上，分别发表《铁岭境内秦汉长城发现和考察研究现状》和《铁岭县境内与燕秦汉长城相关问题考》，对铁岭境内的燕秦汉长城遗存提出考证意见。

2003 年，徐德源在《辽宁大学学报》第 1 期发表《战国全燕世所著障塞释考》，主要从文献考证辽东和朝鲜半岛的燕秦古长城。其中涉及燕秦汉早期长城东段的"番汗县""辽东故塞""辽东外徼"和"上、下障"等问题。

2005 年 5 月 16 日《阜新晚报》专访刊载王绵厚《揭秘燕秦汉长城边塞的设施守备》。指出辽东古长城的结构，据《汉书》朝鲜列传等记载，应"非皆以土石构成，间有山险、河险和木材僵落"，又应以"城、障、烽、隘（关）"构成立体防御体系，并具有都尉、候、候长、燧长等各级戍边管理体制。

2009 年，北京文化艺术出版社出版罗显明、罗建华编著的《阜新古长城》。综合记述阜新市境内从燕秦汉到明代的历代长城调查、研究情况。沿袭阜新境内的"燕北内长城"和"燕北外长城"的"南北二线说"，并对阜新市境内早期长城的历次调查和研究论著进行汇集。比较详细记述了阜新市境内长城的墙体、烽燧、城址和相关史迹。是辽宁省境内迄今对一个市级行政区，关于长城调查研究的系统论著。

2012 年，李树林、李妍在《东北史地》第 2 期发表《通化浑江流域燕秦汉辽东长城障塞调查》。文中共列举出吉林省通化地区调查的长城遗迹，计障堠城堡 11 座、烽燧址 17 座、关隘 2 处，结论是"这些遗址群符合燕秦汉辽东长城构筑特点，应为障塞线穿越浑江流域的一段历史遗迹"。

2013 年 11 月 22 日，《中国文物报》刊发吉林省文物局关于长城大遗址保护专文。认定

"吉林境内的通化县汉长城，以 1 座城址和 12 座烽火台构成防御体系，长度 52 千米"。这是吉林省官方公开报道的早期长城调查的最新成果。印证了此次辽宁省汉长城调查，与吉林省通化地区的接点成果。

2014 年，王绵厚在《东北史地》2004 年第 1 期发表《沈抚交界处"青桩子"古城的新发现及考古学意义》。根据 2013 年 4 月 4 日，亲自调查发现的沈阳市东郊与抚顺市搭界的战国和汉代"青桩子古城"的重要考古新发现，结合历年辽东地区其他长城史迹，进一步推证辽东燕秦汉长城在沈阳、抚顺市境和本溪市以东的基本经由走向。并推证"青桩子古城"，应早于其西临的"上伯官城址"。其南北连接今沈阳、抚顺市间诸多早期烽燧遗址，很可能是辽东郡燕秦汉长城线内的"中部都尉"治，即最早设立的辽东郡障堠（候城）军事重镇和"长城戍边道"。

第三章　本次辽宁省燕秦汉长城调查的主要成果

一　辽宁省燕秦汉长城的地理分区与地貌特征

辽宁省燕秦汉长城的地理分区，根据早期长城的保存和分布状况，本报告中拟以辽河干流为区划，主要从长城经由和形成的自然地理和地貌特征，按照《史记》等史书记载，"自造阳至襄平"的长城走向，分为辽东和辽西地区。

（一）辽东地区长城沿线的地理与地貌特征

辽东地区燕秦汉长城遗迹的经由地区经调查认定和分析，应主要分布于沈阳市、铁岭市、抚顺市、本溪市、丹东市。主要经由铁岭县新台子镇、沈阳市沈北新区和东陵区、抚顺市抚顺县、新宾满族自治县、本溪县和宽甸满族自治县北部（地图一、二）。

这一地区除铁岭南和新民北一部分属辽河平原北缘外，从沈阳市东陵区东山烽火台以东为起点，沿拉古河进入抚顺海浪以后的地段，包括新宾满族自治县、本溪、宽甸等县境都进入辽东山地。辽东山地总体上属长白山南脉的千山山脉，平均海拔200～750米。辽东长城经由北缘的宽甸县花脖子山海拔1336米，为辽东最高山烽。其中本溪和丹东两市交界地带多海拔1000米以上高山，也是辽东长城地带形势最险要和遗迹罕见的地区。这一地区川谷平原地带相对少，山地起伏较大，调查的燕秦汉早期长城墙体的痕迹极其罕见，或多为利用山险和文献中记载的"木材僵落"与墩台连线和少量障墙拱卫结构。

燕秦汉早期长城经由的辽东山地河流密集，主要有辽河水系的浑河、太子河、汤河、汎河、蒲河、柴河、清河、招苏台河、拉古河、苏子河、东洲河、社河，鸭绿江水系的浑江、叆河、蒲石河、草河、安平河、雅河等。在这一高山、川谷和林泽密布的辽东山地，更适合古长城"因塞制险"的自然地理条件。而且据调查所知，有些局部段落燕秦汉早期障塞被后来明代边墙、边堡沿用，这是辽东地区早期长城分布地貌的特殊性。

（二）辽西地区长城沿线的地理与地貌特征

辽西地区燕秦汉三代长城遗迹的经由地区，经调查发现的现存遗迹主要分布于辽河以西，即经由今新民北部、法库和彰武县西南的阜新市阜新蒙古族自治县和朝阳市的北票市、朝阳县和建平县（参见地图一、二）。在锦州市东北有少量汉代烽燧遗址分布。

这一地区除法库南与新民交界处属辽河套平原外，阜新、北票、朝阳市、建平县等地，均属医巫闾山以北、以西的辽西丘陵地区。其地貌特点是，以东北—西南走向的医巫闾山、松岭、努鲁儿虎山，西南连接河北省燕山北麓的坝上草原。西部与内蒙古赤峰地区高原相接。南部为辽西松岭山脉以南的濒渤海狭长平原和辽西走廊。其基本地貌特点是，山川、丘陵与河流交错分布的丘陵地带，低山高地和临河高台地结构是辽西丘陵地区的主要地貌特征。分布在这一地区的河流多南北流向纵向穿过古长城地带，其主要有中辽河、柳河、养息牧河、绕阳河和大凌河北支流牤牛河、教来河、老虎山河等。修筑在这一地理和地貌条件下的燕秦汉古长城多因地制宜、"因险制塞"。即在山地丘陵地区，长城多因山势修筑在山脊上或临山险坡地带；在川谷河口地带，则有与山险并峙的河险或关隘，沿线则分布有连贯的烽火台（烽燧）。低山丘陵和少雨干旱的气候条件，使辽西地区成为燕秦汉古长城遗迹保存较好的地区之一。

二　辽宁省燕秦长城调查的主要成果

（一）辽东地区燕秦长城相关遗迹的总体分布与走向

本次调查的辽东战国燕、秦长城遗迹、遗迹线索及与之有关的遗迹点，主要分布在沈阳市、抚顺市，本溪市、丹东市境仅有零星发现，由此可以推测，辽东地区战国燕秦长城的大致走向。本次调查由东至西经由本溪太子河流域，西北至抚顺市抚顺县海浪乡，抚顺市和本溪市交界处东北侧的西台子烽火台，沿沙河支流向东北延伸至样子岭，折向西北，沿拉古河向西北延伸至沈阳市东陵区高坎镇晓仁镜村的北大台子烽火台，再折向西南，沿沈阳市北部的山冈向西北延伸，经西大台子山、上马村东山、中马村北山台地、下马村北山、七间房村东山、沈阳市东陵公园东山，沿沈阳市区北部的东西向山冈向西北进入皇姑区，向北延伸止于全胜堡烽火台，经沈北新区的全胜堡，进入新民北辽河套地区。从调查情况来看，沈北新区全胜堡烽火台以西的战国（燕）、秦长城遗迹无迹可寻，走向和结构等情况不明。由抚顺县海浪乡两台子东南，应延向本溪市明山区、本溪县境，由本溪县东沿丹东市宽甸县境的早期长城，此次调查遗迹漫漶。但从历年辽东地区发现的燕秦汉早期遗物等遗迹看，可推测应经由本溪县威宁营堡一线，然后经碱厂堡、暖阳堡北经灌水、双山子、牛毛坞、太平哨南而至大西岔镇鸭绿江西岸。其中早期长城烽燧线沈、抚之间的"节点"，在今东陵东山烽火台的沈、抚路岔道（参见图二八四）。

（二）辽西地区燕秦长城的总体分布与走向

本次调查的辽西丘陵地区的战国燕秦长城，主要分布于阜新蒙古自治县、朝阳市北票市和建平县3个县（市、区）。从东向西可分为两大区段：分布于阜新市的阜新蒙古族自治县的阜新段，分布于朝阳市北票市、建平县的朝阳段。各段战国燕秦长城因所处地理位置不同，相间有石墙，也有夯土墙，还有因山设险而无人工墙体的。现分段叙述如下。

1. 阜新段

自八家乡六家子北山开始，向西南及西穿阜新蒙古族自治县中部和西部，然后越过牤牛河进入朝阳段北票市境。

此次调查阜新县境内燕秦长城，自东向西分布在八家乡、大五家子镇、紫都台乡、化石戈乡。具体走向为：起于八家乡六家子村北山，当地称之为"半截山"，然后经八家乡克丑村、克丑村上脉来屯，大五家子镇高宋台村西敖土虎营子屯、大加生村西营子屯，紫都台乡西北北昌营子村下甸子屯、北昌营子屯、北昌西沟屯、李家窝铺屯，化石戈乡北八里村尖山子屯、西杖房屯、北八里屯、二色村红石砬屯、上新邱屯、下新邱屯、乤叉沟村乤叉沟屯，之后向西越过牤牛河进入北票市境内，隔河与北票市台吉营乡六合成长城1段相连。

2. 朝阳段

朝阳市境内的战国燕秦长城由阜新市的阜新蒙古族自治县越过牤牛河，进入朝阳市的北票市境内。在北票市自东向西穿过台吉营乡和北塔乡境后，进入内蒙古自治区赤峰市敖汉旗境宝国吐乡邢家窝铺村。穿过敖汉旗境向西至新惠镇赵官沟村西，在两省区交界处的杀子梁处，进入朝阳段建平县北二十家子镇程家沟村境内。

北票市境内的战国燕秦长城分布在台吉营乡和北塔乡。具体走向为：东起阜新蒙古族自治县与北票市交界的牤牛河右岸，与阜新蒙古族自治县化石戈乡乤叉沟村鸡冠山段长城相接。由东南自台吉营乡四合成村六合成屯起，途经台吉营乡陈家窝铺屯、六家子村魏家沟屯、台吉营村宝善堂屯、红山咀村红山咀屯、生金村北沟屯、赵户沟屯，北塔乡北广富营子村北沟屯、勿苏吐噜村，西与内蒙古自治区赤峰市敖汉旗宝国吐乡邢家窝铺村邢家窝铺长城相接。

建平县境内战国燕长城分布在北二十家子乡、烧锅营子乡、黑水镇、老官地乡、热水种畜场。具体走向为：东起内蒙古自治区赤峰市敖汉旗与建平县交界杀子梁，与敖汉旗境内赵官沟长城相接，途经北二十家子乡封山村、牛圈子村王苏地屯、牛圈子村、小五家村、朝阳沟村小陶窝铺屯、兰旗营子屯、朝阳沟村九间房屯、烧锅营子乡蛤蟆沟村蛤蟆沟脑屯、油坊营子村王家店屯、张家湾屯、霍家地村下霍家地屯、木头营子村石匠沟屯、刘牌沟屯、黑水镇松岭村孟家沟屯、老官地乡小黄杖子村嘎吉哈达屯、铁匠营子屯、羊草沟村梨树沟屯、中羊草沟屯、上羊草沟屯、热水种畜场马家湾屯，西至辽宁省与内蒙古自治区交界的老哈河，越过老哈河进入内蒙古自治区赤峰市境内，与赤峰市美丽河乡冷水塘古长城相接。

（三）辽宁省燕秦长城的结构特征与保存现状

1. 辽东地区燕秦长城本体遗迹及保存现状

本次调查辽东地区战国燕秦长城时没有发现墙体。历年和这次长城资源调查复查时，在丹东、本溪、宽甸县境内发现有多处战国和汉代遗址，它们应是与辽东地区沈阳、本溪市和丹东市的早期长城有关遗迹。详见第三章第七节内补充考古发现各遗址点。

2. 辽西地区燕秦长城本体及保存现状

（1）阜新蒙古族自治县（地图三）

六家子北山长城（210921382102020001）

该段长城起于八家子乡八家子村六家子屯西北 0.6 千米的山顶上，止于八家子乡八家子村六家子屯西北 0.6 千米的山坡下。起点高程 478 米，止点高程 400 米。呈东—西—南走向。东南 0.9 千米为六家子遗址。东北侧山坡下为季节河，河边为宫（营子）八（家子）线公路，东南 2 千米为古（喇嘛营子）勿（欢池）公路。墙体整体保存较差。墙体全长 380 米。

该段墙体为石墙。墙体以自然山体为基础，用毛石干垒，外侧面较为规整，中间填充碎石，剖面呈梯形。墙体基宽 1.8～2、高 0.6～1.2 米（彩图一）。

西营子长城（210921382101020002）

该段长城起于大五家子镇大加生村西营子屯西南 1.5 千米的耕地内，止于大加生村西营子屯西南 2 千米的耕地内。起点高程 260 米，止点高程 270 米。呈东—西—南走向。南 50 米、东 0.1 千米为西营子城址。墙体整体保存一般，耕地中可以看到一道明显的土冈。墙体全长 800 米。

该段墙体为土墙，从自然山体为基础，构筑方式不详。墙体坍塌，宽 15、高 0.3～1.5 米。

北昌营子长城 1 段（210921382301020003）

该段长城起于紫都台乡北昌营子村西 0.5 千米的山坡上，止于北昌营子西城址东北角。起点高程 296 米，止点高程 316 米。呈东北—西南走向。东 0.5 千米为紫（都台）于（寺）线公路和于寺河支流。东 0.17 千米为北昌营子 1 号烽火台，止点接北昌营子西城址东北角，南 10 米为北昌营子 2 号烽火台。北昌营子 1、2 号烽火台位于墙体外侧。由于自然与人为原因的破坏，墙体于地表已无存，墙体全长 535 米。

北昌营子长城 2 段（210921382102020004）

该段长城起于北昌营子西城址东北角，止于北昌营子西城址西北角。起点高程 316 米，止点高程 316 米。呈东—西走向。东接北昌营子长城 1 段，西接北昌营子长城 3 段。东北 10 米为北昌营子长城 2 号烽火台，墙体南侧即为北昌营子西城址。该段墙体系北昌营子西城址北墙，整体保存较好。墙体受风雨侵蚀、植物生长以及耕种等破坏残存一条凸棱，棱上及两侧散落大量碎小石块。墙体全长 110 米。

该段墙体为石墙，自然基础，用毛石干垒而成。墙体宽6.5、高0.5~0.8米（彩图二、三）。

北昌营子长城3段（2109213382301020005）

该段长城起于北昌营子西城址西北角，止于北昌营子村北昌西沟屯北0.2千米的山坡上。起点高程316米，止点高程334米。呈东—西走向。东接北昌营子长城2段，西与北昌营子长城4段相接，东侧为北昌营子西城址。由于自然与人为原因的破坏，墙体于地表已无存。墙体全长810米。

北昌营子长城4段（2109213382101020006）

该段长城起于北昌营子村北昌西沟屯东北0.2千米，止于北昌营子村北昌西沟屯北0.2千米。起点高程334米，止点坐标高程334米。呈东—西走向。东接北昌营子长城3段，西与李家窝铺长城1段相接。墙体整体保存一般，在地表可以看到一道明显的土冈，墙体全长150米。

该段墙体为土墙，自然基础，构筑方式不详。因耕种及植物生长等破坏墙体坍塌，保存较矮。墙体宽5、高0.2~0.5米。

李家窝铺长城1段（2109213382301140007）

该段长城起于北昌营子村北昌西沟屯北0.2千米，止于北昌营子村李家窝铺屯北1千米。起点高程334米，止点高程411米。呈东北—西南走向。东北接北昌营子长城4段，西南接李家窝铺长城2段。由于自然与人为原因的破坏，该段墙体地表已无存，墙体全长1700米。

李家窝铺长城2段（2109213382102020008）

该段长城起于北昌营子村李家窝铺屯北1千米，止于北昌营子村李家窝铺屯西北0.5千米。起点高程411米，止点高程401米。呈东北—西南—南—西走向。东北接李家窝铺长城1段，西与李家窝铺长城3段相接。墙体整体保存一般，地表上可以看到一道明显的碎石冈，冈上及两侧散落大量碎小石块。西1.5千米为铁（匠营子村）于（喇嘛寺镇）线公路。墙体全长1000米。

该段墙体为石墙，自然基础，用毛石干垒而成。墙体宽2.7~3.7、高0.1~0.6米（彩图四）。

李家窝铺长城3段（2109213382102020009）

该段长城起于北昌营子村李家窝铺屯西北0.5千米，止于西杖房北城址东北角。起点高程401米，止点高程382米。呈东北—西南—西走向。东北接李家窝铺长城2段，止于西杖房北城址东北角，西与西杖房北长城1段相接。西杖房北长城1段支线墙体位于北侧，南端与李家窝铺长城3段墙体相接。墙体整体保存差，在地表上可以看到一道时断时续的碎石带，两侧散落大量碎小石块。西1千米为铁（匠营子村）于（喇嘛寺镇）公路。墙体全长830米。

该段墙体为石墙，自然基础，用石块垒筑而成。由于自然与人为原因的破坏墙体坍塌。墙体宽2.6、高0.2~0.4米。

西杖房北长城 1 段支线 （2109213821020020010）

该段长城起于西杖房北城址东北角，止于化石戈乡北八里村尖山子屯东南 0.5 千米的山坡上。起点高程 382 米，止点高程 354 米。呈北—南走向。南端与李家窝铺长城 3 段相接，接点也是西杖房北长城 1 段起点，南侧为西杖房北城址。墙体整体保存差，地表上可以看到一道时断时续的碎石带。西 0.5 千米为铁（匠营子村）于（喇嘛寺镇）线公路。墙体全长 360 米。

该段墙体为石墙，自然基础，用石块垒筑而成，已坍塌。墙体宽 1 ~ 1.9、高 0.1 ~ 0.4 米。

西杖房北长城 1 段 （2109213821020020011）

该段长城起于西杖房北城址东北角，止于北八里村尖山子屯南 0.8 千米。起点高程 382 米，止点高程 380 米。呈东—西走向。东接李家窝铺长城 3 段，西接西杖房北长城 2 段，起点北接西杖房北长城 1 段支线，西杖房北城址北墙借助长城墙体。西 0.1 千米为铁（匠营子村）于（喇嘛寺镇）线公路。墙体东段保存较好，西杖房北城址即借助此段墙体作为北墙使用。西段因耕种破坏保存一般。地表上可以看到一道明显的石冈。墙体全长 115 米。

该段墙体为石墙，自然基础，用石块垒筑而成，已坍塌。墙体宽 3 ~ 4、高 0.5 ~ 1 米（彩图五）。

西杖房北长城 2 段 （2109213823010020012）

该段长城起于北八里村尖山子屯南 0.8 千米，止于北八里村西杖房屯北 1 千米。起点高程 380 米；止点高程 398 米。呈东北—西南走向。东北接西杖房北长城 1 段，西南与西杖房北长城 3 段相接。东 70 米有西杖房北城址。铁（匠营子村）于（喇嘛寺镇）线公路从墙体上通过。由于自然与人为原因的破坏，墙体于地表已无存。墙体全长 490 米。

西杖房北长城 3 段 （2109213821020020013）

该段长城起于化石戈乡北八里村西杖房屯北 1 千米，止于化石戈乡北八里村西杖房屯北 0.8 千米。起点高程 398 米，止点高程 396 米。呈北—南走向。北接西杖房北长城 2 段，南接西杖房北长城 4 段。墙体整体保存较差，山坡上可以看到一道明显的石冈。东 0.1 千米为铁（匠营子村）于（喇嘛寺镇）线公路。墙体全长 70 米。

该段墙体为石墙，自然基础，用石块垒筑而成，已坍塌。墙体宽 2.7、高 0.4 ~ 0.6 米（彩图六）。

西杖房北长城 4 段 （2109213823010020014）

该段长城起于化石戈乡北八里村西杖房屯北 0.8 千米，止于化石戈乡北八里村西杖房屯北 0.6 千米。起点高程 396 米，止点高程 388 米。呈东—西—西南走向。东接西杖房北长城 3 段，西南接西杖房北长城 5 段。东 0.2 千米为铁（匠营子村）于（喇嘛寺镇）线公路。由于自然与人为原因的破坏，墙体于地表已无存。墙体全长 350 米。

西杖房北长城 5 段 （2109213821020020015）

该段长城起于化石戈乡北八里村西杖房屯北 0.6 千米，止于化石戈乡北八里村西杖房屯西北 0.8 千米。起点高程 388 米，止点高程 388 米。呈东北—西南走向。东北接西杖房北长城

4 段，西南接西杖房北长城 6 段。东 25 米为西杖房西城址、60 米为西杖房西城址烽火台。墙体整体保存差，山坡上可以看到一道保存较矮的石冈，冈上及两侧散落大量碎石块。墙体全长 130 米。

该段墙体为石墙，自然基础，用石块垒筑而成，已坍塌。墙体宽 4.2、高 0.3～1 米。

西杖房北长城 6 段（210921382301020016）

该段长城起于化石戈乡北八里村西杖房屯西北 0.8 千米，止于化石戈乡北八里村西杖房屯西北 0.5 千米。起点高程 388 米，止点高程 372 米。呈东北—西南走向。东北接西杖房北长城 5 段，西南接西杖房北长城 7 段。由于自然与人为原因的破坏，墙体于地表已无存。全长 170 米。

西杖房北长城 7 段（210921382102020017）

该段长城起于化石戈乡北八里村西杖房屯西 0.5 千米，止于化石戈乡北八里村西杖房屯西 1 千米。起点高程 372 米，止点高程 428 米。呈北—南—西走向。北接西杖房北长城 6 段，西接西杖房北长城 8 段。墙体整体保存差，山坡及山顶上可以看到一条碎石带，山坡上散落大量碎石块。坡底的耕地内有一条人为推散的碎石带，宽约 5 米。墙体全长 450 米。

该段墙体为石墙，自然基础，用石块垒筑而成，已坍塌。墙体宽 2.3、高 0.2～0.3 米。

西杖房北长城 8 段（210921382301020018）

该段长城起于化石戈乡北八里村西杖房屯西 1 千米，止于化石戈乡北八里村西杖房屯西 1.2 千米。起点高程 428 米，止点高程 415 米。呈东北—西南走向。东北接西杖房北长城 7 段，西南接西杖房北长城 9 段。由于自然与人为原因破坏，墙体于地表已无存。全长 140 米。

西杖房北长城 9 段（210921382102020019）

该段长城起于化石戈乡北八里村西杖房屯西 1.2 千米，止于化石戈乡北八里村西杖房屯西 1.23 千米。起点高程 415 米，止点高程 416 米。呈东北—西南走向。东北接西杖房北长城 8 段，西南接红石砬山长城 1 段。墙体整体保存差，山顶上可以看到一条碎石带，保存较短，山坡上散落大量碎石块。墙体全长 30 米。

该段墙体为石墙，自然基础，用石块垒筑而成，已坍塌。墙体宽 2.4、高 0.1～0.4 米。

红石砬山长城 1 段（210921382106020020）

该段长城起于化石戈乡北八里村西杖房屯西 1.23 千米，止于化石戈乡北八里村西杖房屯西 3 千米。起点高程 416 米，止点高程 439 米。呈东南—西—西南走向。东南接西杖房北长城 9 段，西南接红石砬山长城 2 段。整体保存较好。全长 1700 米。

该段长城为山险，以自然山势为屏障，外侧陡峭，内侧平缓。长城借助险峻的山体和山势走向，形成天然的屏障，与其他墙体等组成统一的防御体系。

红石砬山长城 2 段（210921382102020021）

该段长城起于化石戈乡北八里村西杖房屯西 3 千米，止于化石戈乡北八里村北 2 千米。起点高程 439 米，止点高程 426 米。呈东南—西北—西走向。东接红石砬山长城 1 段，西接红石砬山长城 3 段。墙体整体保存差，山顶上可以看到一条碎石带，山坡上散落大量碎石块。墙体全长 145 米。

该段墙体为石墙，自然基础，用石块垒筑而成，已坍塌。墙体宽 2.5、高 0.1~0.4 米。

红石砬山长城 3 段（210921382301020022）

该段长城起于化石戈乡北八里村北 2 千米，止于化石戈乡北八里村西北 2.5 千米。起点高程 426 米，止点高程 373 米。呈东—西—西南走向。东接红石砬山长城 2 段，西南接红石砬山长城 4 段。由于自然与人为原因的破坏，墙体于地表已无存。全长 800 米。

红石砬山长城 4 段（210921382102020023）

该段长城起于化石戈乡北八里村西北 2.5 千米，止于化石戈乡北八里村北 2 千米。起点高程 373 米，止点高程 383 米。呈东北—西南走向。东北接红石砬山长城 3 段，西南接红石砬山长城 5 段。墙体整体保存差，山顶上可以看到一条碎石带，保存较短，山坡上散落大量碎石块。墙体全长 70 米。

该段长城为石墙，自然基础，用石块垒筑而成，坍塌严重，形成紧贴地表的石块带。墙体宽 1.9、高 0.3~0.4 米。

红石砬山长城 5 段（210921382301020024）

该段长城起于化石戈乡北八里村北 2 千米，止于化石戈乡二色村红石砬屯东北 1.5 千米。起点高程 383 米；止点高程 405 米。呈东北—西南走向。东北接红石砬山长城 4 段，西南接红石砬山长城 6 段。由于自然与人为原因的破坏，墙体于地表已无存。全长 1200 米。

红石砬山长城 6 段支线（210921382102020025）

该段长城起于化石戈乡二色村红石砬屯东北 1.5 千米，止于化石戈乡二色村红石砬屯东北 1 千米。起点高程 405 米，止点高程 385 米。呈西北—东南走向。支线墙体位于南侧，北端接红石砬山长城 5 段与 6 段的接点。墙体整体保存差，山脊上可以看到一道保存较矮的碎石带，山坡上散落大量碎石块。墙体全长 165 米。

该段墙体为石墙，自然基础，用石块垒筑而成，已坍塌。墙体宽 2.5、高 0.4~0.6 米。

红石砬山长城 6 段（210921382301020026）

该段长城起于化石戈乡二色村红石砬屯东北 1.5 千米，止于化石戈乡二色村红石砬屯北 1 千米。起点高程 405 米，止点高程 431 米。呈东北—西南走向。东北接红石砬山长城 5 段，西南接红石砬山长城 7 段。起点南侧为红石砬山长城 6 段支线墙体。由于自然与人为原因的破坏，墙体于地表已无存。全长 245 米。

红石砬山长城 7 段（210921382102020027）

该段长城起于化石戈乡二色村红石砬屯北 1 千米，止于化石戈乡二色村红石砬屯北 1.05 千米。起点高程 431 米，止点高程 445 米。呈东南—西北走向。东南接红石砬山长城 6 段，西北接红石砬山长城 8 段。墙体整体保存差，在山脊上可以看到一条明显的碎石带，保存较短，山坡上散落大量碎小石块。墙体全长 60 米。

该段墙体为石墙，自然基础，在个别地方直接利用裸露的山岩为基础或墙体。墙体用石块垒筑而成，已坍塌。墙体宽 2.4、基宽 1.4~1.7、高 0.2~0.5 米（彩图七）。

红石砬山长城 8 段 （210921382106020028）

该段长城起于化石戈乡二色村红石砬屯北 1.05 千米，止于化石戈乡二色村红石砬屯北 1.2 千米。起点高程 445 米，止点高程 426 米。走向东南—西北—西。东南接红石砬山长城 7 段，西北接红石砬山长城 9 段。整体保存较好，全长 210 米。

该段长城为山险，以自然山势为屏障，外侧陡峭，内侧平缓。长城借助险峻的山体和山势走向，形成天然屏障，与其他墙体等组成统一的防御体系。

红石砬山长城 9 段 （210921382102020029）

该段长城起于化石戈乡二色村红石砬屯北 1.2 千米，止于化石戈乡二色村红石砬屯北 1 千米。起点高程 426 米，止点高程 404 米。呈东北—西南走向。东北接红石砬山长城 8 段，西南接红石砬山长城 10 段。墙体整体保存差，在山脊上可以看到一条明显的紧贴地表的碎石带，山坡上散落大量石块。墙体全长 200 米。

该段墙体为石墙，自然基础，用石块垒筑而成。墙体坍塌宽 2.5、基宽 1.7、高 0.1～0.2 米。个别地方直接利用裸露的山岩作为基础或墙体（彩图八）。

红石砬山长城 10 段 （210921382301020030）

该段长城起于化石戈乡二色村红石砬屯北 1 千米，止于化石戈乡二色村上新邱屯东北 1.5 千米。起点高程 404 米，止点高程 302 米。呈东—西—西北走向。东接红石砬山长城 9 段，西北接鸡冠山长城 1 段。由于自然与人为原因的破坏，墙体于地表已无存。全长 1300 米。

鸡冠山长城 1 段 （210921382301020031）

该段长城起于化石戈乡二色村上新邱屯东北 1.5 千米，止于化石戈乡二色村上新邱屯北 1 千米。起点高程 302 米，止点高程 351 米。呈南—北走向。南接红石砬山长城 10 段，北接鸡冠山长城 2 段。墙体所经山坡耕地中隐约可见一条黑土带由坡下向山顶延伸。由于自然与人为原因的破坏，墙体于地表已无存。全长 310 米。

鸡冠山长城 2 段 （210921382102020032）

该段长城起于化石戈乡二色村上新邱屯北 1 千米，止于化石戈乡二色村上新邱屯西北 1 千米。起点高程 351 米，止点高程 373 米。呈东—西走向。东接鸡冠山长城 1 段，西接鸡冠山长城 3 段。墙体整体保存差，山坡上可以看到一道保存较矮的碎石带，山坡上散落大量石块。墙体全长 145 米。

该段墙体为石墙，自然基础，用石块垒筑而成，已坍塌。墙体基宽 2.4、两侧砌石宽 0.3～0.5、高 0.1～0.3 米。

鸡冠山长城 3 段 （210921382106020033）

该段长城起于化石戈乡二色村上新邱屯西北 1 千米，止于化石戈乡二色村上新邱屯西北 1.1 千米。起点高程 373 米，止点高程 392 米。呈东—西走向。东接鸡冠山长城 2 段，西接鸡冠山长城 4 段。整体保存较好，墙体全长 90 米。

该段长城为山险，以自然山势为屏障，外侧陡峭，内侧平缓。长城借助险峻的山体和山势走向，形成天然屏障，与其他墙体等组成统一的防御体系。

鸡冠山长城 4 段（210921382102020034）

该段长城起于化石戈乡二色村上新邱屯西北 1.1 千米，止于化石戈乡二色村上新邱屯西北 1.2 千米。起点高程 392 米，止点高程 400 米。呈东南—西北走向。东南接鸡冠山长城 3 段，西北接鸡冠山长城 5 段。鸡冠山长城 4 段支线墙体北端与鸡冠山长城 4 段相接。墙体整体保存较差，在山洼处可以看到一条明显的碎石带，保存较短，山坡上散落大量石块。墙体全长 70 米。

该段墙体为石墙，自然基础，系在山脊北坡上砌筑墙体，呈斜坡状。墙体坍塌严重，形成紧贴地表的坡状石块带。墙体坍塌宽 3～3.5、斜坡高 1～1.5 米。

鸡冠山长城 4 段支线（210921382102020035）

该段长城起于鸡冠山长城 4 段中部，止于化石戈乡二色村上新邱屯北 1 千米的鸡冠山南侧山坡。起点高程 396 米，止点高程 323 米。呈东南—西北走向。西北接鸡冠山长城 4 段。墙体东北相隔 10 米有一道石筑附墙痕迹。墙体整体保存差，山坡上可以看到一条明显的碎石带自山坡下沿小山脊向山顶上延伸，山坡上散落大量石块。墙体全长 585 米。

该段墙体为石墙，自然基础，用石块垒筑而成，已坍塌。墙体基宽 1.6、高 0.1～0.4 米。

鸡冠山长城 5 段（210921382106020036）

该段长城起于化石戈乡二色村上新邱屯西北 1.2 千米，止于化石戈乡二色村上新邱屯西北 1.25 千米。起点高程 400 米，止点高程 429 米。呈南—北走和。南接鸡冠山长城 4 段，北接鸡冠山长城 6 段。整体保存较好。全长 45 米。

该段长城为山险，以自然山势为屏障，南侧较北侧山势更为陡峭。长城借助险峻的山体和山势走向，形成天然屏障，与其他墙体等组成统一的防御体系。

鸡冠山长城 6 段（210921382102020037）

该段长城起于化石戈乡二色村上新邱屯西北 1.25 千米的山脊东坡，止于化石戈乡二色村上新邱屯西北 1.3 千米的山脊北坡。起点高程 429 米，止点高程 429 米。呈西南—东北—北走向。西南接鸡冠山长城 5 段，北接鸡冠山长城 7 段。该段墙体整体保存较好。墙体全长 65 米。

该段墙体为石墙，自然基础，用片状玄武岩石垒筑而成。墙体剖面呈梯形，顶宽 0.7～1、底宽 2.2～2.5、高 0.7～1 米（彩图九）。

鸡冠山长城 7 段（210921382106020038）

该段长城起于化石戈乡二色村下新邱屯西北 1.3 千米，止于化石戈乡二色村下新邱屯西北 1.5 千米。起点高程 429 米，止点高程 388 米。呈东南—西北走向。东南接鸡冠山长城 6 段，西北接鸡冠山长城 8 段。整体保存较好。全长 350 米。

该段长城为山险，以自然山势为屏障，外侧较内侧山势更为陡峭。长城借助险峻的山体和山势走向，形成天然屏障，与其他墙体等组成统一的防御体系（彩图一〇）。

鸡冠山长城 8 段（210921382102020039）

该段长城起于化石戈乡二色村上新邱屯西北 1.5 千米，止于化石戈乡二色村上新邱屯西北 1.8 千米。起点高程 388 米，止点高程 365 米。呈东南—西北—西走向。东南接鸡冠山长城 7 段，西接鸡冠山长城 9 段。西 2 千米处为牤牛河。墙体整体保存较差，山脊上可以看到一道紧贴地表的碎石带。墙体全长350米。

该段墙体为石墙，自然基础，用石块垒筑而成。墙体两侧用石较大且较规整，中间填以碎石。墙体基宽2.2、高0.1~0.4米。

鸡冠山长城9段（210921382301020040）

该段长城起于化石戈乡二色村上新邱屯西北1.8千米，止于化石戈乡圭叉沟村西北1.5千米。起点高程365米，止点高程221米。呈东南—西北走向。东南接鸡冠山长城8段，西北接鸡冠山长城10段。墙体所经过的耕地中可见一条宽5~6米的黑土带由山顶向下延伸。由于自然与人为原因的破坏，墙体于地表已无存。全长2200米。

鸡冠山长城10段（210921382301020041）

该段长城起于化石戈乡圭叉沟村西北1.5千米，止于化石戈乡圭叉沟村西北1.7千米。起点高程221米，止点高程215米。呈东南—西北走向。东南接鸡冠山长城9段，西北接北票市境内的六合成长城1段。整体保存差，全长200米。

该段长城为河险，河床及东侧断崖上有大片的杨树林，有一条乡级公路沿河边通过。长城利用牤牛河作为天然屏障，与其他墙体等组成统一的防御体系。

长城自此越过牤牛河进入北票市境内继续向西延伸，与六合成长城相接。

（2）北票市（参见地图三）

六合成长城1段（211381382107020001）

该段长城起于阜新蒙古族自治县化石戈乡圭叉沟村西北1.7千米，止于北票市台吉营子乡四合成村六合成屯东北0.1千米。起点高程221米，止点高程226米。呈东南—西北走向。东接阜新市阜新蒙古族自治县化石戈乡鸡冠山长城，西接六合成长城2段，止点西侧即为六合成城址。整体保存差，全长823米。

该段长城为河险。长城利用牤牛河作为天然屏障，与其他墙体等组成统一的防御体系。

六合成长城2段（211381382106020002）

该段长城起于台吉营子乡四合成村六合成屯东北0.1千米，止于台吉营子乡四合成村陈家窝铺屯东南0.5千米的山坡上。起点高程226米，止点高程235米。呈南—北走向。南接六合成长城1段，北接六合成长城3段。起点西侧为六合成城址，止点西50米为陈家窝铺1号烽火台、0.55千米为陈家窝铺城址、0.68千米为陈家窝铺2号烽火台。全长1483米。

该段长城为山险，以自然山势为屏障，东侧为断崖，西侧山势较为平缓。长城借助险峻的山体和山势走向，形成天然屏障，与其他墙体等组成统一的防御体系（彩图一一）。

六合成长城3段（211381382301020003）

该段长城起于台吉营子乡四合成村六合成屯东南0.5千米，止于台吉营子乡六家子村魏家沟屯东南0.1千米。起点高程235米，止点高程240米。走向东南—西北。东南接六合成长城2段，西北与宝善堂长城相接。陈家窝铺3号烽火台在陈家窝铺屯西侧，距六合成长城3段0.2千米。陈家窝铺城址及陈家窝铺1~3号烽火台均在墙体内侧。由于自然与人为原因的破坏，墙体于地表已无存。全长 4900 米。

宝善堂长城 (211381382301020004)

该段长城起于台吉营子乡六家子村魏家沟屯东南 0.1 千米，止于台吉营子乡红山咀村西 1.4 千米磨盘山山顶的生金北沟烽火台。起点高程 240 米，止点高程 358 米。呈东南—西北走向。东南接六合成长城 3 段，西北与生金北沟长城 1 段相接。宝善堂烽火台位于墙体西南 (内侧) 20 米。由于自然与人为原因的破坏，墙体于地表已无存，仅在所经的耕地地表上发现有一条宽 5~6 米的黑土带。全长 4759 米 (彩图一二)。

生金北沟长城 1 段 (211381382106020005)

该段长城起于台吉营子乡红山咀村西 1.4 千米磨盘山山顶的生金北沟烽火台，止于台吉营子乡生金村北沟屯东北 1.2 千米。起点高程 358 米，止点高程 463 米。呈东南—西北走向。东南接宝善堂长城，西北与生金北沟长城 2 段相接。墙体起点西北 0.21 千米的山顶为生金北沟烽火台。墙体整体保存较好。全长 1351 米。

该段长城为山险。长城利用自然形成的险峻山体和山势走向，形成天然屏障，与其他墙体一起组成统一的防御体系 (彩图一三)。

生金北沟长城 2 段 (211381382102020006)

该段长城起于台吉营子乡生金村北沟屯东北 1.2 千米，止于台吉营子乡生金村北沟屯东北 1.3 千米。起点高程 463 米，止点高程 476 米。呈南—北走向。南接生金北沟长城 1 段，北与生金北沟长城 3 段相接。墙体整体保存较差，山坡上可以看到一道比较清晰的碎石冈。墙体全长 135 米。

该段墙体为石墙，自然基础，两侧用较大的石块逐层垒砌而成，内填碎石块。墙体基宽 1.9、高 0.2~0.4 米 (图一)。

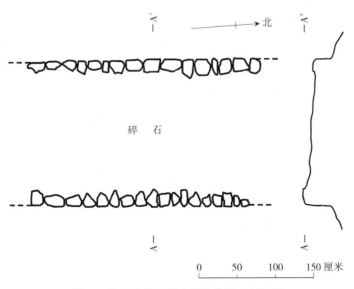

图一 生金北沟长城 2 段墙体平、剖面图

生金北沟长城3段（2113813823010200007）

该段长城起于台吉营子乡生金村北沟屯东北1.3千米，止于台吉营子乡生金村赵户沟屯西1.2千米。起点高程476米，止点高程363米。呈东南—西北走向。东南接生金北沟长城2段，西北与赵户沟长城1段相接。南3千米为黑城子河，河南岸为北（票）房（身）线公路。由于自然与人为原因的破坏，墙体于地表已无存。全长5681米。

赵户沟长城1段（2113813823010200008）

该段长城起于台吉营子乡生金村赵户沟屯西1.2千米，止于台吉营子乡生金村赵户沟屯西1.35千米。起点高程363米，止点高程378米。呈东—西走向。东接生金北沟长城3段，西与赵户沟长城2段相接。南3千米为黑城子河，河南岸为北（票）房（身）线公路。由于自然与人为原因的破坏，墙体于地表已无存，山坡上的耕地上可见一道宽5~6米的黑土带。全长165米。

赵户沟长城2段（2113813823010200009）

该段长城起于台吉营子乡生金村赵户沟屯西1.35千米，止于台吉营子乡生金村赵户沟屯西1.7千米。起点高程378米，止点高程387米。呈东—西—北走向。东接赵户沟长城1段，北与赵户沟长城3段相接。南3千米为黑城子河，河南岸为北（票）房（身）线公路。由于自然与人为原因的破坏，墙体于地表已无存。全长360米。

赵户沟长城3段（2113813823010200010）

该段长城起于台吉营子乡生金村赵户沟屯西1.7千米，止于北塔乡北广富营子村北沟屯东北1.2千米。起点高程387米，止点高程377米。呈东南—西北走向。东南接赵户沟长城2段，西北与大黑山长城1段相接。南3千米为黑城子河，河南岸为北（票）房（身）线公路。由于自然与人为原因的破坏，墙体于地表已无存。墙体所经的山坡耕地上可见两道宽5~6米的黑土带，中间夹有一道宽6~8米的黄土带。全长141米。

大黑山长城1段（2113813821020200011）

该段长城起于北塔乡北广富营村北沟屯东北1.2千米，止于北塔乡北广富营村北沟屯东北0.9千米。起点高程377米，止点高程449米。呈东北—西南走向。东北接赵户沟长城3段，西南与大黑山长城2段相接。止点处为大黑山哨所。墙体保存差，在山坡及山脊上看到一条略高出地表的土石混杂在一起的碎石冈，冈上及两侧山坡上散落着大量石块。墙体全长273米。

该段墙体为石墙，自然基础，两侧用较大毛石垒砌而成，中间填充碎石及土。墙体坍塌宽3.5~4、基宽1.9、高0.2~0.4米（彩图一四）。

大黑山长城2段（2113813823010200012）

该段长城起于北塔乡北广富营村北沟屯东北0.9千米，止于北塔乡北广富营村北沟屯东北0.75千米。起点高程449米，止点高程452米。呈东北—西南走向。东北接大黑山长城1段，西南与大黑山长城3段相接。由于自然与人为原因的破坏，墙体于地表已无存。全长160米。

大黑山长城3段（2113813382102020013）

该段长城起于北塔乡北广富营村北沟屯东北0.75千米，止于北塔乡北广富营村北沟屯东北0.6千米。起点高程452米，止点高程384米。呈东北—西南走向。东北接大黑山长城2段，西南与大黑山长城4段相接，西南3千米为北广富营城址。该段墙体保存差，在山坡及山脊上看到一道土石混杂在一起的碎石冈，冈上及两侧的山坡上散落着大量的石块。墙体全长145米。

该段墙体为石墙，自然基础，两侧用较大毛石垒砌而成，较规整，中间填充碎石及土。墙体基宽2.4、高0.2～0.5米（图二；彩图一五）。

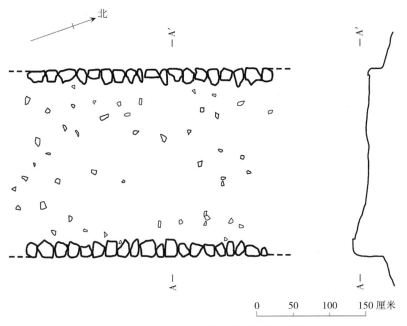

图二　大黑山长城3段墙体平、剖面图

大黑山长城4段（2113813382301020014）

该段长城起于北塔乡北广富营村北沟屯东北0.6千米，止于北塔乡北广富营村北沟屯东北0.3千米。起点高程384米，止点高程359米。呈东—西—西南走向。东接大黑山长城3段，西南与大黑山长城5段相接。西南3千米为北广富营城址。由于自然与人为原因的破坏，墙体于地表已无存。墙体所经的山坡耕地上可见两道宽5～6米的黑土带，中间夹有一道宽6～7米的黄土带。全长522米。

大黑山长城5段（2113813382301020015）

该段长城起于北塔乡北广富营村北沟屯东北0.3千米，止于北塔乡勿苏吐噜村西0.4千米。起点高程359米，止点高程327米。呈东—西走向。东接大黑山长城4段，止与吻喇吐噜村西0.4千米的耕地内，西与内蒙古自治区赤峰市敖汉旗宝国吐乡邢家窝铺长城相接。由于自然与人为原因的破坏，墙体于地表已无存。墙体所经的山坡耕地上可见两道宽5～6米的黑土带，中间夹有一道宽6～7米的黄土带。全长10400米。

长城自此进入内蒙古自治区赤峰市敖汉旗境内，与邢家窝铺长城相接。

（3）建平县（地图四）

① 墙体及保存现状

杀子梁长城1段（211322382301020001）

该段长城起于辽宁省朝阳市建平县与内蒙古自治区赤峰市敖汉旗交界处，止于北二十家子乡封山村东北1千米杀子梁顶。起点高程770米，止点高程785米。呈东北—西南走向。东北接内蒙古自治区敖汉旗赵官沟长城，西南与杀子梁长城2段相连。由于自然与人为原因的破坏，墙体于地表已无存。全长417米。

杀子梁长城2段（211322382101020002）

该段长城起于北二十家子乡封山村东北1千米杀子梁顶，止于北二十家子乡封山村东北0.3千米杀子梁。起点高程785米，止点高程716米。呈东北—西南走向。东北接杀子梁长城1段，西南与杀子梁长城3段相连。建（平）敖（汉）线公路从东侧通过。墙体整体保存一般，坍塌后的堆积形成一道高出地表的土冈。墙体全长731米。

该段墙体为土墙，自然基础，用黄沙土逐层夯筑而成。墙体整体坍塌，堆积剖面呈馒圆形。墙体宽5~8、高0.6~2米（图三）。

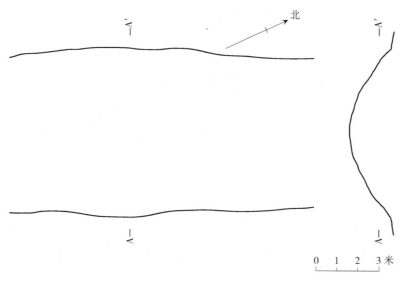

图三　杀子梁长城2段墙体平、剖面图

杀子梁长城3段（211322382301020003）

该段长城起于北二十家子乡封山村东北0.3千米杀子梁，止于北二十家子乡封山村北0.1千米。起点高程716米，止点高程685米。呈东北—西南走向。东北接杀子梁长城2段，西南与杀子梁长城4段相连。建（平）敖（汉）线公路从东侧通过。由于自然与人为原因的破坏，墙体于地表已无存。全长234米。

杀子梁长城4段（211322382101020004）

该段长城起于北二十家子乡封山村北0.1千米，止于北二十家子乡封山村西北0.3千米。起点高程685米，止点高程725米。呈东北—西南走向。东北接杀子梁长城3段，西南与杀子梁长城 5 段相连。建（平）敖（汉）线公路从东侧通过。墙体整体保存较差，坍塌后的堆积形成一道高出地表的土冈。墙体全长 293 米。

该段墙体为土墙，自然基础，用黄沙土逐层夯筑而成。墙体宽 4、高 0.2 ~ 0.4 米。

杀子梁长城 5 段（211322382301020005）

该段长城起于北二十家子乡封山村西北 0.3 千米，止于北二十家子乡牛圈子村王苏地屯东 1 千米。起点高程 725 米，止点高程 636 米。呈东北—西南走向。东北接杀子梁长城 4 段，西南与王苏地长城 1 段相连。由于自然与人为原因的破坏，该段墙体于地表已无存。全长 1200 米。

王苏地长城 1 段（211322382301020006）

该段长城起于北二十家子乡牛圈子村王苏地屯东 1 千米，止于北二十家子乡牛圈子村殷国华家东南角。起点高程 636 米，止点高程 649 米。呈东—西走向。东接杀子梁长城 5 段，西与王苏地长城 2 段相连。王苏地遗址位于墙体内侧。由于自然与人为原因的破坏，墙体于地表已无存。耕地中可见两道较为明显的宽 6 ~ 10 米的黑土带，中间夹有一道宽 6 ~ 7 米的黄土带。王苏地居住址位于墙体内侧。全长 464 米。

王苏地长城 2 段（211322382301020007）

该段长城起于北二十家子乡牛圈子村王苏地屯殷国华家东南角，止于北二十家子乡牛圈子村王苏地屯西 50 米。起点高程 649 米，止点高程 638 米。呈东—西走向。东接王苏地长城 1 段，西与王苏地长城 3 段相连。由于自然与人为原因的破坏，墙体于地表已无存。全长 177 米。

王苏地长城 3 段（211322382101020008）

该段长城起于北二十家子乡牛圈子村王苏地屯西 50 米，止于北二十家子乡牛圈子村王苏地屯西 0.35 千米。起点高程 638 米，止点高程 643 米。呈东—西走向。东接王苏地长城 2 段，西与王苏地长城 4 段相连。墙体整体保存较差，已坍塌，坍塌后的堆积形成一道略高出地表的土冈。墙体全长 279 米。

该段墙体为土墙，自然基础，用黄沙土逐层夯筑而成。墙体剖面呈馒圆形，最宽处 3、最高处 1 米。村民取土留下的断面上可见明显的夯层，夯层厚约 0.1 米（图四）。

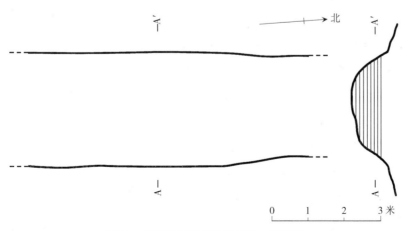

图四　王苏地长城 3 段墙体平、剖面图

王苏地长城4段（211322382301020009）

该段长城起于北二十家子乡牛圈子村王苏地屯西0.35千米，止于北二十家子乡牛圈子村王苏地屯西1千米。起点高程643米，止点高程633米。呈东—西走向。东接王苏地长城3段，西与王苏地长城5段相连。由于自然与人为原因的破坏，墙体于地表已无存。耕地中可见一道比较明显的宽5～9米的黑土带。全长467米。

王苏地长城5段（211322382101020010）

该段长城起于北二十家子乡牛圈子村王苏地屯西1千米，止于北二十家子乡牛圈子村王苏地屯西1.6千米。起点高程633米，止点高程612米。呈东—西走向。东接王苏地长城4段，西与牛圈子长城1段相连。墙体整体保存差，林间耕地中可见一道略高出地表的土冈。墙体全长612米。

该段墙体为土墙，自然基础，用黄沙土逐层夯筑而成。墙体坍塌严重，宽5～10、高0.3～0.5米（图五）。

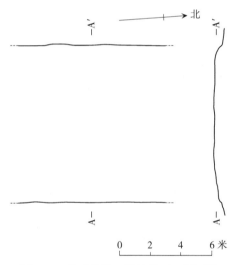

图五　王苏地长城5段墙体平、剖面图

牛圈子长城1段（211322382301020011）

该段长城起于北二十家子乡牛圈子村王苏地屯西1.6千米，止于北二十家子乡牛圈子村西南2千米。起点高程612米，止点高程569米。呈东—西走向。东接王苏地长城5段，西与牛圈子长城2段相连。南侧为建（平）敖（汉）线公路，东侧为北二十家子镇至下城子村公路。由于自然与人为原因的破坏，墙体地表已无存，耕地中可见一道宽5～6米的黑土带。全长2453米。

牛圈子长城2段（211322382301020012）

该段长城起于北二十家子乡牛圈子村西南2千米，止于北二十家子乡牛圈子村西南2千米。起点高程569米，止点高程572米。呈东—西走向。东接牛圈子长城1段，西与牛圈子长城3段相连。墙体所在位置现为北二十家子镇至下城子公路。由于自然与人为原因的破坏，墙体于地表已无存。全长27米。

牛圈子长城 3 段 （211322382301020013）

该段长城起于北二十家子乡牛圈子村西南 2 千米的公路边，止于北二十家子乡牛圈子村西南 3.6 千米的蹦河岸边。起点高程 572 米，止点高程 558 米。呈东—西走向。东接牛圈子长城 2 段，西侧止于蹦河岸边，与小五家长城 1 段相接。由于自然与人为原因的破坏，墙体地表已无存。全长 1506 米。

小五家长城 1 段 （211322382107020014）

该段长城起于北二十家子乡牛圈子村西南 3.6 千米，止于北二十家子乡小五家村东 0.05 千米的蹦河边。起点高程 558 米，止点高程 545 米，呈东北—西南走向。东北接牛圈子长城 3 段，西南接小五家长城 2 段。整体保存差，全长 647 米。

该段长城属自南向北流的蹦河河险，长城利用蹦河作为天然屏障，与其他墙体等组成统一的防御体系。

小五家长城 2 段 （211322382301020015）

该段长城起于北二十家子乡小五家村东 0.05 千米的蹦河边，止于北二十家子乡小五家子小五家城址东南角。起点高程 545 米，止点高程 554 米。呈东—西走向。东接小五家长城 1 段，西接小五家长城 3 段。由于自然与人为原因的破坏，墙体地表已无存。全长 335 米。

小五家长城 3 段 （211322382301100016）

该段长城起于北二十家子乡小五家村小五家城址东南角，止于北二十家子乡小五家村小五家城址西南角。起点高程 554 米，止点高程 564 米。呈东—西走向。东接小五家长城 2 段，西接小五家长城 4 段。北侧即为小五家城址。该段墙体属于小五家城址的南墙。北（二十家子）郭（家店）线公路从城址中南北向穿过。由于自然与人为原因的破坏，墙体地表已无存。小五家城址的东、西、北墙位于长城墙体外侧。全长 240 米。

据村民讲南墙西段原有土台子，高约 4、宽 6~7 米，后为拓展土地而被推平，现作为场院使用。墙体的位置现为一条东西向上山的土路，已完全不见迹象。

小五家长城 4 段 （211322382301020017）

该段长城起于北二十家子乡小五家村小五家城址西南角，止于北二十家子乡朝阳沟村小陶窝铺屯东南 0.1 千米。起点高程 564 米，止点高程 608 米。呈东北—西南走向。东北接小五家长城 3 段，西南接小五家长城 5 段。由于自然与人为原因的破坏，墙体地表已无存。耕地中隐约可见两道宽约 6~7 米的黑土带，中间夹一道宽约 6~7 米的黄土带。全长 2381 米。

小五家长城 5 段 （211322382301020018）

该段长城起于北二十家子乡朝阳沟村小陶窝铺屯东南 0.1 千米，止于北二十家子乡朝阳沟村兰旗营子屯东北 1.5 千米。起点高程 608 米，止点高程 718 米。呈东北—西南走向。东北接小五家长城 4 段，西南接北二十家子长城 1 段。由于自然与人为原因的破坏，墙体地表已无存。墙体全长 2100 米。

九间房长城 1 段 （211322382102020019）

该段长城起于北二十家子乡朝阳沟村兰旗营子屯东北 1.5 千米，止于北二十家子乡朝阳沟村兰旗营子屯东北 1.2 千米。起点高程 718 米，止点高程 718 米。呈东北—西南走向。东北接小五家长城 5 段，西南接九间房长城 2 段。墙体整体保存差，仅地表可见坍塌后散落的石块。全长173 米。

该段墙体为石墙，自然基础，用花岗岩石块干垒而成。墙体基宽 2、高 0.2~0.4 米（图六）。

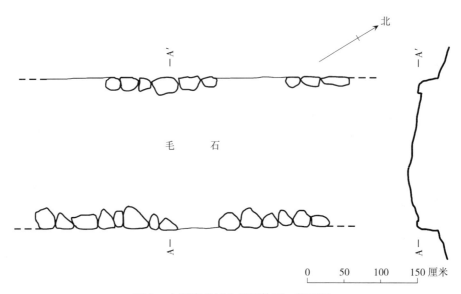

图六　九间房长城 1 段墙体平、剖面图

九间房长城 2 段（211322382301020020）

该段长城起于北二十家子乡朝阳沟村兰旗营子屯东北 1.2 千米，止于北二十家子乡朝阳沟村兰旗营子屯西 0.5 千米。起点高程 718 米，止点高程 736 米。呈东北—西—西南走向。东北接九间房长城 1 段，西南接九间房长城 3 段。墙体北侧 90 米为九间房遗址。由于自然与人为原因的破坏，墙体地表已无存。山梁上的耕地中及村路边可见两道宽约 6 米的黑土带，中间夹一道宽约 10 米的黄土带。全长 1654 米。

九间房长城 3 段（211322382102020021）

该段长城起于北二十家子乡朝阳沟村兰旗营子西 0.5 千米，止于北二十家子乡朝阳沟村九间房屯西南 0.3 千米。起点高程 736 米，止点高程 779 米。呈东北—西南走向。东北接九间房长城 2 段，西南接九间房长城 4 段。墙体整体保存差，已坍塌，大致呈弧形沿山脊北坡向山上延伸。九间房烽火台位于墙体上。墙体全长 315 米。

该段墙体为石墙，自然基础，用石块干垒而成。墙体坍塌，石块散落四周。墙体剖面略呈馒圆形，宽 0.5~6、高 1~2 米（图七）。

九间房长城 4 段（211322382101020022）

该段长城起于北二十家子乡朝阳沟村九间房屯西南 0.3 千米，止于北二十家子乡朝阳沟村九间房屯西南 0.8 千米。起点高程 779 米，止点高程 819 米。呈东北—西南走向。东北接九间房长城 3 段，西南接九间房长城 5 段。有一条通往山上的土路从墙体上通过。墙体整体保存差，坍

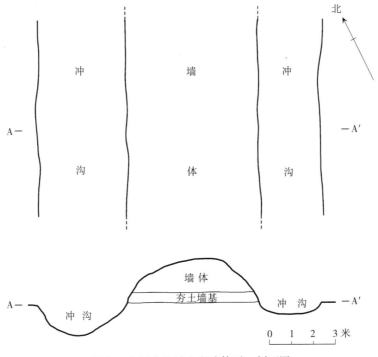

图七　九间房长城 3 段墙体平、剖面图

塌后形成一道略高出地表的土冈，大致呈一条直线沿山脊北坡向山上延伸。墙体全长 361 米。

　　该段墙体为土墙，自然基础，墙体剖面略呈馒圆形，从断面上可知墙体用夹杂碎小石粒的黄沙土夯筑而成，夯层厚 0.15~0.2 米。墙体坍塌，宽 2.5~4、高 0.6~0.8 米（图八）。

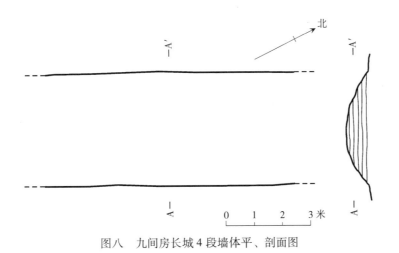

图八　九间房长城 4 段墙体平、剖面图

九间房长城 5 段（2113223382101020023）

　　该段长城起于北二十家子乡朝阳沟村九间房屯西南 0.8 千米，止于北二十家子乡朝阳沟村九间房屯西南 1.2 千米。起点高程 819 米，止点高程 854 米。呈东北—西南走向。东北接九间房长城 4 段，西南接九间房长城 6 段。有一条通往山上的土路从墙体上通过。墙体整体保存差，已坍塌，形成一道高出地表的土冈，大致呈一条弧线沿山脊北坡向山上延伸。内侧有一个采石坑将墙体破坏，并将碎石堆积在残存的墙体上。墙体全长 465 米。

该段墙体为土墙，自然基础，墙体剖面略呈馒圆形。从采石坑的断面上可知墙体用夹杂碎小石粒的黄沙土夯筑而成，夯层厚 0.15～0.2 米。墙体坍塌，宽 4～10、高 1～2 米（图九）。

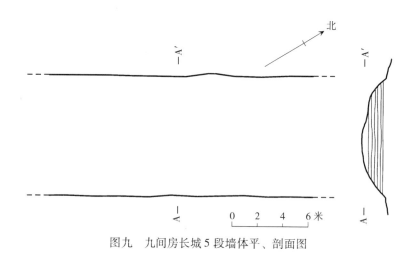

图九　九间房长城 5 段墙体平、剖面图

九间房长城 6 段（211322382301020024）

该段长城起于北二十家子乡朝阳沟村九间房屯西南 1.2 千米，止于北二十家子乡朝阳沟村九间房屯西南 1.25 千米。起点高程 854 米，止点高程 859 米。呈东—西走向。东接九间房长城 5 段，西接九间房长城 7 段。由于自然与人为原因的破坏，墙体于地表已无存。墙体被一个采石坑完全破坏。墙体全长 41 米。

九间房长城 7 段（211322382101020025）

该段长城起于北二十家子乡朝阳沟村九间房屯西南 1.25 千米，止于北二十家子乡朝阳沟村九间房屯西南 1.45 千米。起点高程 859 米，止点高程 857 米。呈东—西走向。东接九间房长城 6 段，西接九间房长城 8 段。墙体外侧连接九间房挡马墙。墙体整体保存差，坍塌成一道略高出地表的土冈。墙体全长 219 米。

该段墙体为土墙，自然基础，用黄沙土筑成，土中夹杂有大量的石粒和石块。墙体坍塌，宽 5～6、高 0.2～0.3 米（图一○；彩图一六）。

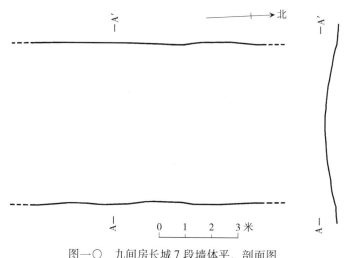

图一○　九间房长城 7 段墙体平、剖面图

九间房长城 8 段（211322382301020026）

该段长城起于北二十家子乡朝阳沟村九间房屯西南 1.45 千米，止于北二十家子乡朝阳沟村九间房屯西南 2.1 千米。起点高程 857 米，止点高程 879 米。呈东南—西北走向。东南接九间房长城 7 段，西北接九间房长城 9 段。由于自然与人为原因的破坏，墙体于地表已无存。耕地中可见两道宽 5～6 米的黑土带，中间夹一道宽约 6 米、含碎小石粒的黄沙土带。全长 662 米。

九间房长城 9 段（211322382101020027）

该段长城起于北二十家子乡朝阳沟村九间房屯西南 2.1 千米，止于北二十家子乡朝阳沟村九间房屯西南 2.45 千米。起点高程 879 米，止点高程 931 米。呈东南—西北走向。东南接九间房长城 8 段，西北接蛤蟆沟脑长城 1 段。墙体整体保存差，已坍塌，形成一道高出地表的土冈，土冈上散落有许多碎小的石粒和石块。墙体全长 353 米。

该段墙体为土墙，自然基础，用夹有碎石粒的黄沙土筑成。墙体剖面呈馒圆形，宽 5～6、高 0.5～1 米（图一一）。

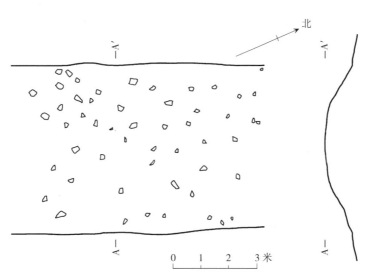

图一一 九间房长城 9 段墙体平、剖面图

蛤蟆沟脑长城 1 段（211322382102020028）

该段长城起于北二十家子乡朝阳沟村九间房屯西南 2.45 千米，止于烧锅营子乡蛤蟆沟脑屯东北 1 千米。起点高程 931 米，止点高程 914 米。呈东南—西北走向。东南接九间房长城 9 段，西北接蛤蟆沟脑长城 2 段。墙体保存差，已坍塌，地表上可见一道略高出地表土石混杂在一起的土石冈，冈上及两侧散落着大量的石块。墙体全长 122 米。

该段墙体为石墙，以自然山体为基础，两侧用较大毛石垒砌而成，中间填充碎石和山皮土，外侧面较为规整。墙体砌石倒塌，填土流失，暴露出的墙基保存很矮，有些地方仅存一层石块。墙体坍塌宽 3～4、基宽 2.2、外缘砌石宽 0.2～0.4、高 0.1～0.2 米（图一二）。

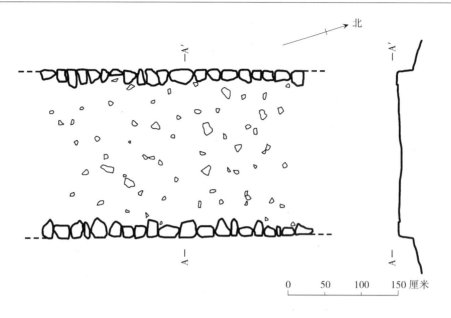

图一二　蛤蟆沟脑长城1段墙体平、剖面图

蛤蟆沟脑长城2段（211322382101020029）

该段长城起于烧锅营子乡蛤蟆沟脑屯东北1千米，止于烧锅营子乡蛤蟆沟脑屯东北0.9千米。起点高程914米，止点高程904米。呈东—西走向。东接蛤蟆沟脑长城1段，西接蛤蟆沟脑长城3段。墙体保存差，已坍塌，地表上可见一道高出地表的土冈。墙体全长133米。

该段墙体为土墙，以自然山体为基础，用黄沙土筑成。墙体坍塌，保存较矮。墙体宽3~4、高0.3~0.5米（图一三；彩图一七）。

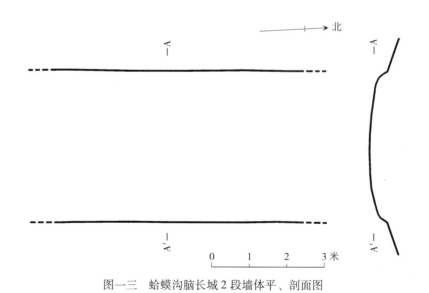

图一三　蛤蟆沟脑长城2段墙体平、剖面图

蛤蟆沟脑长城3段（211322382102020030）

该段长城起于烧锅营子乡蛤蟆沟脑屯东北0.9千米，止于烧锅营子乡蛤蟆沟脑屯东北

0.85 千米。起点高程 904 米，止点高程 893 米。呈东—西走向。东接蛤蟆沟脑长城 2 段，西接蛤蟆沟脑长城 4 段。墙体整体保存差，已坍塌，地表上可见一道高出地表的碎石带。墙体两侧散落有大量的石块。墙体全长 49 米。

该段墙体为石墙，以自然山体为基础，两侧面用大块毛石垒砌而成，较规整，中间填以碎石及山皮土。墙体砌石倒塌，填土流失，暴露出的墙基保存很矮，多半地段仅存 1～2 层石块。墙体坍塌宽 4、基宽 1.9～2、外缘砌石宽 0.2～0.3、高 0.3～0.5 米（彩图一八）。

蛤蟆沟脑长城 4 段（2113223823010200031）

该段长城起于烧锅营子乡蛤蟆沟脑屯东北 0.85 千米，止于烧锅营子乡蛤蟆沟脑屯东北 0.8 千米。起点高程 893 米，止点高程 874 米。呈东—西走向。东接蛤蟆沟脑长城 3 段，西接蛤蟆沟脑长城 5 段。由于自然与人为原因的破坏，墙体于地表已无存。全长 64 米。

蛤蟆沟脑长城 5 段（2113223821020200032）

该段长城起于烧锅营子乡蛤蟆沟脑屯东北 0.8 千米，止于烧锅营子乡蛤蟆沟脑屯东北 0.75 千米。起点高程 874 米，止点高程 868 米。呈东—西走向。东接蛤蟆沟脑长城 4 段，西接蛤蟆沟脑长城 6 段。墙体整体保存差，已坍塌，地表上可见一道两侧为石块、中间土石混杂的痕迹。墙体内外两侧山坡上散落有大量的石块。墙体全长 49 米。

该段墙体为石墙，以自然山体为基础，两侧面用大毛石错缝垒砌，中间填以碎石和山皮土，外侧面较为规整。墙体砌石倒塌，填土流失。墙体保存低矮，有些地方仅存一层石块。墙体坍塌宽 4.8、基宽 1.9～2、外缘砌石宽 0.2～0.3、高 0.4～0.5 米（图一四）。

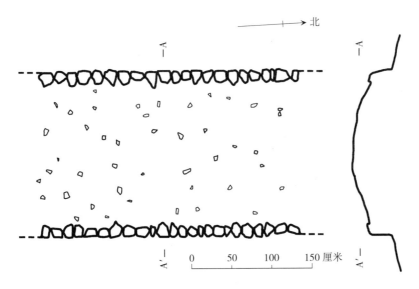

图一四　蛤蟆沟脑长城 5 段墙体平、剖面图

蛤蟆沟脑长城 6 段（2113223821010200033）

该段长城起于烧锅营子乡蛤蟆沟脑屯东北 0.75 千米，止于烧锅营子乡蛤蟆沟脑屯东北 0.7 千米。起点高程 868 米，止点高程 864 米。呈东—西走向。东接蛤蟆沟脑长城 5 段，西接

蛤蟆沟脑长城7段。墙体整体保存差，已坍塌，地表上可见一道高出地表的土冈。墙体全长24米。

该段墙体为土墙，以自然山体为基础，用夹杂细小碎石粒的黄土夯筑而成，夯层厚0.1~0.15米。墙体剖面呈馒圆形土冈状。墙体倒塌，夯土流失，保存低矮。墙体坍塌宽6.6、高0.4~0.5米（图一五）。

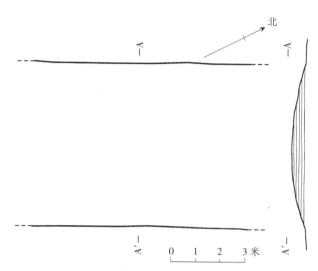

图一五　蛤蟆沟脑长城6段墙体平、剖面图

蛤蟆沟脑长城7段（211322382301020034）

该段长城起于烧锅营子乡蛤蟆沟脑屯东北0.7千米，止于烧锅营子乡蛤蟆沟脑屯东北0.5千米。起点高程864米，止点高程860米。呈东—西走向。东接蛤蟆沟脑长城6段，西接蛤蟆沟脑长城8段。由于自然与人为原因的破坏，墙体地表已无存。全长168米。

蛤蟆沟脑长城8段（211322382101020035）

该段长城起于烧锅营子乡蛤蟆沟脑屯东北0.5千米，止于烧锅营子乡蛤蟆沟脑屯东北0.2千米。起点高程860米，止点高程932米。呈东—西走向。东接蛤蟆沟脑长城7段，西接烧锅营子长城1段。墙体整体保存差，已坍塌。墙体全长260米。

该段墙体为土墙，自然基础。在耕地中见有两道宽6~7米的黑土带，中间夹一道略高出地表、宽6~7米的土冈，土冈高0.5~1米（图一六）。

烧锅营子长城1段（211322382102020036）

该段长城起于烧锅营子乡蛤蟆沟脑屯东北0.2千米，止于烧锅营子乡蛤蟆沟脑屯西北0.5千米。起点高程932米，止点高程947米。呈东北—西南走向。东北接蛤蟆沟脑长城8段，西南接烧锅营子长城2段。距止点80米处墙体外侧山坡上有烧锅营子1号挡马墙与墙体相连。墙体已坍塌，砌石散落在两侧，山脊上可见一道较清晰的石墙痕迹。距止点80米处墙体外侧连接烧锅营子1号挡马墙。墙体整体保存较好，全长1037米。

该段墙体为石墙，以自然山体为基础，两侧用大石块错缝垒砌而成，砌石较规整，用石较宽大，中间填充碎石及沙土。由于填土流失，墙体两侧砌石向内倾倒。墙体自下而上有较

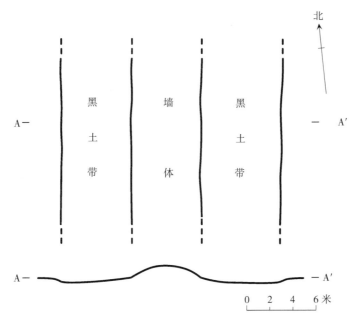

图一六　蛤蟆沟脑长城 8 段墙体平、剖面图

大的收分。墙体基宽 2、两侧砌石宽 0.4 ~ 0.6、中间填石与土宽 1 米。墙体剖面呈梯形，顶宽 1.5 ~ 1.6、基宽 2、高 0.4 ~ 1 米，高 1 米内自下而上收分约 0.2 米（图一七、一八；彩图一九 ~ 二一）。

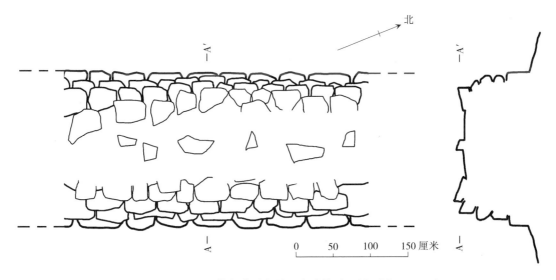

图一七　烧锅营子长城 1 段墙体平、剖面图

烧锅营子长城 2 段（211322382102020037）

该段长城起于烧锅营子乡蛤蟆沟脑屯西北 0.5 千米，止于烧锅营子乡蛤蟆沟脑屯西 1.2 千米。起点高程 947 米，止点高程 921 米。走向东北—西南。东北接烧锅营子长城 1 段，西南接烧锅营子长城 3 段。墙体整体保存较好，砌石散落两侧，山梁上可见一道比较清晰的石墙痕迹。墙体全长 1025 米。

该段墙体为石墙，以自然山体为基础，两侧用较宽大规整的石块错缝垒砌而成，中间填

图一八　烧锅营子长城1段（素描）

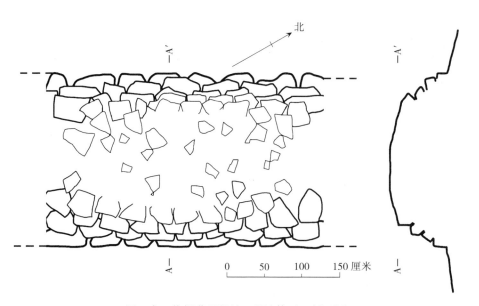

图一九　烧锅营子长城2段墙体平、剖面图

充碎石及沙土。由于填土流失，墙体两侧面砌石向内倾倒。墙体自下而上有收分。两侧砌石宽0.4~0.6、中间填石与土宽1米。墙体剖面呈梯形，顶宽1.6、基宽2.1、高0.3~0.7米，高0.7米内自下而上的收分约0.2米（图一九、二〇；彩图二二、二三）。

图二〇　烧锅营子长城 2 段（素描）

烧锅营子长城 3 段（211322382106020038）

该段长城起于烧锅营子乡蛤蟆沟脑屯西 1.2 千米，止于烧锅营子乡蛤蟆沟脑屯西 1.23 千米。起点高程 921 米，止点高程 917 米。呈东北—西南走向。东北接烧锅营子长城 2 段，西南接烧锅营子长城 4 段。烧锅营子敌台位于止点北侧 15 米的山坡上。整体保存较好。全长35 米。

该段长城为山险，系自然形成的褶皱山体岩石构成，地势陡峭。长城利用了险峻的山体和山势走向，形成天然屏障，与其他墙体等组成统一的防御体系。

烧锅营子长城 4 段（211322382102020039）

该段长城起于烧锅营子乡蛤蟆沟脑屯西 1.23 千米，止于烧锅营子乡蛤蟆沟脑屯西 1.25 千米。起点高程 917 米，止点高程 911 米。呈东北—西南走向。东北接烧锅营子长城 3 段，西南接烧锅营子长城 5 段。烧锅营子敌台位于墙体起点外侧 15 米的山坡上。墙体整体保存较差，已坍塌，砌石散落在两侧的山坡上，山坡上可见一道高出地表的碎石冈。墙体全长 20 米。

该段墙体为石墙，以自然山体为基础，两侧用石较宽大规整，错缝垒砌而成，中间填充碎石和山皮土。墙体基宽 2、高 0.2 ~ 0.6 米。墙体自下而上略有收分，收分不大。

烧锅营子长城 5 段（211322382106020040）

该段长城起于烧锅营子乡蛤蟆沟脑屯西 1.25 千米，止于烧锅营子乡蛤蟆沟脑屯西 1.28 千米。起点高程 911 米，止点高程 896 米。呈东—西走向。东接烧锅营子长城 4 段，西接烧锅营子长城 6 段。整体保存较好。全长 25 米。

该段长城为山险，系自然形成的褶皱山体岩石构成，地势陡峭。长城利用了险峻的山体和山势走向，形成天然屏障，与其他墙体等组成统一的防御体系。

烧锅营子长城 6 段（211322382102020041）

该段长城起于烧锅营子乡蛤蟆沟脑屯西 1.28 千米，止于烧锅营子乡蛤蟆沟脑屯西 1.4 千米。起点高程 896 米，止点高程 834 米。呈东北—西南走向。东北接烧锅营子长城 5 段，西南接烧锅营子长城 7 段。墙体整体保存较好，山坡上的松林间可见一道高出地表的石墙。墙体全长 223 米。

该段墙体为石墙，以自然山体为基础，两侧用较大且规整的石块错缝垒砌而成，中间填充碎石和山皮土。墙体自下而上有大小不等的收分。墙体基宽 1.9、两侧砌石宽 0.3~0.4 米。墙体坍塌后的堆积呈馒圆形，宽 2、高 0.4~1 米（图二一）。

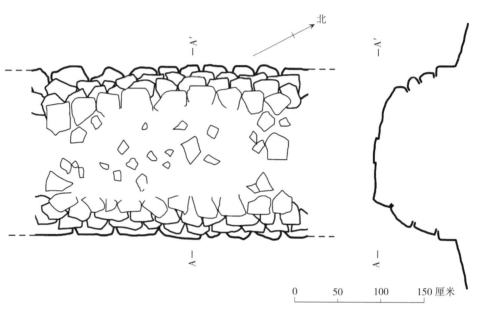

图二一　烧锅营子长城 6 段墙体平、剖面图

烧锅营子长城 7 段（211322382301020042）

该段长城起于烧锅营子乡蛤蟆沟脑屯西 1.4 千米，止于烧锅营子乡蛤蟆沟脑屯西 1.5 千米。起点高程 834 米，止点高程 834 米。呈东—西走向。东接烧锅营子长城 6 段，西接烧锅营子长城 8 段。由于自然与人为原因的破坏，墙体于地表已无存。墙体全长 123 米。

烧锅营子长城 8 段（211322382102020043）

该段长城起于烧锅营子乡蛤蟆沟脑屯西 1.5 千米，止于烧锅营子乡蛤蟆沟脑屯西 1.65 千米。起点高程 834 米，止点高程 894 米。呈东北—西南走向。东北接烧锅营子长城 7 段，西南接烧锅营子长城 9 段。墙体整体保存较好，山坡上的松林和沙棘林间可见一道高出地表的石冈。墙体全长 154 米。

该段墙体为石墙，以自然山体为基础，两侧用较大且规整的石块错缝垒砌而成，中间填充碎石和山皮土。墙体基宽 1.9、两侧砌石宽 0.3~0.4 米。墙体坍塌后的堆积呈馒圆形，宽 2、高 0.2~0.3 米。

烧锅营子长城 9 段（211322382106020044）

该段长城起于烧锅营子乡蛤蟆沟脑屯西 1.65 千米，止于烧锅营子乡蛤蟆沟脑屯西 1.67 千米。起点高程 894 米，止点高程 901 米。呈东—西走向。东接烧锅营子长城 8 段，西接烧锅营子长城 10 段。整体保存较好，外侧山势陡峭，内侧较缓。全长 21 米。

该段长城为山险，系自然形成的褶皱山体岩石构成，地势陡峭。长城利用了险峻的山体和山势走向，形成天然屏障，与其他墙体等组成统一的防御体系。

烧锅营子长城 10 段（211322382102020045）

该段长城起于烧锅营子乡蛤蟆沟脑屯西 1.67 千米，止于烧锅营子乡蛤蟆沟脑屯西 2.3 千米。起点高程 901 米，止点高程 866 米。呈东北—南—西南走向。东北接烧锅营子长城 9 段，西南接烧锅营子长城 11 段。墙体内侧与烧锅营子长城 10 段支线墙体相连。墙体整体保存较好，在山脊上可见一道明显的墙体坍塌后形成的石冈。墙体全长 647 米。

该段墙体为石墙，以自然山体为基础，两侧用较大且规整的石块错缝垒砌而成，中间填充碎石和山皮土。墙体基宽 2.2、两侧砌石宽 0.3 ~ 0.4 米。墙体坍塌后的堆积呈馒圆形，宽 2.4、存高 0.2 ~ 1.4 米。保存最好的一段墙体砌筑在相邻两座山包间的山洼处、山脊的北侧边缘上。墙体随山势而建，山脊上砌筑较矮，坡下（外侧）砌筑较高。墙体剖面呈梯形，底宽 2.4、顶宽 1.9、外侧高 1.3、内侧高 0.2 米（图二二；彩图二四 ~ 二六）。墙体由北拐向西南处向东南方向延伸一道支线石筑墙体，作用不详。

烧锅营子长城 10 段支线（211322382102020046）

该段长城起于烧锅营子乡蛤蟆沟脑屯西 1.75 千米，止于烧锅营子乡蛤蟆沟脑屯西 1.4 千米。起点高程 895 米，止点高程 924 米。呈西北—东南走向。墙体西北接烧锅营子长城 10 段

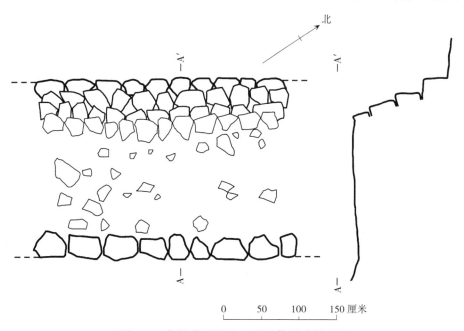

图二二　烧锅营子长城 10 段墙体平、剖面图

墙体。墙体整体保存差,在山脊上可见一道时断时续的墙体坍塌后形成的石冈,部分段墙体接近消失,仅存两侧边缘砌石。墙体全长390米。

该段墙体为石墙,以自然山体为基础,两侧用较大石块错缝垒砌而成,中间填充碎石和山皮土。墙体自下而上有大小不等的收分。墙体基宽2.1、两侧砌石宽0.2~0.3米。墙体坍塌后的堆积呈馒圆形,宽2.4、高0.1~0.3米(彩图二七)。

烧锅营子长城11段 (211322382106020047)

该段长城起于烧锅营子乡蛤蟆沟脑屯西2.3千米,止于烧锅营子乡油坊营子村王家店屯东1.2千米。起点高程866米,止点高程870米。呈东—西走向。东接烧锅营子长城10段,西接烧锅营子长城12段。整体保存较好。全长34米。

该段长城为山险,系自然形成的褶皱山体岩石构成,地势陡峭。长城利用了险峻的山体和山势走向,形成天然屏障,与其他墙体等组成统一的防御体系。

烧锅营子长城12段 (211322382102020048)

该段长城起于烧锅营子乡油坊营子村王家店屯东1.2千米,止于烧锅营子乡油坊营子村王家店屯东0.3千米。起点高程870米,止点高程765米。呈东南—西北走向。东南接烧锅营子长城11段,西北接烧锅营子长城13段。墙体外侧有烧锅营子2号挡马墙和烧锅营子3号挡马墙,烧锅营子烽火台位于墙体上。墙体整体保存较好,山坡上的松林和沙棘林间可见一道高出地表的墙体。墙体两侧山坡上散落有塌落的砌石。墙体全长1049米。

该段墙体为石墙,以自然山体为基础,两侧用较大石块错缝垒砌而成,中间填以碎石和山皮土,两侧砌石较为规整且用石较大。墙体自下而上有大小不等的收分。墙体基宽1.8、两侧砌石宽0.3~0.4米。墙体坍塌后的堆积呈馒圆形,宽2.3、高0.5~2米(图二三)。

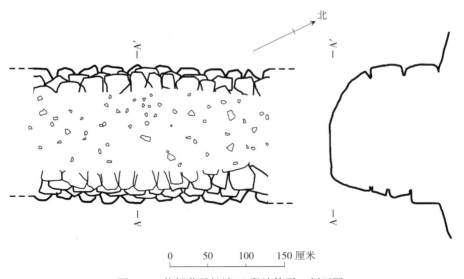

北

0　　50　　100　　150厘米

图二三　烧锅营子长城12段墙体平、剖面图

烧锅营子长城 13 段（211322382101020049）

该段长城起于烧锅营子乡油坊营子村王家店屯东 0.3 千米，止于烧锅营子乡油坊营子村王家店屯东 0.28 千米。起点高程 765 米，止点高程 762 米。呈东南—西北走向。东南接烧锅营子长城 12 段，西北接烧锅营子长城 14 段。墙体保存差，已坍塌，可见一道略高出地表的土冈。墙体全长 17 米。

该段墙体为土墙，自然基础，用夹杂碎石粒的黄土夯筑而成。断面上可见夯层厚 0.1 ~ 0.15 米。墙体剖面呈馒圆形，坍塌宽 6、最高 1.2 米（图二四）。

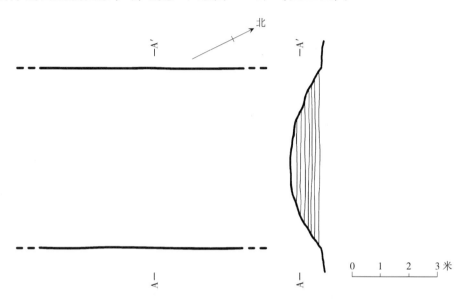

图二四　烧锅营子长城 13 段墙体平、剖面图

烧锅营子长城 14 段（211322382301020050）

该段长城起于烧锅营子乡油坊营子村王家店屯东 0.28 千米，止于烧锅营子乡油坊营子村王家店屯北 0.3 千米。起点高程 762 米，止点高程 720 米。呈东南—西北走向。东南接烧锅营子长城 13 段，西北接蝙蝠山长城 1 段。建三线公路从墙体止点处南北向通过。由于自然与人为原因的破坏，墙体于地表已无存，耕地中可见一道宽约 6 ~ 10 米的黑土带蜿蜒而行。全长 653 米。

公路边的杨树林里立有两块保护碑，一块为省级文物保护单位碑，一块为全国重点文物保护单位碑。

蝙蝠山长城 1 段（211322382301020051）

该段长城起于烧锅营子乡油坊营子村王家店屯北 0.3 千米，止于烧锅营子乡油坊营子村张家湾屯南 0.4 千米。起点高程 720 米，止点高程 752 米。呈东—西走向。东接烧锅营子长城 14 段，西接蝙蝠山长城 2 段。建三线公路从墙体起点处南北向通过。由于自然与人为原因的破坏，墙体于地表已无存。墙体全长 1260 米。

蝙蝠山长城 2 段（211322382102020052）

该段长城起于烧锅营子乡油坊营子村张家湾屯南 0.4 千米，止于烧锅营子乡油坊营子村张家湾屯西南0.6千米。起点高程752米，止点高程887米。呈东南—西—西北走向。东南接蝙蝠山长城1段，西北接蝙蝠山长城3段。墙体坍塌，山脊上可以看到一道明显坍塌后形成的石冈。蝙蝠山主峰修建的一座中国移动通信塔将墙体截断。墙体整体保存较好，全长472米。

该段墙体为石墙，以自然山体为基础，两侧用较大石块错缝垒砌而成，中间填充碎石和山皮土。两侧墙基的砌石较规整且用石较大，自墙基往上逐渐变为以片状石为主垒砌。墙体自下而上有大小不等的收分。墙体基宽1.9、两侧砌石宽0.2～0.4米。墙体坍塌后的堆积宽2.4～2.7、高0.2～0.7米（图二五；彩图二八）。

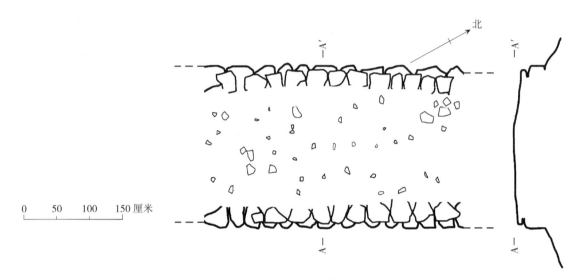

图二五　蝙蝠山长城2段墙体平、剖面图

蝙蝠山长城3段（211322382301020053）

该段长城起于烧锅营子乡油坊营子村张家湾屯西南0.6千米，止于烧锅营子乡油坊营子村张家湾屯西南0.7千米。起点高程887米，止点高程878米。呈东南—西北走向。东南接蝙蝠山长城2段，西北接蝙蝠山长城4段。由于自然与人为原因的破坏，墙体地表已无存。墙体全长42米。

蝙蝠山长城4段（211322382102020054）

该段长城起于烧锅营子乡油坊营子村张家湾屯西南0.7千米，止于烧锅营子乡油坊营子村张家湾屯西0.8千米。起点高程878米，止点高程879米。呈东南—西北走向。东南接蝙蝠山长城3段，西北接蝙蝠山长城5段。墙体整体保存较差，已坍塌，山脊上可见一道明显坍塌后形成的堆积。墙体全长266米。

该段墙体为石墙，以自然山体为基础，两侧用较大石块错缝垒砌而成，中间填充碎石和山皮土。两侧墙基的砌石暴露比较明显，较为规整且用石较大，自墙基往上逐渐变为以片状石为主，部分墙体直接利用山顶上的裸露岩石作为墙体。墙体自下而上有大小不等的收分。墙体基宽2.2、两侧砌石宽0.2～0.4米。墙体坍塌后的堆积宽2.4～2.7、高0.2～0.6米（图二六；彩图二九）。

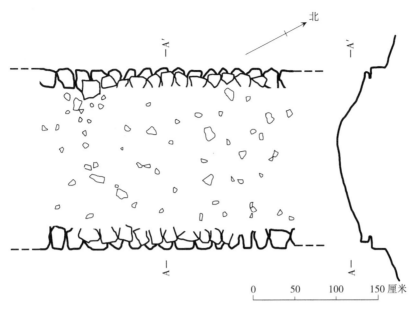

图二六　蝙蝠山长城 4 段墙体平、剖面图

蝙蝠山长城 5 段（211322382102020055）

该段长城起于烧锅营子乡油坊营子村张家湾屯西 0.8 千米，止于烧锅营子乡油坊营子村张家湾屯西 1.5 千米。起点高程 879 米，止点高程 737 米。呈东—西—西南走向。东接蝙蝠山长城 4 段，西南接蝙蝠山长城 6 段。墙体整体保存差，已坍塌，山脊上可见一道明显坍塌后形成的堆积，部分墙体仅能看到两侧的墙基。墙体全长 786 米。

该段墙体为石墙，以自然山体为基础，两侧用较大石块错缝垒砌而成，中间填充碎石和山皮土。两侧墙基的砌石暴露比较明显，较为规整且用石较大，自墙基往上逐渐变为以片状石为主，部分墙体直接利用山顶上的裸露岩石作为墙体。墙体自下而上有大小不等的收分。墙体基宽 1.8、两侧砌石宽 0.2 ~ 0.4 米。墙体坍塌后的堆积宽 2.4 ~ 3、高 0.2 ~ 0.6 米（彩图三〇）。

蝙蝠山长城 6 段（211322382101020056）

该段长城起于烧锅营子乡油坊营子村张家湾屯西 1.5 千米，止于烧锅营子乡霍家地村下霍家地屯南 0.8 千米。起点高程 737 米，止点高程 699 米。呈东—西走向。东接蝙蝠山长城 5 段，西接蝙蝠山长城 7 段。墙体整体保存差，已坍塌，可见一道高出地表的土冈。墙体全长 216 米。

该段墙体为土墙，自然基础，用夹杂有细小碎石粒的黄土筑成。墙体倒塌，夯土流失，保存较矮。墙体剖面呈馒圆形，坍塌宽 4.6、高 0.2 ~ 1 米。

蝙蝠山长城 7 段（211322382102020057）

该段长城起于烧锅营子乡霍家地村下霍家地屯南 0.8 千米，止于烧锅营子乡霍家地村下霍家地屯南 0.79 千米。起点高程 699 米，止点高程 706 米。呈东南—西北走向。东南接蝙蝠山长城 6 段，西北接蝙蝠山长城 8 段。黑四线公路在西侧 0.1 千米南北向通过。墙体整体保存差，已坍塌，山脊上可见一道明显坍塌后形成的堆积，部分墙体仅能看到两侧的墙体基础。墙体全长 10 米。

该段墙体为石墙，以自然山体为基础。墙体两侧用较大石块错缝垒砌而成，中间填充碎石和山皮土。两侧墙基的砌石暴露比较明显，较规整且用石较大。墙体基宽 1.9、两侧砌石宽 0.2~0.4 米。墙体坍塌后的堆积宽 2.4~3、高 0.2~0.5 米。

蝙蝠山长城 8 段（211322382301020058）

该段长城起于烧锅营子乡霍家地村下霍家地屯南 0.79 千米，止于烧锅营子乡霍家地村下霍家地屯南 0.75 千米。起点高程 706 米，止点高程 690 米。呈东—西走向。东接蝙蝠山长城 7 段，西接蝙蝠山长城 9 段。蝙蝠山烽火台位于墙体北侧 15 米处，黑四线公路在墙体西侧 50 米南北向通过。墙体位置现为一个废弃的采石坑，墙体已被完全挖掉。由于自然与人为原因的破坏，墙体于地表已无存。全长 42 米。

蝙蝠山长城 9 段（211322382102020059）

该段长城起于烧锅营子乡霍家地村下霍家地屯南 0.75 千米，止于烧锅营子乡霍家地村下霍家地屯南 0.7 千米。起点高程 690 米，止点高程 673 米。呈东—西走向。东接蝙蝠山长城 8 段，西接蝙蝠山长城 10 段。墙体整体保存差，已坍塌，山脊上可见一道明显坍塌后形成的堆积，部分段仅能看到两侧的基础。黑四线公路在墙体西侧 30 米处南北向通过。墙体全长 55 米。

该段墙体为石墙，以自然山体为基础。墙体两侧用较大石块逐层错缝垒砌而成，中间填充碎石和山皮土。两侧墙基的砌石暴露比较明显，较规整且用石较大。墙体基宽 1.9、两侧砌石宽 0.2~0.4 米。墙体坍塌后的堆积宽 2.5~4.1、高 0.2~0.6 米。

蝙蝠山长城 10 段（211322382301020060）

该段长城起于烧锅营子乡霍家地村下霍家地屯南 0.7 千米，止于烧锅营子乡霍家地村下霍家地屯南 0.6 千米。起点高程 673 米，止点高程 669 米。呈东—西走向。东接蝙蝠山长城 9 段，西接风水山长城 1 段。黑四线公路从墙体上通过，路西侧为一条季节性河流。由于自然与人为原因的破坏，墙体于地表已无存。全长 128 米。

风水山长城 1 段（211322382101020061）

该段长城起于烧锅营子乡霍家地村下霍家地屯南 0.6 千米，止于烧锅营子乡霍家地村下霍家地屯南 0.59 千米。起点高程 669 米，止点高程 670 米。呈东—西走向。东接蝙蝠山长城 10 段，西接风水山长城 2 段。墙体整体保存差，已倒塌，仅在断崖上见一个不大的土包。黑四线公路从墙体东侧南北向通过。墙体全长 15 米。

该段长城为土墙，自然基础，用黄沙土夯筑而成。墙体坍塌宽 3.3、高 2.3 米。断面夯层明显，夯层厚 0.1~0.12 米（彩图三一）。

风水山长城 2 段（211322382301020062）

该段长城起于烧锅营子乡霍家地村下霍家地屯南 0.59 千米，止于烧锅营子乡霍家地村下霍家地屯南 0.5 千米（霍家地城址东南角）。起点高程 670 米，止点高程 688 米。呈东南—西北走向。东南接风水山长城1段，西北接风水山长城3段。黑四线公路从东侧南北向通过。由于自然与人为原因的破坏，墙体于地表已无存。全长132米。

风水山长城3段（2113223823010200063）

该段长城起于霍家地城址东南角，止于霍家地城址西南角。起点高程688米，止点高程699米。呈东南—西北走向。东南接风水山长城2段，西北接风水山长城4段。北侧即为霍家地城址。黑四线公路从墙体东侧0.1千米南北向通过，路西侧为一条季节性河流。墙体整体保存差，全长170米。

该段墙体为霍家地城址的南墙，在2008年底当地平整土地时被破坏，目前所见到的墙体不是原始墙体，是后来又堆回形成的土冈。霍家地城址位于长城墙体的外侧，1988年公布为省级文物保护单位。

风水山长城4段（2113223823010200064）

该段长城起于霍家地城址西南角，止于烧锅营子乡霍家地村下霍家地屯西南0.5千米。起点高程699米，止点高程754米。呈东南—西北走向。东南接风水山长城3段，西北接风水山长城5段。黑四线公路从墙体东侧0.3千米南北向通过，路西侧为一条季节性河流。由于自然与人为原因的破坏，墙体于地表已无存。梯田埂上可见一道宽约6~8米，断续断续存在的黑土带。全长520米。

风水山长城5段（2113223821010200065）

该段长城起于烧锅营子乡霍家地村下霍家地屯西南0.5千米，止于烧锅营子乡霍家地村下霍家地屯西0.9千米。起点高程754米，止点高程809米。呈东南—西北走向。东南接风水山长城4段，西北接风水山长城6段。墙体整体保存差，可见一道略高出地表的土冈。墙体上挖掘有大量成排的育林坑。墙体全长478米。

该段长城为土墙，自然基础，用夹有大量细小石粒的红土夯筑而成。墙体两侧各有一道宽约5~6米时隐时现的黑土带。墙体坍塌后的堆积宽3.2、高0.2~0.5米。

风水山长城6段（2113223821020200066）

该段长城起于烧锅营子乡霍家地村下霍家地屯西0.9千米，止于烧锅营子乡霍家地村下霍家地屯西1千米。起点高程809米，止点高程832米。呈东南—西北走向。东南接风水山长城5段，西北接风水山长城7段。墙体整体保存差，已坍塌，山脊上可见一道明显坍塌后形成的堆积，部分墙体仅能看到两侧墙基。墙体全长97米。

该段墙体为石墙，以自然山体为基础，两侧用大石块逐层错缝垒砌而成，中间填充碎石和山皮土。两侧墙基的砌石暴露比较明显，较为规整且用石较大。墙体基宽1.9、两侧砌石宽0.2~0.6米。墙体坍塌后的堆积宽2.8~3、高0.2~0.5米（图二七）。

风水山长城7段（2113223821060200067）

该段长城起于烧锅营子乡霍家地村下霍家地屯西1千米，止于烧锅营子乡霍家地村下霍家地屯西1.6千米。起点高程832米，止点高程991米。呈东南—西北走向。东南接风水山长城6段，西北接风水山长城8段。保存较好，外侧山势陡峭，山坡上岩石裸露，石型较大。全

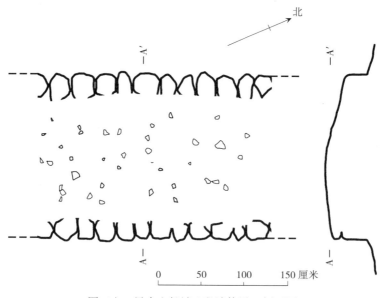

图二七　风水山长城6段墙体平、剖面图

长601米。

　　该段长城为山险，系自然形成的褶皱山体岩石构成，地势陡峭。长城利用了险峻的山体和山势走向，形成天然屏障，与其他墙体等组成统一的防御体系。在部分山洼处也有很短的石砌墙体，主要是为了连接两座相邻的山包以加强山险的防御能力。

　　风水山长城8段（211322382102020068）

　　该段长城起于烧锅营子乡霍家地村下霍家地屯西1.6千米，止于烧锅营子乡霍家地村下霍家地屯西1.7千米。起点高程991米，止点高程990米。呈东—西走向。东接风水山长城7段，西接风水山长城9段。风水山1号烽火台位于墙体南侧5米处。在墙体的内侧顺山坡而下有风水山长城8段支线墙体，止于山坡下的断崖边。墙体整体保存差，已坍塌，山脊上可见一道明显坍塌后形成的堆积，部分段仅能看到两侧的墙体基础。墙体全长106米。

　　该段墙体为石墙，以自然山体为基础。墙体两侧用大石块错缝垒砌而成，中间填充碎石和山皮土。两侧墙基的砌石暴露比较明显，较规整且用石较大。墙体基宽1.9～2、两侧砌石宽0.2～0.5米。墙体坍塌后的堆积宽2.5、高0.2～0.6米。

　　风水山长城8段支线（211322382102020069）

　　该段长城起于烧锅营子乡霍家地村下霍家地屯西1.7千米，止于烧锅营子乡霍家地村下霍家地屯西1.65千米。起点高程990米，止点高程974米。呈西北—东南走向。西北与风水山长城8段墙体相接。东北50米处有风水山1号烽火台。墙体整体保存差，已坍塌，山脊上可见一道时断时续坍塌后形成的石冈。部分段墙体接近消失，仅存两侧边缘砌石。墙体止点处断崖下的沟内为现代建筑灵泉寺。墙体全长70米。

　　该段墙体为石墙，以自然山体为基础。墙体两侧用大石块错缝垒砌而成，中间填充碎石和山皮土，两侧砌石较规整且用石较大。墙体基宽2、两侧砌石宽0.2～0.3米。墙体坍塌后的堆积宽 2.4、高 0.2~0.5 米。

风水山长城 9 段（211322382106020070）

该段长城起于烧锅营子乡霍家地村下霍家地屯西 1.7 千米，止于烧锅营子乡霍家地村下霍家地屯西 2 千米。起点高程 990 米，止点高程 925 米。呈东南—西北走向。东南接风水山长城 8 段，西北接风水山长城 10 段。风水山哨所北侧与墙体相连，风水山 2 号烽火台位于风水山哨所内。整体保存较好，外侧山势陡峭，呈垂直状，山坡上岩石裸露，石型较大。全长 347 米。

该段长城为山险，系自然形成的褶皱山体岩石构成，地势陡峭。长城利用了险峻的山体和山势走向，形成天然屏障，与其他墙体等组成统一的防御体系（彩图三二）。

风水山长城 10 段（211322382102020071）

该段长城起于烧锅营子乡霍家地村下霍家地屯西 2 千米，止于烧锅营子乡霍家地村下霍家地屯西 2.2 千米。起点高程 925 米，止点高程 886 米。呈东南—西北走向。东南接风水山长城 9 段，西北接风水山长城 11 段。墙体整体保存一般，已全部坍塌，山脊上可见一道明显的墙体坍塌后形成的堆积，部分墙体仅能看到两侧的墙基。墙体全长 189 米。

该段墙体为石墙，以自然山体为基础。墙体两侧用较大石块逐层错缝垒砌而成，中间填以碎石和山皮土。两侧墙基的砌石暴露比较明显，较规整且用石较大。墙体基宽 1.9、两侧砌石宽 0.2~0.5 米。墙体坍塌后的堆积宽 3.1、高 0.5~1 米。

风水山长城 11 段（211322382106020072）

该段长城起于烧锅营子乡霍家地村下霍家地屯西 2.2 千米，止于烧锅营子乡霍家地村下霍家地屯西 2.5 千米。起点高程 886 米，止点高程 736 米。呈东南—西北走向。东南接风水山长城 10 段，西北接孟家沟长城 1 段。整体保存较好。全长 337 米。

该段长城为山险，系自然形成的褶皱山体岩石构成，地势陡峭。长城利用了险峻的山体和山势走向，形成天然屏障，与其他墙体等组成统一的防御体系。

孟家沟长城 1 段（211322382106020073）

该段长城起于烧锅营子乡霍家地村下霍家地屯西 2.5 千米，止于烧锅营子乡木头营子村石匠沟屯西南 2.35 千米。起点高程 736 米，止点高程 910 米。呈东南—西北走向。东南接风水山长城 11 段，西北接孟家沟长城 2 段。整体保存较好。全长 371 米。

该段长城为山险，系自然形成的褶皱山体岩石构成，地势陡峭。长城利用了险峻的山体和山势走向，形成天然屏障，与其他墙体等组成统一的防御体系。

孟家沟长城 2 段（211322382102020074）

该段长城起于烧锅营子乡木头营子村石匠沟屯西南 2.35 千米，止于烧锅营子乡木头营子村石匠沟屯西南 2.5 千米。起点高程 910 米，止点高程 927 米。呈东南—西北走向。东南接孟家沟长城 1 段，西北接孟家沟长城 3 段。墙体整体保存差，已全部坍塌，在山脊上可见一道在杂草中时隐时现的墙体坍塌后形成的堆积，部分墙体仅能看到两侧基础。墙体全长 142 米。

该段墙体为石墙，以自然山体为基础，两侧用较大石块逐层错缝垒砌而成，中间填以碎石和山皮土。两侧墙基的砌石暴露比较明显，较规整且用石较大。墙体基宽1.9、两侧砌石宽0.2～0.5米。墙体坍塌后的堆积宽3.1、高0.2～0.4米。

孟家沟长城3段（211322382301020075）

该段长城起于烧锅营子乡木头营子村石匠沟屯西南2.5千米，止于烧锅营子乡木头营子村石匠沟屯西南2.6千米。起点高程927米，止点高程925米。呈东南—西北走向。东南接孟家沟长城2段，西北接孟家沟长城4段。由于自然与人为原因的破坏，墙体于地表无存。全长113米。

孟家沟长城4段（211322382102020076）

该段长城起于烧锅营子乡木头营子村石匠沟屯西南2.6千米，止于烧锅营子乡木头营子村刘牌沟屯东南1.2千米。起点高程925米，止点高程936米。呈东北—西南走向。东北接孟家沟长城3段，西南接孟家沟长城5段。墙体整体保存差，已全部坍塌，山脊上可见一道在杂草中时隐时现的墙体坍塌后形成的堆积，部分墙体仅能看到两侧的基础。墙体全长130米。

该段墙体为石墙，以自然山体为基础，两侧用较大石块逐层错缝垒砌而成，中间填以碎石和山皮土。两侧墙基的砌石暴露比较明显，较规整且用石较大。墙体基宽1.9、两侧砌石宽0.2～0.4米。墙体坍塌后的堆积宽2.9、高0.2～0.4米（图二八）。

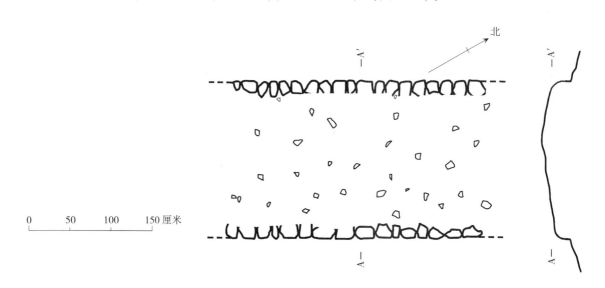

图二八　孟家沟长城4段墙体平、剖面图

孟家沟长城5段（211322382106020077）

该段长城起于烧锅营子乡木头营子村刘牌沟屯东南1.2千米，止于烧锅营子乡木头营子村刘牌沟屯东南1.3千米。起点高程936米，止点高程945米。呈东—西走向。东接孟家沟长城4段，西接孟家沟长城6段。墙体整体保存较好。全长106米。

该段长城为山险，系自然形成的褶皱山体岩石构成，地势陡峭。长城利用了险峻的山体和山势走向，形成天然屏障，与其他墙体等组成统一的防御体系。

孟家沟长城 6 段（211322382106020078）

该段长城起于烧锅营子乡木头营子村刘牌沟屯东南 1.3 千米，止于烧锅营子乡木头营子村刘牌沟屯东南 1.37 千米。起点高程 945 米，止点高程 934 米。呈东—西走向。东接孟家沟长城 5 段，西接孟家沟长城 7 段。西北侧山坡上连接孟家沟 1 号挡马墙。整体保存较好。全长 70 米。

该段长城为山险，系自然形成的褶皱山体岩石构成，地势陡峭。长城利用了险峻的山体和山势走向，形成天然屏障，与其他墙体等组成统一的防御体系。

孟家沟长城 7 段（211322382102020079）

该段长城起于烧锅营子乡木头营子村刘牌沟屯东南 1.37 千米，止于烧锅营子乡木头营子村刘牌沟屯南 1.5 千米。起点高程 934 米，止点高程 934 米。呈东北—西南走向。东北接孟家沟长城 6 段，西南接孟家沟长城 8 段。墙体整体保存差，已全部坍塌，在山脊上可见一道在杂草中时隐时现的墙体坍塌后形成的堆积，部分墙体仅能看到两侧的基础。墙体全长 134 米。

该段墙体为石墙，以自然山体为基础，两侧用较大石块逐层错缝垒砌而成，中间填以碎石和山皮土。两侧墙基的砌石暴露比较明显，较规整且用石较大。墙体基宽 1.9 ~ 2.1、两侧砌石宽 0.3 ~ 0.4、高 0.2 ~ 0.4 米（彩图三三）。

孟家沟长城 8 段（211322382106020080）

该段长城起于烧锅营子乡木头营子村刘牌沟屯南 1.5 千米，止于黑水镇松岭村孟家沟屯北 1.2 千米。起点高程 934 米，止点高程 941 米。呈东北—西南走向。东北接孟家沟长城 7 段，西南接孟家沟长城 9 段。孟家沟 1 号烽火台位于山险南内侧 50 米的山包上。整体保存较好。全长 668 米。

该段长城为山险，系自然形成的褶皱山体岩石构成，地势陡峭。长城利用了险峻的山体和山势走向，形成天然屏障，与其他墙体等组成统一的防御体系。

孟家沟长城 9 段（211322382102020081）

该段长城起于黑水镇松岭村孟家沟屯北 1.2 千米，止于黑水镇松岭村孟家沟屯北 1 千米。起点高程 941 米，止点高程 935 米。呈东北—西南走向。东北接孟家沟长城 8 段，西南接孟家沟长城 10 段。墙体整体保存差，已全部坍塌，山脊上可见一道在杂草中时隐时现的墙体坍塌后形成的堆积，部分墙体仅能看到两侧的基础。墙体全长 179 米。

该段墙体为石墙，以自然山体为基础，两侧用较大石块逐层错缝垒砌而成，中间填以碎石和山皮土。两侧墙基的砌石暴露比较明显，较规整且用石较大。墙体基宽 1.9、两侧砌石宽 0.3 ~ 0.4、高 0.3 ~ 0.6 米。

孟家沟长城 10 段（211322382106020082）

该段长城起于黑水镇松岭村孟家沟屯北 1 千米，止于黑水镇松岭村孟家沟屯西北 2 千米。起点高程 935 米，止点高程 991 米。呈东北—西南—西走向。东北接孟家沟长城 9 段，西接孟家沟长城 11 段。孟家沟 2 号烽火台位于山险南侧 10 米，孟家沟 3 号烽火台位于山险南侧 20

米。整体保存较好。全长 1229 米。

该段长城为山险，系自然形成的褶皱山体岩石构成，地势陡峭。长城利用了险峻的山体和山势走向，形成天然屏障，与其他墙体等组成统一的防御体系。

孟家沟长城 11 段（211322382102020083）

该段长城起于黑水镇松岭村孟家沟屯西北 2 千米，止于黑水镇松岭村孟家沟屯西北 2.2 千米。起点高程 991 米，止点高程 999 米。呈东—西—西南走向。东接孟家沟长城 10 段，西南接孟家沟长城 12 段，孟家沟 1、2 号哨所位于墙体止点南侧。墙体整体保存较好。墙体全长 193 米。

该段墙体为石墙，以自然山体为基础，用较大石块逐层错缝垒砌而成。墙体分为两部分，一部分建在山洼处，全部坍塌，见有一道明显的石冈，堆积保存较高，宽 2.1 ~ 2.7、高 0.4 ~ 1.5 米；一部分建在山坡上，为单面墙体，坡下用石块砌墙，坡上填土，顶部较平，自下而上呈收分较大的护坡状，山坡上可见一道明显的坡状墙体，北侧的山坡上散落有坍塌后的砌石。墙体顶部砌石宽 0.9 ~ 1.3、高 0.5 ~ 2.5 米（图二九；彩图三四）。

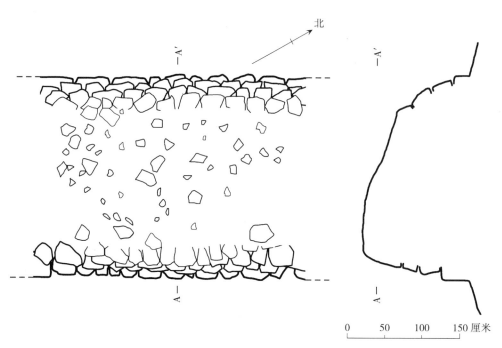

图二九　孟家沟长城 11 段墙体平、剖面图

孟家沟长城 12 段（211322382106020084）

该段长城起于黑水镇松岭村孟家沟屯西北 2.2 千米，止于黑水镇松岭村孟家沟屯西北 2.5 千米。起点高程 999 米，止点高程 959 米。呈东北—西南走向。东北接孟家沟长城 11 段，西南接孟家沟长城 13 段。孟家沟 2 号挡马墙位于墙体起点北侧山坡上，起点南侧为孟家沟 4 号烽火台，烽火台北侧为孟家沟 1、2 号哨所。整体保存较好。全长 273 米。

该段长城为山险，系自然形成的褶皱山体岩石构成，地势陡峭。长城利用了险峻的山体和山势走向，形成天然屏障，与其他墙体等组成统一的防御体系。

孟家沟长城 13 段（211322382301020085）

该段长城起于黑水镇松岭村孟家沟屯西北 2.5 千米，止于老官地乡小黄杖子村嘎吉哈达屯东北 1.2 千米。起点高程 959 米，止点高程 1023 米。呈东南—西北走向。东南接孟家沟长城 12 段，西北接平顶山长城 1 段。由于自然与人为原因的破坏，墙体于地表无存。全长 2300 米。

老官地乡共分平顶山、铁匠营子、梨树沟和羊草沟段。

平顶山长城 1 段（211322382106020086）

该段长城起于老官地乡小黄杖子村嘎吉哈达屯东北 1.2 千米，止于老官地乡小黄杖子村嘎吉哈达屯东北 1.45 千米。起点高程 1023 米，止点高程 897 米。呈东北—西南走向。东北接孟家沟长城 13 段，西南接平顶山长城 2 段。平顶山 1 号烽火台位于止点南侧。整体保存较好，基本沿大碾子沟山山脊蜿蜒而行，山脊面北一侧山势陡峭，岩石裸露，石体较大。全长 255 米。

该段长城为山险，系自然形成的褶皱山体岩石构成，地势陡峭。长城利用了险峻的山体和山势走向，形成天然屏障，与其他墙体等组成统一的防御体系。

平顶山长城 2 段（211322382102020087）

该段长城起于老官地乡小黄杖子村嘎吉哈达屯东北 1.45 千米，止于老官地乡小黄杖子村嘎吉哈达屯东北 1.58 千米。起点高程 897 米，止点高程 854 米。呈东南—西北走向。东南接平顶山长城 1 段，西北接平顶山长城 3 段。墙体整体保存差，已全部坍塌，山脊上可见一道在杂草中时隐时现的墙体坍塌后形成的堆积，部分墙体仅能看到两侧基础。墙体全长 134 米。

该段墙体为石墙，以自然山体为基础，两侧用较大石块逐层错缝垒砌而成，中间填以碎石和山皮土。两侧墙基的砌石暴露比较明显，较规整且用石较大。墙体基宽 2、两侧砌石宽 0.2～0.3、高 0.2～0.5 米。

平顶山长城 3 段（211322382301020088）

该段长城起于老官地乡小黄杖子村嘎吉哈达屯东北 1.58 千米，止于老官地乡小黄杖子村嘎吉哈达屯东北 1.6 千米。起点高程 854 米，止点高程 843 米。呈东南—西北走向。东南接平顶山长城 2 段，西北接平顶山长城 4 段。由于自然与人为原因的破坏，该段墙体地表已无存。全长 36 米。

平顶山长城 4 段（211322382301020089）

该段长城起于老官地乡小黄杖子村嘎吉哈达屯东北 1.6 千米，止于老官地乡小黄杖子村嘎吉哈达屯东北 2.25 千米。起点高程 843 米，止点高程 840 米。呈东南—西北走向。东南接平顶山长城 3 段，西北接平顶山长城 5 段。由于自然与人为原因破坏，墙体于地表无存。耕地及坝埂上可见两道宽 5～6 米的黑土带，中间有一道夹碎小石粒宽约 6 米的黄土带。全长 697 米。

平顶山长城 5 段（211322382102020090）

该段长城起于老官地乡小黄杖子村嘎吉哈达屯东北 2.25 千米，止于老官地乡小黄杖子村嘎吉哈达屯北 2 千米。起点高程 840 米，止点高程 866 米。呈东南—西北走向。东南接平顶山长城 4 段，西北接平顶山长城 6 段。墙体整体保存差，山坡上可见一道明显的坡状墙体。墙体全长 146 米。

该段墙体为石墙，以自然山体为基础，用大石块逐层错缝垒砌而成。墙体建在山坡上，为单面墙体，坡下用石块砌墙，坡上填土，顶部较平，自下而上呈收分较大的护坡状。墙体高 0.4 ~ 0.9、顶部砌石宽 0.2 ~ 0.5 米。

平顶山长城 6 段（211322382106020091）

该段长城起于老官地乡小黄杖子村嘎吉哈达屯北 2 千米，止于老官地乡小黄杖子村嘎吉哈达屯东北 3 千米。起点高程 866 米，止点高程 1076 米。呈东南—北—西走向。东南接平顶山长城 5 段，西接平顶山长城 7 段。平顶山 2 号烽火台位于山险上。整体保存较好。全长 973 米。

该段长城为山险，系自然形成的褶皱山体岩石构成，地势陡峭。长城利用山脊北侧接近垂直的自然悬崖作为防御的墙体，形成天然屏障，与其他墙体等组成统一的防御体系。

平顶山长城 7 段（211322382102020092）

该段长城起于老官地乡小黄杖子村嘎吉哈达屯东北 3 千米，止于老官地乡小黄杖子村嘎吉哈达屯北 3.1 千米。起点高程 1076 米，止点高程 1062 米。呈东南—西北走向。东南接平顶山长城 6 段，西北与平顶山长城 8 段相接。墙体整体保存差，已全部坍塌，山脊上可见一道明显的墙体坍塌后形成的堆积，部分墙体仅能看到两侧基础。墙体全长 88 米。

该段墙体为石墙，以自然山体为基础，两侧用较大石块逐层错缝垒砌而成，中间填以碎石和山皮土。两侧墙基的砌石暴露比较明显，较规整且用石较大。墙体基宽 2.2、高 0.2 ~ 0.5 米（图三〇；彩图三五）。

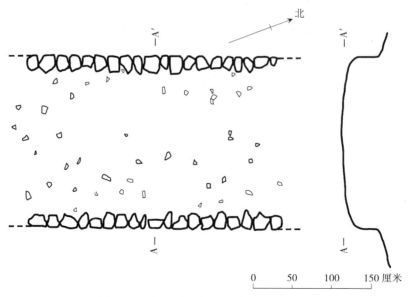

图三〇　平顶山长城 7 段墙体平、剖面图

平顶山长城 8 段（211322382102020093）

该段长城起于老官地乡小黄杖子村嘎吉哈达屯北 3.1 千米，止于老官地乡小黄杖子村嘎吉哈达屯北 3.5 千米。起点高程 1062 米，止点高程 1047 米。呈东南—西北走向。东南接平顶山长城 7 段，西北与平顶山长城 9 段相接。平顶山 3 号烽火台位于墙体上。墙体整体保存差，已全部坍塌，山脊上可见一道明显的墙体坍塌后形成的堆积，部分墙体仅能看到两侧基础。墙体全长 420 米。

该段墙体为石墙，以自然山体为基础，两侧用较大石块逐层错缝垒砌而成，中间填以碎石和山皮土。两侧墙基的砌石暴露比较明显，较规整且用石较大。墙体基宽 2 ~ 2.3、高 0.2 ~ 0.5 米（彩图三六）。

平顶山长城 9 段（211322382106020094）

该段长城起于老官地乡小黄杖子村嘎吉哈达屯北 3.5 千米，止于老官地乡小黄杖子村铁匠营子屯东北 1.2 千米。起点高程 1047 米，止点高程 1029 米。呈东北—西南走向。东北接平顶山长城 8 段，西南接平顶山长城 10 段。整体保存较好。全长 200 米。

该段长城为山险，系自然形成的褶皱山体岩石构成，地势陡峭。长城利用了险峻的山体和山势走向，形成天然屏障，与其他墙体等组成统一的防御体系。

平顶山长城 10 段（211322382102020095）

该段长城起于老官地乡小黄杖子村铁匠营子屯东北 1.2 千米，止于老官地乡小黄杖子村铁匠营子屯东北 1.35 千米。起点高程 1029 米，止点高程 1038 米。呈东北—西南走向。东北接平顶山长城 9 段，西南与平顶山长城 11 段相接。墙体整体保存差，已全部坍塌，山脊上可见一道明显的墙体坍塌后形成的堆积，部分墙体仅能看到两侧基础。墙体全长 173 米。

该段墙体为石墙，以自然山体为基础，两侧用较大石块逐层错缝垒砌而成，中间填以碎石和山皮土。两侧墙基的砌石暴露比较明显，较规整且用石较大。墙体基宽 1.9 ~ 2、高 0.2 ~ 1 米。

平顶山长城 11 段（211322382106020096）

该段长城起于老官地乡小黄杖子村铁匠营子屯东北 1.35 千米，止于老官地乡小黄杖子村铁匠营子屯东南 1 千米。起点高程 1038 米，止点高程 656 米。呈东北—西南走向。东北接平顶山长城 10 段，西南接铁匠营子长城 1 段。整体保存较好。全长 1800 米。

该段长城为山险，系自然形成的褶皱山体岩石构成，地势陡峭。长城利用山脊北侧接近垂直的自然悬崖作为防御的墙体，与其他墙体等组成统一的防御体系。

铁匠营子长城 1 段（211322382107020097）

该段长城起于老官地乡小黄杖子村铁匠营子屯东南 1 千米，止于老官地乡小黄杖子村铁匠营子屯西南 1 千米。起点高程 656 米，止点高程 750 米。呈东北—西南走向。东北接平顶山长城 11 段，西南接铁匠营子长城 2 段。整体保存较好，黑（水）达（拉甲）线公路从坝体南侧通过。全长 730 米。

该段长城为河险，位于两侧山体之间的最窄处，位置险要。现在位置为废弃的鸽子山水库的土筑坝体。长城利用河险作为天然屏障，与其他墙体等组成统一的防御体系。

铁匠营子长城2段（211322382102020098）

该段长城起于老官地乡小黄杖子村铁匠营子屯西南1千米，止于老官地乡小黄杖子村铁匠营子屯西南1.3千米。起点高程750米，止点高程815米。呈东北—西—西南走向。东北接铁匠营子长城1段，西南接铁匠营子长城3段。铁匠营子烽火台位于墙体北侧0.3千米的山坡上。墙体整体保存差，已全部坍塌，山脊上可见一道在杂草中时隐时现的墙体坍塌后形成的堆积，部分墙体仅能看到两侧基础。墙体全长348米。

该段墙体为石墙，以自然山体为基础，两侧用较大石块逐层错缝垒砌而成，中间填以碎石和山皮土。两侧墙基的砌石暴露比较明显，较规整且用石较大。墙体基宽2～2.3、两侧砌石宽0.2～0.5、高0.1～0.4米（图三一）。

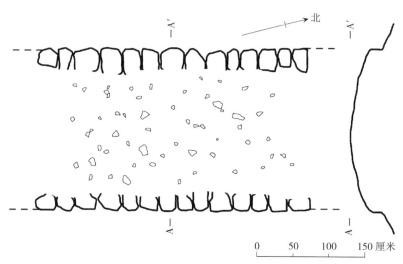

图三一　铁匠营子长城2段墙体平、剖面图

铁匠营子长城3段（211322382301020099）

该段长城起于老官地乡小黄杖子村铁匠营子屯西南1.3千米，止于老官地乡小黄杖子村铁匠营子屯西南1.4千米。起点高程815米，止点高程838米。呈东—西走向。东接铁匠营子长城2段，西接梨树沟长城1段。由于自然与人为原因的破坏，墙体于地表无存。全长100米。

梨树沟长城1段（211322382102020100）

该段长城起于老官地乡小黄杖子村铁匠营子屯西南1.4千米，止于老官地乡羊草沟村梨树沟屯东1千米。起点高程838米，止点高程826米。呈东北—西南走向。东北接铁匠营子长城3段，西南与梨树沟长城2段相接。北侧山坡下为一条季节性河流，黑（水）达（拉甲）线公路从河谷中通过。墙体整体保存差，已全部坍塌，山脊上可见一道明显的墙体坍塌后形成的堆积，部分墙体仅能看到两侧基础。墙体全长197米。

该段墙体为石墙，以自然山体为基础，两侧用较大石块逐层错缝垒砌而成，中间填以碎石和山皮土。两侧墙基的砌石暴露比较明显，较规整且用石较大。墙体基宽2～2.2、高0.2～

0.4 米。山顶南侧的墙体沿山脊西北缘砌筑单面墙体，顺山坡而建，坡下砌石，坡上填土与山脊同高，呈护坡状，坡高 0.4~0.6、砌石宽 0.8~1 米。

梨树沟长城 2 段（211322382301020101）

该段长城起于老官地乡羊草沟村梨树沟屯东 1 千米，止于老官地乡羊草沟村梨树沟屯西南 0.7 千米。起点高程 826 米，止点高程 716 米。呈东北—西南走向。东北接梨树沟长城 1 段，西南接梨树沟长城 3 段。由于自然与人为原因的破坏，墙体于地表无存，耕地上可见一道宽 4~5 米的黑土带。全长 2559 米。

梨树沟长城 3 段（211322382101020102）

该段长城起于老官地乡羊草沟村梨树沟屯西南 0.7 千米，止于老官地乡羊草沟村梨树沟屯西南 1.25 千米。起点高程 716 米，止点高程 731 米。呈东北—西南走向。东北接梨树沟长城 2 段，西南接梨树沟长城 4 段。墙体保存差，已全部坍塌，林间可见一道高出地表的土冈。墙体全长 581 米。

该段墙体为土墙，自然基础，用黄沙土筑成。墙体倒塌，夯土流失。墙体保存较矮，剖面呈馒圆形，坍塌宽 4.1、最高 0.5 米。

梨树沟长城 4 段（211322382301020103）

该段长城起于老官地乡羊草沟村梨树沟屯西南 1.25 千米，止于老官地乡羊草沟村梨树沟屯西南 2.05 千米。起点高程 731 米，止点高程 731 米。呈东南—西北走向。东南接梨树沟长城 3 段，西北接梨树沟长城 5 段。由于自然与人为原因破坏，墙体于地表无存。全长 805 米。

梨树沟长城 5 段（211322382101020104）

该段长城起于老官地乡羊草沟村梨树沟屯西南 2.05 千米，止于老官地乡羊草沟村梨树沟屯西南 2.1 千米。起点高程 731 米，止点高程 732 米。呈东南—西北走向。东南接梨树沟长城 4 段，西北接梨树沟长城 6 段。墙体保存一般，已全部坍塌，可见一道明显高出地表的土冈。墙体全长 80 米。

该段墙体为土墙，自然基础，用黄沙土筑成。墙体倒塌，夯土流失。墙体剖面呈馒圆形，坍塌宽 7.5、高 0.3~1 米（图三二）。

梨树沟长城 6 段（211322382301020105）

该段长城起于老官地乡羊草沟村梨树沟屯西南 2.1 千米，止于老官地乡羊草沟村梨树沟屯西南 2.35 千米。起点高程 732 米，止点高程 752 米。呈东南—西北走向。东南接梨树沟长城 5 段，西北接梨树沟长城 7 段。由于自然与人为原因的破坏，墙体于地表无存。全长 240 米。

梨树沟长城 7 段（211322382102020106）

该段长城起于老官地乡羊草沟村梨树沟屯西南 2.35 千米，止于老官地乡羊草沟村中羊草沟屯东南 1.2 千米。起点高程 752 米，止点高程 777 米。呈东南—西北走向。东南接梨树沟长城 6 段，西北接羊草沟长城 1 段。墙体整体保存差，已全部坍塌，山脊上可见一道在杂草中时隐时现的墙体坍塌后形成的碎石冈。墙体全长 70 米。

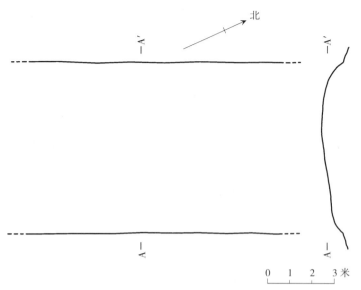

图三二　梨树沟长城 5 段墙体平、剖面图

该段长城为石墙，以自然山体为基础，两侧用较大石块垒砌而成，中间填以碎石和山皮土。墙体坍塌宽 3 ~ 3.3、高 0.2 ~ 0.4 米。

羊草沟长城 1 段（211322382301020107）

该段长城起于老官地乡羊草沟村中羊草沟屯东南 1.2 千米，止于老官地乡羊草沟村中羊草沟屯东南 0.7 千米。起点高程 777 米，止点高程 772 米。呈东南—西北走向。东南接梨树沟长城 7 段，西北接羊草沟长城 2 段。由于自然与人为原因的破坏，墙体于地表无存。全长 495 米。

羊草沟长城 2 段（211322382101020108）

该段长城起于老官地乡羊草沟村中羊草沟屯东南 0.7 千米，止于老官地乡羊草沟村中羊草沟屯东南 0.55 千米。起点高程 772 米，止点高程 735 米。呈东南—西北走向。东南接羊草沟长城 1 段，西北接羊草沟长城 3 段。墙体保存差，已全部坍塌。在山坡上可见一道略高出地表的土冈。墙体全长 126 米。

该段墙体为土墙，自然基础，用夹有细小石粒的黄土筑成。墙体倒塌，夯土流失，山坡上散落有大量石粒。墙体坍塌宽 4.6、高 0.2 ~ 0.4 米（图三三）。

羊草沟长城 3 段（211322382301020109）

该段长城起于老官地乡羊草沟村中羊草沟屯东南 0.55 千米，止于老官地乡羊草沟村中羊草沟屯南 0.5 千米。起点高程 735 米，止点高程 701 米。呈东南—西北走向。东南接羊草沟长城 2 段，西北接羊草沟长城 4 段。由于自然与人为原因的破坏，墙体于地表无存。全长 240 米。

羊草沟长城 4 段（211322382101020110）

该段长城起于老官地乡羊草沟村中羊草沟屯南 0.5 千米，止于老官地乡羊草沟村中羊草沟屯西南 0.5 千米。起点高程 701 米，止点高程 689 米。呈东南—西北走向。东南接羊草沟长

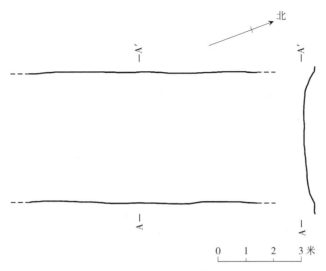

北

_{0 1 2 3 米}

图三三　羊草沟长城 2 段墙体平、剖面图

城 3 段，西北接羊草沟长城 5 段。墙体保存较好，已全部坍塌，山坡上可见一道明显高出地表的土冈。墙体全长 226 米。

该段墙体为土墙，自然基础，用夹有细小石粒的黄土夯筑而成。墙体倒塌，夯土流失。墙体坍塌宽 9.5、高 1～2 米。墙体外侧的耕地中可见一道宽 5～8 米的黑土带。

羊草沟长城 5 段　（211322382301020111）

该段长城起于老官地乡羊草沟村中羊草沟屯西南 0.5 千米，止于老官地乡羊草沟村上羊草沟屯西北 0.2 千米。起点高程 689 米，止点高程 711 米。呈东南—西北—西走向。东南接羊草沟长城 4 段，西接羊草沟长城 6 段。由于自然与人为原因的破坏，墙体于地表无存。耕地中可见两道宽 5～6 米的黑土带，中间夹有一道宽约 5 米的黄土带。全长 1898 米。

羊草沟长城 6 段　（11322382101020112）

该段长城起于老官地乡羊草沟村上羊草沟屯西北 0.2 千米，止于老官地乡羊草沟村上羊草沟屯西北 0.7 千米。起点高程 711 米，止点高程 712 米。呈东北—西南走向。东北接羊草沟长城 5 段，西南接羊草沟长城 7 段。墙体保存差，已全部坍塌，山坡上可见一道略高出地表的土冈。墙体全长 482 米。

该段长城为土墙，自然基础，用夹有细小石粒的黄土筑成。墙体坍塌宽 5、高 0.2～0.4 米。墙体外侧见有一道时隐时现宽约 3 米的黑土带。

羊草沟长城 7 段　（211322382301020113）

该段长城起于老官地乡羊草沟村上羊草沟屯西北 0.7 千米，止于热水乡热水村马家湾屯东北 3 千米。起点高程 712 米，止点高程 637 米。呈东—西走向。东接羊草沟长城 6 段，西接马家湾长城 1 段。由于自然与人为原因的破坏，墙体于地表无存。全长 813 米。

热水乡有马家湾和热水北共 2 段。

马家湾长城 1 段　（211322382102020114）

该段长城起于热水乡热水村马家湾屯东北 3 千米，止于热水乡热水村马家湾屯东北 2.6 千米。起点高程 637 米，止点高程 729 米。呈东南—西北走向。东南接羊草沟长城 7 段，西北接马家湾长城 2 段。墙体整体保存较好，已全部坍塌，山坡上可见一道明显的墙体坍塌后形成的石冈，呈"S"形自坡底向山顶延伸。墙体全长 374 米。

该段长城为石墙，以自然山体为基础，两侧用较大石块垒砌而成，中间填以碎石和山皮土。墙体坍塌宽 3～3.6、基宽 2.2、高 0.5～0.8 米（图三四；彩图三七）。

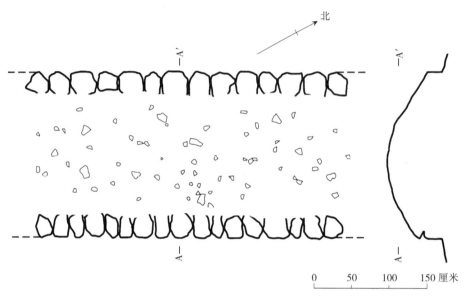

图三四　马家湾长城 1 段墙体平、剖面图

马家湾长城 2 段（211322382102020115）

该段长城起于热水乡热水村马家湾屯东北 2.6 千米，止于热水乡热水村马家湾屯东北 1.8 千米。起点高程 729 米，止点高程 685 米。呈东北—西南走向。东北接马家湾长城 1 段，西南接马家湾长城 3 段。墙体整体保存一般，已全部坍塌，山坡上可见一道明显的墙体坍塌后形成的石冈。墙体全长 805 米。

该段墙体为石墙，以自然山体为基础，两侧用较大石块垒砌而成，中间填以碎石和山皮土。墙体坍塌宽 3.6、基宽 2.2、高 0.5～0.8 米（彩图三八）。

马家湾长城 3 段（211322382101020116）

该段长城起于热水乡热水村马家湾屯东北 1.8 千米，止于热水乡热水村马家湾屯东北 1.5 千米。起点高程 685 米，止点高程 660 米。呈东北—西南走向。东北接马家湾长城 2 段，西南接马家湾长城 4 段。墙体整体保存差，已全部坍塌，山洼处可见一道略高出地表的土冈。墙体全长 313 米。

该段墙体为土墙，自然基础，用黄土筑成。墙体坍塌宽 3、高 1～1.2 米。

马家湾长城 4 段（211322382102020117）

该段长城起于热水乡热水村马家湾屯东北 1.5 千米，止于热水乡热水村马家湾屯东北 1 千米。起点高程 660 米，止点高程 678 米。呈东北—西南—西—北走向。东北接马家湾长城 3 段，北接马家湾长城 5 段。墙体整体保存一般，已全部坍塌，山坡上可见一道明显的墙体坍塌后形成的石冈。墙体全长 502 米。

该段墙体为石墙，以自然山体为基础，两侧用较大石块垒砌而成，中间填以碎石和山皮土。墙体坍塌宽 2.3~2.6、基宽 2~2.2、高 0.4~1.5 米（彩图三九）。

马家湾长城 5 段（211322382101020118）

该段长城起于热水乡热水村马家湾屯东北 1 千米，止于热水乡热水村马家湾屯东北 1.2 千米。起点高程 678 米，止点高程 646 米。呈南—北—西北走向。南接马家湾长城 4 段，西北接马家湾长城 6 段，马家湾烽火台位于墙体上。墙体保存较差，已全部坍塌，山洼处可见一道略高出地表的土冈。墙体全长 307 米。

该段墙体为土墙，自然基础，用黄土筑成。墙体坍塌宽 4~6、顶宽 3、高 1.7~2 米。墙体内外两侧的耕地上各有一道宽 5~6 米的黑土带与墙体并行。

马家湾长城 6 段（211322382301020119）

该段长城起于热水乡热水村马家湾屯东北 1.2 千米，止于热水乡热水村马家湾屯东北 1.35 千米。起点高程 646 米，止点高程 621 米。呈东—西走向。东接马家湾长城 5 段，西接马家湾长城 7 段。由于自然与人为原因的破坏，墙体于地表无存。全长 140 米。

马家湾长城 7 段（211322382101020120）

该段长城起于热水乡热水村马家湾屯东北 1.35 千米，止于热水乡热水村马家湾屯东北 1.4 千米。起点高程 621 米，止点高程 636 米。呈东北—西南—西走向。东北接马家湾长城 6 段，西接马家湾长城 8 段。墙体保存较差，已全部坍塌，耕地中可见一道略高出地表的黄色土冈。墙体全长 205 米。

该段墙体为土墙，自然基础，用黄土筑成。墙体坍塌宽 3.3~4.6、高 0.3 米。墙体内外两侧各有一道宽 5~6 米的黑土带与墙体并行。

马家湾长城 8 段（211322382102020121）

该段长城起于热水乡热水村马家湾屯东北 1.4 千米，止于热水乡热水村马家湾屯东北 1.25 千米。起点高程 636 米，止点高程 648 米。呈东北—西南走向。东北接马家湾长城 7 段，西南接马家湾长城 9 段。墙体整体保存差，已全部坍塌，山坡上可见一道明显的墙体坍塌后形成的石冈，部分墙体仅能看见两侧边缘砌石。墙体全长 120 米。

该段墙体为石墙，以自然山体为基础，两侧用较大石块垒砌而成，中间填以碎石和山皮土。墙体坍塌宽 2~2.6、基宽 1.9~2、高 0.2~1 米（彩图四〇）。

马家湾长城 9 段（211322382101020122）

该段长城起于热水乡热水村马家湾屯东北 1.25 千米，止于热水乡热水村马家湾屯东北 1.1 千米。起点高程 648 米，止点高程 642 米。呈东北—西南走向。东北接马家湾长城 8 段，西南接马家湾长城 10 段。墙体保存差，已全部坍塌。耕地中可见一道略高出地表的黄色土冈。墙体全长 135 米。

该段墙体为土墙，自然基础，用黄土筑成。墙体坍塌宽 3.6、最高 0.6 米。墙体外侧有一道宽 3~5 米的黑土带与墙体并行。

马家湾长城 10 段（211322382301020123）

该段长城起于热水乡热水村马家湾屯东北 1.1 千米，止于热水乡热水村马家湾屯东北 1 千米。起点高程 642 米，止点高程 642 米。呈东北—西南走向。东北接马家湾长城 9 段，西南接马家湾长城 11 段。由于自然与人为原因的破坏，墙体于地表无存。墙体全长 70 米。

马家湾长城 11 段（211322382102020124）

该段长城起于热水乡热水村马家湾屯东北 1 千米，止于热水乡热水村马家湾屯东北 0.9 千米。起点高程 642 米，止点高程 655 米。呈东北—西南走向。东北接马家湾长城 10 段，西南接马家湾长城 12 段。墙体整体保存差，已全部坍塌，山坡上可见一道明显的墙体坍塌后形成的石冈，部分墙体仅能看见两侧边缘砌石。墙体全长 96 米。

该段墙体为石墙，自然山体为基础，两侧用较大石块垒砌而成，中间填以碎石和山皮土。墙体坍塌宽 2.6、基宽 1.9～2、高 0.4 米。

马家湾长城 12 段（211322382301020125）

该段长城起于热水乡热水村马家湾屯东北 0.9 千米，止于热水乡热水村马家湾屯东北 0.86 千米。起点高程 655 米，止点高程 649 米。呈东南—西北走向。东南接马家湾长城 11 段，西北接马家湾长城 13 段。由于自然与人为原因的破坏，墙体于地表无存。全长 38 米。

马家湾长城 13 段（211322382102020126）

该段长城起于热水乡热水村马家湾屯东北 0.86 千米，止于热水乡热水村马家湾屯东北 0.77 千米。起点高程 649 米，止点高程 628 米。呈东—西走向。东接马家湾长城 12 段，西接马家湾长城 14 段。墙体整体保存较差，已全部坍塌，山坡上可见一道明显的墙体坍塌后形成的石冈，部分墙体仅能看见两侧边缘砌石。墙体全长 92 米。

该段墙体为石墙，以自然山体为基础，两侧用较大石块垒砌而成，中间填以碎石和山皮土。墙体坍塌宽 2.6、基宽 1.9～2、高 0.5 米。

马家湾长城 14 段（211322382301020127）

该段长城起于热水乡热水村马家湾屯东北 0.77 千米，止于热水乡热水村马家湾屯东北 0.7 千米。起点高程 628 米，止点高程 617 米。呈东北—西南走向。东北接马家湾长城 13 段，西南接马家湾长城 15 段。由于自然与人为原因的破坏，墙体于地表无存。墙体全长 420 米。

马家湾长城 15 段（211322382102020128）

该段长城起于热水乡热水村马家湾屯东北 0.7 千米，止于热水乡热水村马家湾屯东北 0.3 千米。起点高程 617 米，止点高程 533 米。呈东北—西南走向。东北接马家湾长城 14 段，止于马家湾屯东北 0.3 千米山坡上。西侧山坡下即为小叶线公路和老哈河。墙体整体保存一般，已全部坍塌，山脊上可见一道明显的墙体坍塌后形成的石冈，部分墙体仅能看见两侧边缘砌石。墙体全长 626 米。

该段墙体为石墙，以自然山体为基础，两侧用较大石块垒砌而成，中间填以碎石和山皮土。墙体坍塌宽 2～2.6、基宽 1.9～2、高 0.2～1 米（彩图四一）。

辽宁省境内的战国（燕）、秦长城自此处越过老哈河进入内蒙古自治区赤峰市美丽河乡冷水塘村，与黑山头长城相接。

热水北长城 1 段（211322382102020129）

该段长城起于热水乡热水村马家湾屯西北 1.6 千米，止于热水乡热水村马家湾屯西北 1.8 千米。起点高程 553 米，止点高程 516 米。呈东北—西南走向。起点处为热水北烽火台，西南与热水北长城 2 段相接。热水北 1、2 号敌台位于墙体东侧。西南悬崖下即为小叶线公路和老哈河，公路边有一座老官地水文站灌区房。东南距马家湾长城 1 段墙体 2 千米。墙体全长 143 米。

该段墙体为石墙，以自然山体为基础，两侧用较大石块垒砌而成，中间填以碎石和山皮土。墙体整体保存差，已经全部坍塌，山坡上可见一道明显的墙体坍塌后形成的石冈，部分墙体仅能看见两侧边缘砌石。山坡上散落着大量的石块。墙体坍塌宽 4.5、基宽 1.9~2、边缘砌石宽 0.3~0.5、高 0.2~0.3 米（彩图四二）。

热水北长城 2 段（211322382301020130）

该段长城起于热水乡热水村马家湾屯西北 1.8 千米，止于热水乡热水村马家湾屯西北 2 千米。起点高程 516 米，止点高程 506 米。呈东北—西南走向。东北接热水北长城 1 段，西南接热水北长城 3 段。西南悬崖下即为小叶线公路和老哈河，公路边有一座老官地水文站灌区房。东南距马家湾长城 1 段墙体 2 千米。由于自然与人为原因的破坏，墙体于地表无存。全长 130 米。

热水北长城 3 段（211322382102020131）

该段长城起于热水乡热水村马家湾屯西北 2 千米，止于热水乡热水村马家湾屯西北 1.9 千米。起点高程 506 米，止点高程 505 米。呈东北—西南走向。东北接热水北长城 2 段，西南与热水北长城 4 段相接。西南悬崖下即为小叶线公路和老哈河，公路边有一座老官地水文站灌区房。东南距马家湾长城 1 段墙体 2 千米。墙体全长 14 米。

该段墙体为石墙，以自然山体为基础，两侧用较大石块垒砌而成，中间填以碎石和山皮土。整体保存状况差，墙体已全部坍塌，山坡上的杂草中隐约可见一道墙体坍塌后形成的边缘砌石。墙体坍塌宽 3.7、基宽 1.9~2、边缘砌石宽 0.1~0.2、高 0.1~0.2 米。

热水北长城 4 段（211322382301020132）

该段长城起于热水乡热水村马家湾屯西北 1.9 千米，止于热水乡热水村马家湾屯西北 2.05 千米。起点高程 505 米，止点高程 497 米。呈东北—西南走向。东北接热水北长城 3 段，止于南侧的悬崖边。老哈河西岸为内蒙古自治区赤峰市美丽河乡青山村下湾子屯，山上有一座城子山战国城址。东南距马家湾长城 1 段墙体 2 千米。由于自然与人为原因的破坏，墙体于地表无存。全长 50 米。

② 敌台及保存现状（与墙体建筑）

烧锅营子敌台（211322352101020002）

该敌台位于蛤蟆沟脑屯西 1.2 千米的山梁北坡上。高程 914 米。南距烧锅营子长城 3 段墙体 15 米。

台体平面呈半圆形，直径 8 米。台体整体保存状况较好，为石块结构，依山势而建。台体北侧砌石保存较好，最高处 1.4 米，台壁直立没有收分，所用砌石较大，中间填以碎石。依山坡形势越往山顶方向用石渐减直至与山体结合为一体。台体边缘为石块砌筑，内填以碎石及山皮土。由于填土流失，台体北侧略有坍塌（图三五；彩图四三）。

热水北 1 号敌台（211323352101020020）

该敌台位于热水农场马家湾屯西北 2 千米的老哈河东岸山坡上。高程 541 米。西北 15 米处为热水北长城 1 段墙体，西南 70 米处为热水北 2 号敌台，东北 60 米处为热水北烽火台。

台体整体平面呈半圆形，直径 5.5 米。台体整体保存较差，为石块结构，依山势而建，面向东南。南侧用石块砌出台体外缘，北侧与山坡相连，内填以碎石与山坡土。台体边缘砌石用石较大，外壁直立没有收分，宽 0.2～0.5、最高 1.5 米。台体所处山坡及台体上长满杂草和低矮的灌木，台体与山坡相接处被育林坑破坏（图三六）。

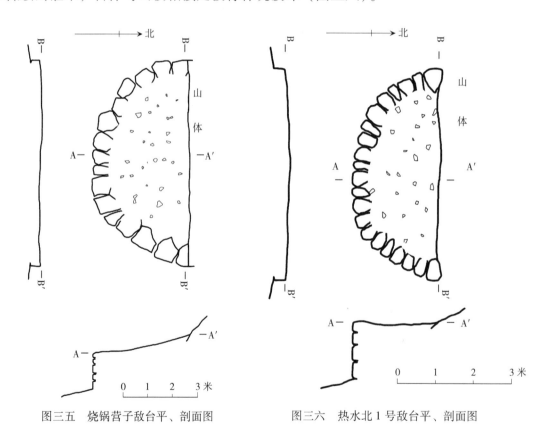

图三五　烧锅营子敌台平、剖面图　　　　图三六　热水北 1 号敌台平、剖面图

热水北 2 号敌台（211323352101020021）

该敌台位于马家湾屯西北 2 千米的老哈河东岸山坡上。高程 522 米。西北侧 20 米处为热水北长城 1 段墙体，东北 70 米处为热水北 1 号敌台，东北 0.13 千米处为热水北烽火台。

台体平面呈长方形，长 4.2、宽 3.5 米。台体整体保存差，为石块结构，依山势而建，面向南。南侧用石块砌出台体外缘，北侧与山坡相连，内填以碎石与山坡土。台体坍塌，外侧边缘保存较矮，最高仅存两层石块。南侧保存最高0.3米。台体边缘砌石较大，外壁直立没有收分，宽0.2~0.5米（图三七）。

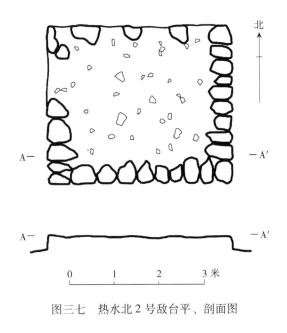

图三七　热水北2号敌台平、剖面图

（四）燕秦长城关堡（城址）及保存现状

1. 辽东地区燕秦长城关堡（城址）及保存现状

（1）抚顺县（地图五）

果木园子北山遗址（210421354199020001）

该遗址位于抚顺市抚顺县拉古乡果木园子村东北0.2千米的北山上。高程233米。南距安家峪烽火台3.3千米，西北距大山城子山城遗址2千米，东距沈通线公路（S104）2千米。东距拉古河1.7千米，拉古河属浑河水系。遗址整体保存较好，平面呈圆形，直径32米，占地面积804平方米。遗址外围有石筑围墙，部分坍塌。

该遗址位于战国燕烽燧线内侧，且距烽燧线比较近。地处山坡上视野开阔，向东可以俯瞰拉古河，与战国（燕）、秦长城有关。

大山城子山城遗址（210421354199020002）

该遗址位于抚顺市抚顺县拉古乡松树沟村西1千米的大山城子山上。高程330米。东南距果木园子北山遗址2千米，西北距房身烽火台4.3千米，东距沈通线公路（S104）2千米。东距拉古河1.8千米，拉古河属浑河水系。

该遗址整体保存差，土石混筑的城墙大部分已坍塌，城内设施地面遗迹消失，布局不清。平面呈长方形，南北长103、东西宽27米，面积2781平方米。

该遗址位于战国燕烽燧线内侧，且距烽燧线比较近。地处山顶上视野开阔，向东可以俯瞰拉古河，初步认为该遗址与战国（燕）、秦长城有关。

（2）东陵区（参见地图五）

八家子城址（210112354199020001）

该遗址又称城子地城址，位于沈阳市东陵区八家子乡八家子村西南1.2千米的台地上。高程134米。东南距抚顺市抚顺县境内的房身烽火台3千米，东北距抚顺市抚顺县境内的骚达沟烽火台3.6千米。东南侧有乡道向西可通往沈阳市区，向东与沈通线公路（S104）相连。

遗址整体保存较好，平面呈梯形。土筑城墙尚存，存东南门。城墙及其内外被辟为耕地。城墙尚存，东南侧有门道，朝向东南。北墙长100、西墙长55、南墙长63米，东墙有折弯，通长60米。东南开一门，门道宽15米（图三八；彩图四四）。现遗址地表可见大量的辽金时期的遗物，可见少量早期的灰色陶片。

该城址位于战国燕秦烽燧线内侧，且距烽燧线比较近，初步认为该城址与战国燕秦长城有关。

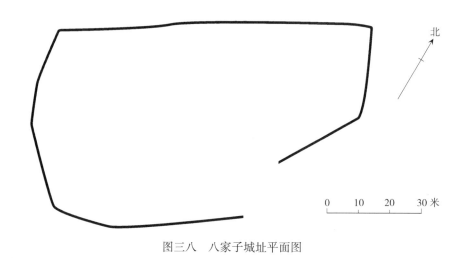

图三八　八家子城址平面图

青桩子城址（210112354199020002）

该遗址又名上伯官东城址，位于东陵街道上伯官村东0.5千米的牤牛河东青桩子。高程62米。西北距上马东山烽火台3.3千米、中马北山烽火台3.1千米、下马北山烽火台3.8千米、七间房东山烽火台3.5千米。南临玄菟路，建设中的四环东街南北向穿城而过，北濒浑河。

该城址整体保存差，城墙多已湮没。参考地势，可辨明其形制，平面呈四边形，朝向南偏东30°，周长约1600米（图三九；彩图四五、四六）。

参考以往的考古工作和研究工作成果及文献记载，可以初步判断该城址与战国（燕）、秦、汉长城有关。

2008年，辽宁省文物考古研究所会同抚顺市博物馆，对青桩子城址以东的抚顺市境内的刘尔屯村的汉代墓葬进行发掘。初步确定该地区墓葬群为青桩子城址的墓葬区。

辽东地区其他与燕秦长城有关的城址和遗址，参见第七节"与早期长城有关的其他重要考古发现辑录"。

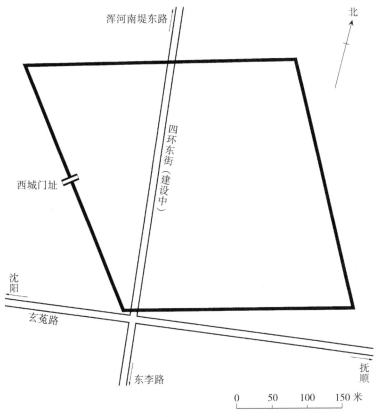

图三九　青桩子城址平面图

2. 辽西地区燕秦长城关堡（城址）及保存现状

（1）阜新蒙古族自治县（参见地图三）

北昌营子西城址（210921353102020001）

该遗址位于紫都台乡北昌营子村西侧0.8千米的山坡上。高程317米。地势西高东低，山坡上有几条东西向的冲沟，村东侧为一条于寺河由南向北流的支流，紫（都台）于（喇嘛寺）公路从村中穿过。北墙借助北昌营子长城2段墙体，城址东北角接北昌营子长城1段，西北角接北昌营子长城3段。东北10米处为北昌营子2号烽火台。

该城址整体保存一般。城址内及四周均为耕地，有一条上山的小路穿过南墙并从城址东北角处通过。城址平面呈长方形，周长348米，占地面积5400平方米（图四〇）。墙体为土筑，黄土中夹杂有大量碎石粒，墙土流失，现存墙体上散落有大量碎石粒。西墙与东墙被耕地破坏消失，北墙借助北昌营子长城2段墙体，宽6.5、北侧高0.8、南侧高0.5米。南墙保存较好，可见到一道明显的土冈，坍塌宽6.2、高0.7米。

西杖房北城址（210921353102020002）

该遗址位于化石戈乡北八里村西杖房屯北侧1千米的一座小山顶上。高程387米。地势较平缓，山坡上沟壑较多。城址处于一片松林内，东侧与北侧有小片的耕地。东侧有一座现代水泥坟墓，南侧有一条土路从城址内穿过。铁（匠营子）于（喇嘛寺）线公路从西侧山坡上通过。北墙借助西杖房北长城1段墙体，城址东北角接李家窝铺长城3段和西杖房北长城1段

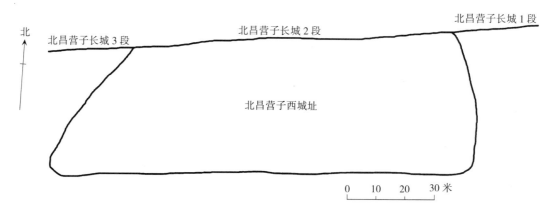

图四〇　北昌营子西城址平面图

支线墙体。

　　该城址整体保存较好。城址平面呈长方形，南北长 100、东西长 50 米，周长 300 米，占地面积 5000 平方米（图四一）。墙体为石筑，松林间见有一道明显的土石混合的碎石冈，墙土流失，现存墙体上散落有大量碎石块。墙体上长满杂草等。北墙借助西杖房北长城 1 段墙体，宽 3.5 米，北侧较南侧略高，北侧高 1、南侧高 0.4 米。北侧墙脚被耕地破坏一部分。东墙宽 3、高 0.6~1 米。墙体西侧有一小片耕地将墙体破坏，东南角处有一条土路从墙体上穿过，使墙体高度降低。西墙保存一般，北段被耕地、种树破坏，南段墙体上有一条土路将墙体截断，坍宽 3、高 0.3~0.6、长 70 米。南墙保存较好，碎石散落南侧山坡上，坍塌宽 3、高 1 米。墙体北侧有一条与南墙几乎平行宽约 2 米的土路通过，将南墙内侧推平作为道路使用。南墙中部墙体上立有一块化石戈乡与于喇嘛寺镇的界石。

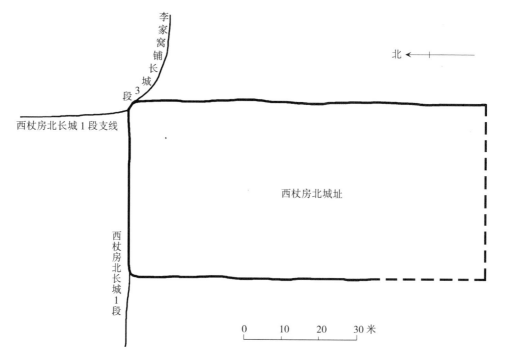

图四一　西杖房北城址平面图

西杖房西城址（2109213531020200003）

该遗址位于化石戈乡北八里村西杖房屯西北0.8千米的一座小山顶上。高程389米。地势较平缓，山坡上沟壑较多，铁（匠营子）于（喇嘛寺镇）线公路从东侧山坡上通过。城址处于一片松林内，西侧有一条土路通过。西25米处为西杖房北长城5段，城址中部为西杖房西城址烽火台。呈西北—东南向。

该城址依山势而建，整体保存差。墙体为石筑，松林间见有一周明显的土石混杂的碎石冈，墙土流失，在现存墙体上及四周山坡上散落有大量碎石块。墙体上长满杂草等。城址平面呈窄长条形，南北长190、东西长10~20米（图四二）。北墙坍塌宽4.2、高0.4~1米。东墙保存较好，宽2.6、高0.6~1米。西墙沿山脊而建，保存一般，南段墙体石块散落严重，南侧山坡上散落大量石块，坍塌宽2.6、高0.4米。南墙较短，长约10、高0.4米。

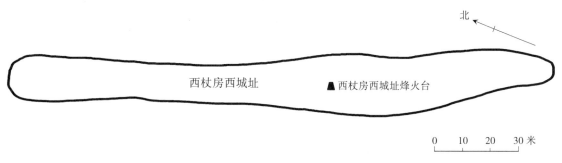

图四二　西杖房西城址平面图

西营子城址（2109213531020200004）

该遗址位于大五家子镇大加生村西营子屯西南2千米的耕地内。高程272米。地势较为平坦。西营子屯西、北侧为一条于寺河由南向北流的支流。城址内及四周、墙体上均被辟为耕地使用。城址西100米、北50米处为西营子长城1段墙体。呈南—北走向。

该城址整体保存较好。城址平面呈长方形，南北长100、东西长110米，周长420米，占地面积11000平方米（图四三）。墙体为土筑，全部塌毁，形成土冈状堆积，因未见有明显的断面，是否为夯筑不详。城址南墙保存较好，内侧较外侧高，墙体底部坍塌宽9.7米，顶部因耕种、生长树木等破坏宽度不详，墙体内侧高3.2、外侧高1米（彩图四七）。西墙顶部现为耕地，顶宽约3、底宽16、内侧高2.6、外侧高1.8米。北墙顶部为耕地，顶宽约2.5、底部坍塌宽20.5米，内侧较外侧略高，内侧高1.5、外侧高2.4米（彩图四八）。东墙因耕种破坏较为严重，形成一条较矮的土冈，底宽20、内侧高1、外侧高1.2米。

该城址的南侧还连接有一座小城，呈不规则形，其北墙借助西营子城址的南墙。东侧墙体起于西营子城址东南角，向南延伸但并不与西营子城址的东墙在一条直线上，现存墙体呈坡状，长80、宽8、高2.1米，顶部与城址内持平，墙体上生长着杂草及低矮的灌木等。南墙

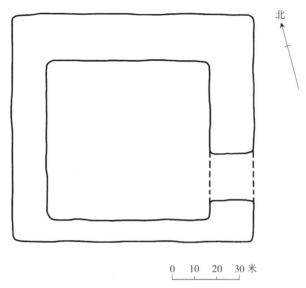

北

0　10　20　30 米

图四三　西营子城址平面图

与东墙并不垂直，内侧夹角大于90°，现存墙体呈坡状，长115、宽6、高1.9米。西墙呈南北向，与南墙的夹角小于90°，与西营子城址西南角相接，中间有一段拐折，墙体保存较好，外侧较内侧陡，长240、基宽18、内侧高0.5、外侧高2.8米。整个小城内地面与墙体顶部持平，内侧明显高于外侧。

该城址地表采集到泥质灰陶器皿、板瓦残片等遗物（彩图四九）。

他本改城址 （210921353102040005）

该遗址位于于寺镇他本改村北侧0.4千米的山坡耕地内。高程255米。北侧为五道山，山坡上分布着数道南北向的冲沟。城址内、墙体上及四周均为耕地。城址北墙为他本改长城2段墙体，东北角与他本改长城1段相接，西北角与他本改长城3段相接。

该城址依山坡而建，整体保存较好。城址平面呈不规则形，南北长90、东西长85米，周长345米，占地面积7650平方米（图四四）。整个城址四周高，中间低。北墙呈一道明显高出地表的土冈状，外侧陡且短，内侧缓且长，墙体宽约8.5米，外侧宽2.5、高1.8米，内侧宽6、高1.5米。墙体顶部东段生长着杂草及榆树等，西段被辟为耕地使用。东墙保存较好，外侧较陡，内侧与城址内几乎持平，墙体宽10.5米，外侧宽6.5、高2.7米，内侧长4、高0.7米。墙体位置现为耕地，种植有玉米等作物。墙体外侧坡上生长着杂草及灌木等（彩图五〇）。东北角保存较完整，外侧宽8.8、高4.2米。西墙坍塌较严重，坍塌宽15、高1米，顶部被耕地占用。南墙处现为东西向梯田，破坏严重，宽、高不详。

套尺营子城址 （210921353102040006）

该遗址位于于喇嘛寺镇牤牛洼村套尺营子屯西0.1千米。高程236米。始筑于战国（燕），汉代沿用。呈东北—西南走向。

该城址整体保存一般。城址内、墙体上及四周均为耕地。城址平面呈长方形，南北长320、东西长360米，周长1360米，占地面积115200平方米（图四五）。整个城址四周高，中间低。

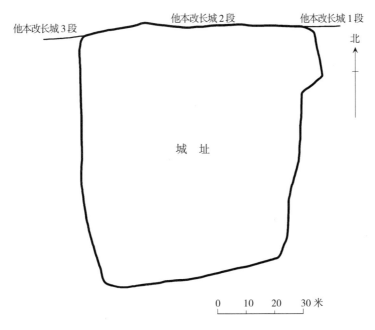

他本改长城3段　　他本改长城2段　　他本改长城1段

北

城　址

0　　10　　20　　30 米

图四四　他本改城址平面图

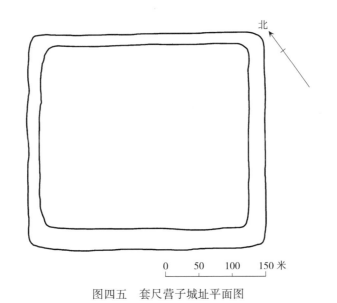

北

0　　50　　100　　150 米

图四五　套尺营子城址平面图

南墙保存较好，坍塌宽20~30、高2.5~3米，外侧挖有一条水沟。北墙保存一般，已被推为耕地，宽12~16、高2~2.5米。东墙较好，中部被挖断，宽26、高2~3米。

高林台城址（2109213531020400007）

该遗址位于高林台村南0.2千米。高程176米。始筑于战国（燕），汉代沿用。

该城址整体保存差。城址内、墙体上及四周均为耕地。城址平面呈正方形，边长170、周长680米，占地面积28900平方米。城址东墙被破坏消失，东南角保留有一处断崖，崖高4米，断崖上见有明显的夯层，夯层厚0.1米（彩图五一）。南墙保存差，残长约30米，耕种破坏较为严重。西墙完全消失，现为一座工厂占用，并建有围墙。北墙完全消失。2005年5

月 20 日由阜新市人民政府公布为市级文物保护单位。

（2）北票市（参见地图三）

六合成城址（211381353102020001）

该遗址位于台吉营子乡四合成村六合成屯东北 0.1 千米的山坡上。高程 226 米。整个山坡东高西低呈斜坡状，东侧为断崖，崖下即为牤牛河，隔河与阜新市阜新蒙古族自治县化石戈乡胡头沟屯相望。西侧坡下有一条冲沟和一条村路通过。城址的东北角接六合成长城 1 段，东墙借助六合成长城 2 段，北 1.5 千米处为陈家窝铺 1 号烽火台，西北 1.5 千米处为陈家窝铺城址和陈家窝铺 2 号烽火台。

该城址整体保存一般，依山坡而建。城址平面略呈梯形，南北长 100、东西长 60～80 米，周长 330 米，占地面积 6400 平方米（图四六）。墙体为土筑，全部坍塌，形成四周高、中间低的形状。因耕种破坏，墙体略呈漫土冈状。东墙借助六合成长城 2 段一段墙体，走向略有曲折，长约 100 米。南墙保存一般，坍塌宽 10、高 1 米。北墙保存较好，坍塌宽 8、高 1.5～2 米。西墙处于坡下，保存较差，中部有一低洼处，疑为城门。城址内的地表散落有大量战国时期的陶器残片（彩图五二）。

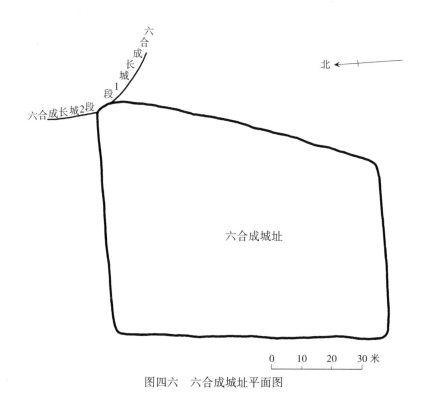

图四六　六合成城址平面图

陈家窝铺城址（211381353102020002）

该城址位于台吉营乡四合成村陈家窝铺屯南侧南 0.3 千米的山坡耕地内。高程 217 米。城址东侧有一条村路通过，整个山坡西高东低，城址内外均辟为耕地。东侧 0.55 千米处为六合成长城 2 段，东南 1.5 千米处为六合成城址，东侧 0.52 千米为陈家窝铺 1 号烽火台，西侧 15 米为陈家窝铺 2 号烽火台。

　　该城址整体保存一般。城址平面略呈长方形，南北长 40、东西长 115 米，周长 310 米，占地面积 4600 平方米（图四七）。墙体为土筑，全部坍塌，形成四周高、中间低的形状。因耕种破坏，墙体略呈漫土冈状。东墙因村路推平破坏保存差，高度与山坡地表接近持平。北、西、南墙保存较好。南墙坍塌宽 6、高 1~1.5 米。北墙坍塌宽 10、高 1~2 米。西墙坍塌宽 5、存高 1~1.3 米。在南墙中部的城址内有一近长方形的土堆，性质与用途不详。

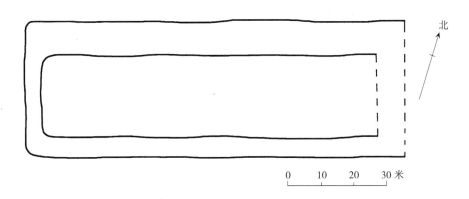

0　　10　　20　　30 米

图四七　陈家窝铺城址平面图

　　翟家营子城址（211381353102020003）
　　该城址位于北塔乡翟家营子村东侧 10 米的耕地内。高程 317 米。地势平坦，北侧为黑城子河。城址东侧有一条村路通过，西侧紧挨村民住宅和一座机井房，东北角有一座铁选厂的用房。
　　该城址整体保存差。城址平面略呈正方形，边长 150 米，周长 600 米，占地面积 22500 平方米。墙体为土筑，全部坍塌，形成四周略高、中间低的形状。因耕种破坏严重，墙体略呈漫土冈状，保存较矮。墙体坍塌宽 15、高 0.5 米（图四八）。城址内的地表上散落有战国时期的陶器残片（彩图五三）。

　　北广富营城址（211381353102020004）
　　该城址位于北塔乡北广富营村西侧 1 千米的山坡耕地内。高程 281 米。地势北高南低，南侧坡下为黑城子河，南侧有一条田间小路通过，路南挖有一条灌溉水渠。该城址内外均辟为耕地在使用。东北 2.5 千米为大黑山长城 5 段。
　　该城址依山坡而建，整体保存差。城址平面略呈正方形，边长 150 米，周长 600 米，占地面积 22500 平方米（图四九）。墙体为土筑，全部坍塌，形成四周略高、中间低的形状。因耕种破坏严重，墙体略呈漫土冈状，保存较矮。北墙保存较好，坍塌宽 10、内侧高 2 米。东墙北段被挖出一个坑将墙体破坏，南段坍塌宽 10、高 0.5~1 米（彩图五四）。南墙被推平作为田间小路使用。西墙宽 10、高 1~2 米。城址内的地表散落有战国时期的陶器残片（彩图五五）。

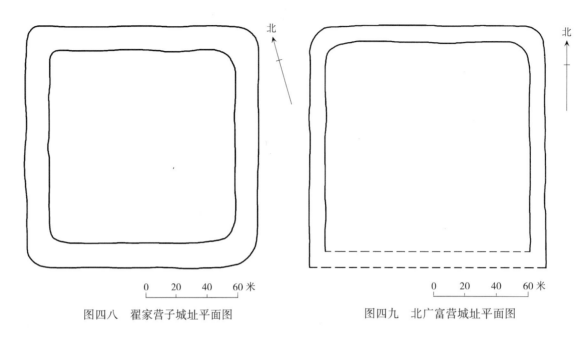

图四八　翟家营子城址平面图　　　　　图四九　北广富营城址平面图

（3）建平县（参见地图四）

小五家城址（211322353102020001）

该城址位于北二十家子镇小五家屯西北侧。高程564米。地势平坦，东侧为蹦河，北（二十家子镇）郭（家店）公路在城址内南北向通过。呈南—北走向。城址南墙借助小五家长城3段墙体，东南角接小五家长城2段，西南角接小五家长城4段。

该城址整体保存差，墙体为夯筑，大部分被毁，仅存北墙和西墙部分，南墙和东墙已不见痕迹，城内附属设施不见踪迹。城址平面呈长方形，南北长240、东西长220米，周长920米，占地面积52800平方米（图五〇）。该城址被耕地、场院、村路、公路、林地所占用。

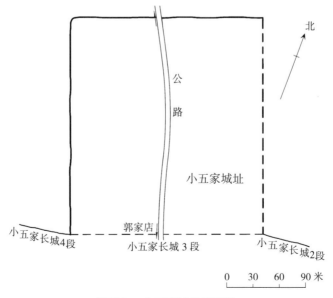

图五〇　小五家城址平面图

北墙保存一般，北侧为一条宽且深的冲沟对墙体造成破坏，北二十家子镇至郭家店公路南北向通过将北墙体截断，暴露出接近2米高的断崖，可见到明显的夯层，夯层厚0.1~0.15米（彩图五六）。墙体顶宽4.7、底宽7、最高1.8米。公路西侧还有一条水冲深沟将墙体冲断，东段墙体南侧有一条灌溉水沟。整个北墙上种植有许多杨柳树。西墙保存较好，见有一条高于地表的土冈，顶宽4、高1~2米。墙体顶部被推平作为耕地，使得墙体内外的落差加大，城址外地势明显高于城址内（彩图五七、五八）。原南墙的中部位置有一场院，据村民讲原来是一个土台子，高3~4、宽6~7米，后来在"大会战"时被推平以拓展土地，无法确定土台的性质。该城址的耕地中散落有大量战国时期的陶器残片（彩图五九）。

该城址附建于长城墙体上，南墙借助小五家长城3段墙体，东、北、西三面墙体均凸出于长城墙体外侧。

霍家地城址（211322353102020002）

该城址位于烧锅营子乡霍家地村下霍家地屯南0.8千米的山坡上。高程688米。四周及城址内均为耕地，地势西高东低，东侧有黑（水）四（德堂）线公路南北向通过。呈南北向。城址的南墙为长城墙体的一部分，东南角接风水山长城2段，西南角接风水山长城4段。

该城址整体保存差，2008年底当地在土地平整时将南墙完全推毁，西墙推掉约三分之一，北墙顶部也被推平，高度降低。东墙坍毁，可看到城墙外侧的坡面。城址平面呈正方形，边长170、周长680米，占地面积28900平方米（图五一）。据西墙上竖立的省级文物保护碑记载，城内西北部和东西两侧的台基是原烽堆望台，现无存，城内的附属设施也不见踪迹，整个格局被破坏。城址内、墙体上及四周均被耕地占用。城址内的耕地中散落有大量战国时期的陶器残片（彩图六〇）。

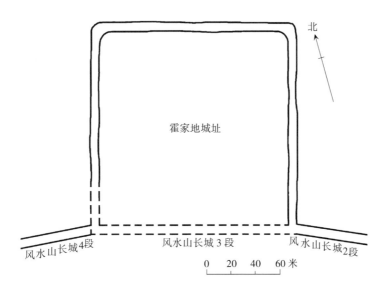

图五一　霍家地城址平面图

城址西墙保存较好，其南部约三分之一被推毁，仅存北部约三分之二。被毁的墙体后来又用土堆成墙体状。从保存的墙体看，因地势所致外侧较矮且陡，内侧坡缓且长，剖面呈梯形。墙体被辟为耕地。墙体顶宽4、底宽7.5、最高2.5米。北墙保存差，整体被推，高度降低，勉强可以看出墙体痕迹。东墙坍塌，顶部与城址内几乎持平，外侧较陡，保存较高，墙体内外的落差很大，城址内地面明显高于城址外。墙体顶部被推平作为耕地。东墙高2～5米。

该城址附建于长城墙体上，南墙借助风水山长城3段墙体，东、北、西墙体均凸出于长城墙体外侧。

达拉甲城址（211322353102020003）

该城址位于老官地乡达拉甲村西南50米。高程479米。四周及城址内均为耕地。北侧为小（敖汉旗小河沿）叶（柏寿）线和老哈河，隔河可见远处的赤峰市元宝山电厂。黑（水）达（拉甲）线公路从城址西墙边通过。南11千米处为燕秦长城。

该城址整体保存较差。城内的附属设施不见踪迹，整个格局遭破坏。城址平面呈长方形，南北长170、东西长340米，周长1020米，占地面积57800平方米（图五二；彩图六一）。西墙被黑达线公路及一条水沟破坏，仅存西南角一小段墙体，长15、宽3、高1米，黑达线公路30千米里程碑即立于西墙中部位置。北墙无存，现为一条村路，路边种植有成排的杨树。东墙基宽约15、高3～4米，东北角外侧有一条冲沟及一条村路。南墙保存较好，宽15、高3～4米，墙体中间位置略有低洼，疑为城门堆积。南墙边的一条用来浇地的水沟将墙体横向截断，可看到城墙清晰的断面，墙体为夯筑，夯层、夯窝明显，夯层厚0.1～0.15米。城址内的耕地中散落有大量战国时期的陶器残片（彩图六二）。城址东北角墙体上立有省级文物保护标志碑。

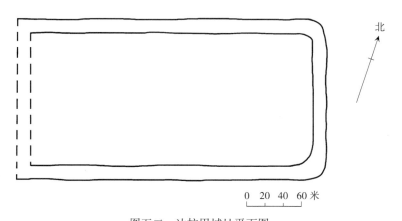

北

0　20　40　60米

图五二　达拉甲城址平面图

巴达营子城址（211322353102040004）

该城址位于热水畜牧农场巴达营子村北侧耕地内。高程500米。南侧被村民住宅占据，城址内及东、西、北三面均为耕地。地势较为平坦，西侧为黑（水）四（德堂）线公路，东南1千米处为黑水镇。

　　该城址整体保存一般。城内的附属设施不见踪迹，整个格局遭破坏。城址平面呈长方形，南北长240、东西长340米，周长1160米，占地面积81600平方米（图五三）。北墙和西墙保存相对较好。东北角被破坏，形成一个北墙的断崖，从此可看出墙体用土夯筑，夯层、夯窝明显，现存北墙顶宽7.3、底宽8、高3.2～4米，夯层厚0.1～0.16米（彩图六三）。紧贴北墙外侧为一条水沟，将墙体底部基础破坏并将墙体挖断两处。西北角墙体被水沟挖断，西墙顶部被开垦为耕地，外侧形成较大的坡面，坍塌的墙体宽10、高1.5～2米。南段墙体上为一条小路，将西墙体破坏，使其高度下降。西南角被住宅和院墙占用，整个南墙处于住宅院落之内，其北段保存较好，已被用作院墙使用，并在墙体上挖出豁口作为院门使用。从断面上看，南墙基宽8、顶宽3、高3～4米（彩图六四）。东墙被一条村路破坏占用，在住宅外仅能看到西南角保存很矮的墙体，最高处1米。城址内的耕地中散落有大量战国时期的陶器残片。

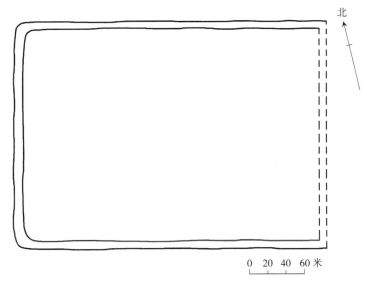

图五三　巴达营子城址平面图

（五）燕秦长城单体建筑及保存现状

1. 辽东地区燕秦长城单体建筑（主要指烽火台等）及保存现状

（1）抚顺县（参见地图五）

西台子烽火台（210421353201020001）

　　该烽火台位于海浪乡转山子村南沟组西南1千米的西台子山上。高程187米。东北距前堡烽火台1.7千米，北距苏边线公路2千米。东侧山下有季节性河流从东南向西北注入沙河，属太子河水系。

　　烽火台整体保存较好，现为土丘，呈馒头状。台体南、北、西三侧均有一处平台，推测为修筑烽火台取土所致。台体东侧为陡坡，表面杂草、荆棘丛生。台体土筑而成，建筑结构不详。台体平面呈圆形，剖面呈梯形。台体顶部直径3.5、底部直径13.5、高4～5米（图五四；彩图六五）。

前堡烽火台（210421353201020002）

该烽火台位于海浪乡前堡村西南 1 千米的半糖沟口李家坟台地上。高程 147 米。西南距西台子烽火台 1.7 千米，东北距南台山烽火台 1.7 千米。东北距苏边线公路 1.4 千米。西北距沙河 1.2 千米，沙河属太子河水系。

烽火台整体保存一般，现为低矮的土丘，呈馒首状。台体及周围被辟为耕地。台体土筑而成，建筑结构不详。台体平面呈圆形，剖面呈梯形。台体顶部直径 3、底直径 11、高 1.8～2 米（图五五；彩图六六）。

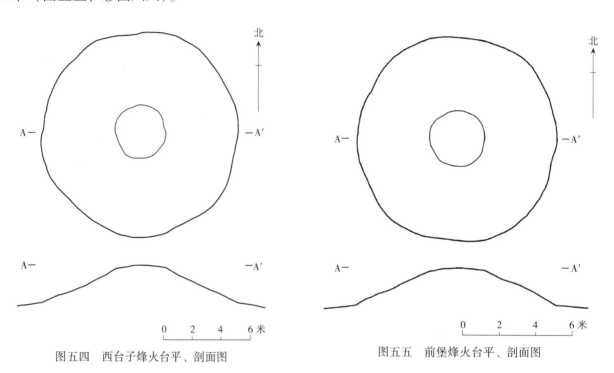

图五四　西台子烽火台平、剖面图　　　　　图五五　前堡烽火台平、剖面图

南台山烽火台（210421353201020003）

该烽火台位于海浪乡下海浪村南 0.2 千米的南台山上。高程 152 米。西南距前堡烽火台 1.7 千米，东北距窝棚沟烽火台 0.9 千米，北距苏边线公路 0.2 千米。北侧山下有沙河，沙河属太子河水系。

烽火台地面遗迹消失，原址被中国联通的机站和信号发射塔占据。台体建筑形式、材质、尺寸等不详。

窝棚沟烽火台（210421353201020004）

该烽火台位于海浪乡上海浪村南 0.5 千米的临河台地上。高程 151 米。西南距南台山烽火台 0.9 千米，东北距大北沟烽火台 1.4 千米，北距苏边线公路 0.9 千米。北侧山下有沙河，沙河属太子河水系。

烽火台整体保存较好，现为土丘，呈近圆锥状，表面生长的树木被伐掉。台体土筑而成，建筑结构不详。台体平面呈圆形，剖面呈梯形。台体顶部直径 2、底部直径 16、高 6 米。烽火台所处地表有明代青砖残块，据此推断该烽火台被明代沿用（图五六；彩图六七）。

大北沟烽火台（210421353201020005）

该烽火台位于海浪乡上海浪村东北0.2千米的大北沟口西山上。高程187米。西南距窝棚沟烽火台1.4千米，西北距样子沟烽火台1.2千米，东南距苏边线公路0.5千米。东南距沙河0.6千米，沙河属太子河水系。

烽火台整体保存较好，现为土丘，呈馒首状。台体表面灌木、杂草丛生。台体土筑而成，建筑结构不详。台体平面呈圆形，剖面呈梯形。台体顶部直径1.5、底部直径6、高2.5米（图五七；彩图六八）。

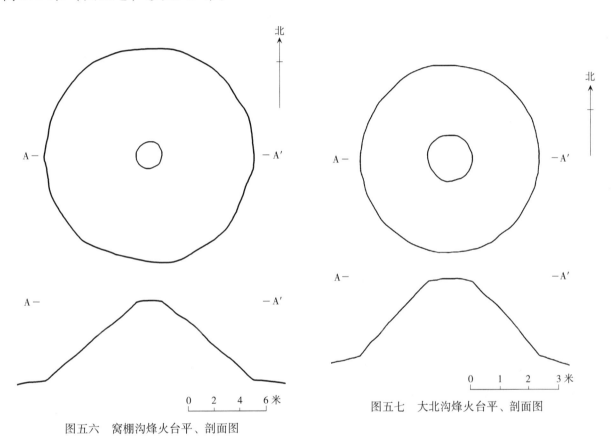

图五六　窝棚沟烽火台平、剖面图

图五七　大北沟烽火台平、剖面图

样子沟烽火台（210421353201020006）

该烽火台位于海浪乡上海浪村西北1.2千米的样子沟尽头山顶上。高程273米。东南距大北沟烽火台1.2千米，东北距台子沟烽火台1.5千米，东南距苏边线公路1.5千米。东南距沙河1.5千米，沙河属太子河水系。

烽火台整体保存较好，现为土丘，呈馒首状。台体表面柞木、灌木、杂草丛生。台体平面呈圆形，剖面呈梯形。台体土筑而成，建筑结构不详。台体顶部直径1.5、底部直径6.5、高2米（图五八）。

台子沟烽火台（210421353201020007）

该烽火台位于拉古乡前陡山子村西1.2千米台子沟山上。高程294米。西南距样子沟烽火台1.5千米，东北距北沟烽火台1.4千米，南距苏边线公路2.4千米。东南距康大水库2.3千米，属浑河水系。

　　烽火台整体保存较好，现为土丘，呈馒首状。台体表面柞木、灌木、杂草丛生。台体土筑而成，建筑结构不详。台体平面呈圆形，剖面呈梯形。台体顶部直径1.8、底部直径13、高2.5米（图五九）。

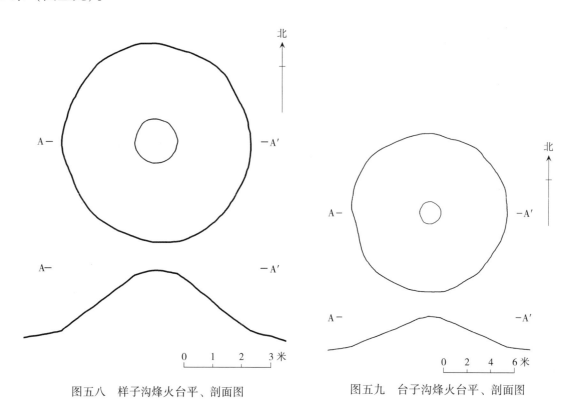

图五八　样子沟烽火台平、剖面图　　　　图五九　台子沟烽火台平、剖面图

　　北沟烽火台（2104213532201020008）
　　该烽火台位于拉古乡前陡山子村北0.2千米的北沟山脊上。高程260米。西南距台子沟烽火台1.4千米，东北距南小台烽火台1.4千米，东南距苏边线公路2千米。东南距康大水库1.7千米，属浑河水系。

　　烽火台整体保存较好，现为土丘，呈馒首状。台体上长有松树，表面被松针覆盖。台体土筑而成，建筑结构不详。台体平面呈圆形，剖面呈梯形。台体顶部直径2.3、底部直径14、高2.1米（图六○）。

　　南小台烽火台（2104213532201020009）
　　该烽火台位于海浪乡安家峪村康大房组南的台地上。高程215米。西南距北沟烽火台1.4千米，北距北大阳烽火台0.8千米，东距苏边线公路0.3千米。南濒康大水库，属浑河水系。

　　烽火台整体保存较好，现为土丘，呈馒首状，台体及其周围杂草丛生。台体土筑而成，建筑结构不详。台体平面呈圆形，剖面呈梯形。台体顶部直径2.5、底部直径12、高1.5米。台体周围有一圈圆形环壕，口宽3、底宽1.5、深0.5米（图六一）。

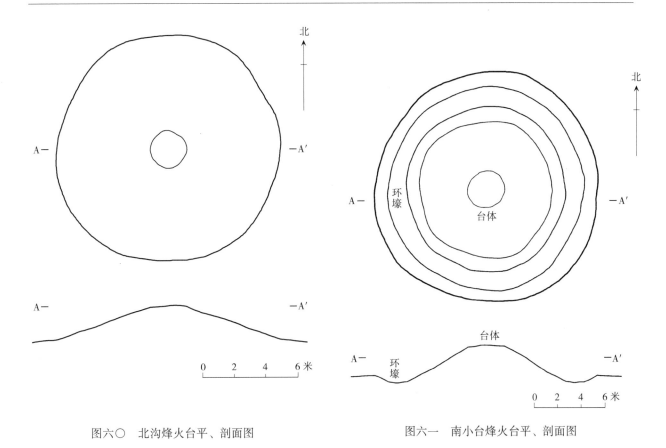

图六〇　北沟烽火台平、剖面图　　　　　　图六一　南小台烽火台平、剖面图

北大阳烽火台（210421353201020010）

该烽火台位于海浪乡安家峪村康大房组北0.5千米的北大阳山上。高程260米。南距南小台烽火台0.8千米，东北距安家峪烽火台1.4千米，东距苏边线公路0.7千米。南距康大水库0.7千米，东侧0.6千米有拉古河，拉古河属浑河水系。

烽火台整体保存较好，现为土丘，呈馒首状。台体及其周围杂草丛生。台体土筑而成，建筑结构不详。台体平面呈圆形，剖面呈梯形。台体顶部直径3、底部直径13、高2.7米（图六二）。

安家峪烽火台（210421353201020011）

该烽火台位于海浪乡安家峪村北0.2千米的城子山上。高程216米。西南距北大阳烽火台1.4千米。东距沈通线公路（S104）0.3千米，东南侧山下有安家峪至楼子沟乡道。西距拉古河0.5千米，拉古河属浑河水系。

烽火台整体保存较好，现为土丘，呈馒首状。台体及其周围杂草丛生。台体土筑而成，建筑结构不详。台体平面呈圆形，剖面呈梯形。台体顶部直径3.5、底部直径11～15、高3～4.5米（图六三；彩图六九）。

房身烽火台（210421353201020012）

该烽火台位于拉古乡松岗村房身自然村西南0.15千米的山岗上。高程147米。西北距沈阳市东陵区境内的八家子城址3千米，东北距骚达沟烽火台1.5千米，东南侧山下有沈通线公路（S104）。东南距拉古河1.5千米，拉古河属浑河水系。

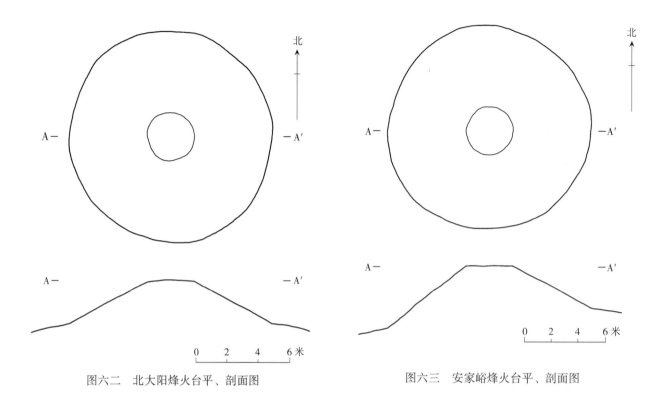

图六二　北大阳烽火台平、剖面图　　　　　　图六三　安家峪烽火台平、剖面图

　　烽火台整体保存一般，现为土丘，呈馒首状。外围被耕地破坏。台体上杂草、荆棘丛生。台体土筑而成，建筑结构不详。台体平面呈圆形，剖面呈梯形。台体顶部直径3、底部直径11、高2米（图六四；彩图七〇）。

　　骚达沟烽火台（210421353201020013）

　　该烽火台位于拉古乡骚达沟村东南1千米的小台沟东山顶上。高程159米。西南距房身烽火台1.5千米，东北距大甸子烽火台1.2千米，东距沈通线公路（S104）1.4千米。东距拉古河1.5千米，拉古河属浑河水系。

　　烽火台整体保存较好，现为土丘，呈馒首状。台体上杂草、灌木丛生，周围是松林。台体土筑而成，建筑结构不详。台体平面呈圆形，剖面呈梯形。台体顶部直径3、底部直径13、高3~4米。台体所在地表可见明代青砖残块，据此推测，明代沿用了此烽火台（图六五）。

　　大甸子烽火台（210421353201020014）

　　该烽火台位于拉古乡大甸子村西0.3千米的西砬子山顶上。高程142米。西南距骚达沟烽火台1.2千米，东北距东大台子烽火台2.4千米。东距沈通线公路（S104）0.5千米。东侧山下有拉古河，拉古河属浑河水系。

　　烽火台整体保存较好，现为土丘，呈馒首状。台体上长有几株松树，表面杂草丛生，周围被辟为耕地。台体土筑而成，建筑形式不详。台体平面呈圆形，剖面呈梯形。台体顶部直径3、底部直径9、高3.5~4米。台体下有环壕，绕台体一周，口宽7~8、深1.7~2米（图六六）。

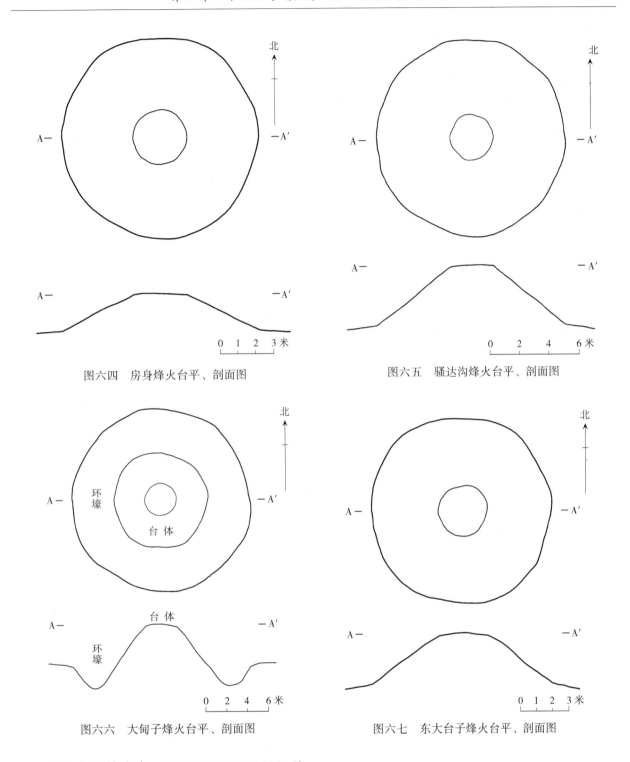

图六四　房身烽火台平、剖面图　　　　　　　图六五　骚达沟烽火台平、剖面图

图六六　大甸子烽火台平、剖面图　　　　　　图六七　东大台子烽火台平、剖面图

东大台子烽火台（210421353201020015）

该烽火台位于拉古乡拉古村东 1 千米的东大台子山顶上。高程 184 米。西南距大甸子烽火台 2.4 千米，西北距北大台子烽火台 1.6 千米，西南侧山下有沈通线公路（S104）。西南距拉古河 0.7 千米，拉古河属浑河水系。

烽火台整体保存较好，现为土丘，呈馒首状。台体表面杂草丛生。台体平面呈圆形，剖面呈梯形。台体顶部直径 3、底部直径 11、高 2.8 ~ 3 米。台体土筑而成，建筑形式不详（图六七）。

北大台子烽火台（210421353201020016）

该烽火台位于拉古乡拉古村北1.5千米的北大台子山上。高程199米。东南距东大台子烽火台1.6千米，西北距赵家堡烽火台3.1千米，西南距沈通线公路（S104）1.8千米。西南距拉古河2千米，拉古河属浑河水系。

烽火台整体保存较好，现为土丘，呈馒首状。台体表面杂草丛生。台体土筑而成，建筑结构不详。平面呈圆形，剖面呈梯形。台体顶部直径4、底部直径18～20、高4～4.5米。台体顶部有一个圆形锅底状土坑，口径2、深0.8米（图六八；彩图七一）。

赵家堡烽火台（210421353201020017）

该烽火台位于拉古乡赵家堡村东南0.5千米的台地上。高程133米。东南距北大台子烽火台3.1千米，西北距沈阳市东陵区境内的营盘顶烽火台1.7千米，西距沈通线公路（S104）0.5千米。西距拉古河1千米，拉古河属浑河水系。

烽火台整体保存一般，现为土丘。台体多处被取土破坏，表面杂草丛生，周围被辟为耕地。台体土筑而成，建筑结构不详。台体平面呈圆形，剖面呈梯形。台体顶部直径4、底部直径18～20、高4～4.5米。台体顶部有一个圆形锅底状土坑，口径2、深0.8米（图六九）。

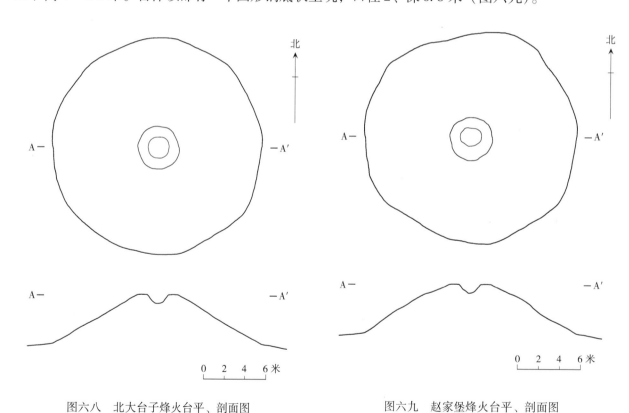

图六八　北大台子烽火台平、剖面图　　　　　图六九　赵家堡烽火台平、剖面图

西台山烽火台（210421353201020018）

该烽火台位于拉古乡刘山村西1千米的西台山顶（南距中华寺2千米）。高程108米。西南距沈阳市东陵区境内的营盘顶烽火台2.5千米，西距沈阳市东陵区境内的二台子烽火台1.7千米，东距沈通线公路0.5千米。东侧山下有拉古河，拉古河属浑河水系。

烽火台整体保存一般，现为低矮的土丘。台体有围墙和环壕，表面杂草丛生。台体土筑而成，建筑结构不详。台体平面呈圆形，剖面呈梯形。台体顶部直径6、底部直径10～13、高1.4米。台体围墙顶宽1～1.7、底宽3～4.3、高1.8～2.4米，围墙外环壕口宽2.8～3.2、底宽0.8～1.4、深1～1.2米（图七〇）。

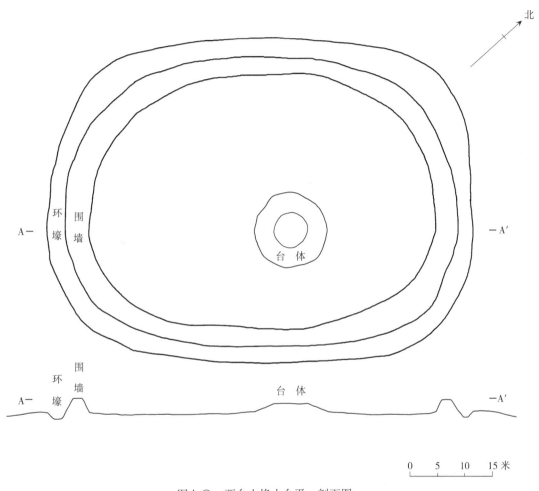

图七〇　西台山烽火台平、剖面图

（2）东陵区（南段）（参见地图五）

营盘顶烽火台（210112353201020001）

该烽火台位于王滨沟乡中华寺村营盘屯北侧营盘顶山上。高程110米。东南距抚顺市抚顺县境内的赵家堡烽火台1.7千米，东北距抚顺市抚顺县境内的西台山烽火台2.5千米。东距沈通线公路0.9千米、拉古河0.7千米，拉古河属浑河水系。

烽火台被当地修建公路取土破坏，地面遗迹消失。台体建筑形式、材料、结构、形制、尺寸等情况不详。

二台子烽火台（210112353201020002）

该烽火台位于王滨沟乡金德胜村东北2千米的台地上。高程147米。东距抚顺市抚顺县境内的西台山烽火台1.7千米，西北距抚顺市顺城区境内的蔡家烽火台1.5千米。东距沈通线公路2.5千米、拉古河2千米，拉古河属浑河水系。

烽火台整体保存一般，现为土丘。台体顶部有一个盗坑，南部堆有现代坟丘。台体表面杂草丛生，周围被辟为耕地。台体整体呈近馒首状，平面呈圆形，剖面呈梯形。台体顶部直径2.5、底部直径12.5、高2~2.5米（图七一）。

（3）望花区（参见地图五）

蔡家烽火台（210404353201020001）

该烽火台位于李石街道蔡家村东北部。高程108米。东南距沈阳市东陵区境内的二台子烽火台1.5千米，西北距抚顺市顺城区境内的高湾西山烽火台9千米。东距沈通线公路（S104）2.7千米、拉古河2.4千米，拉古河属浑河水系。

烽火台整体保存差，现为土丘。台体外围被当地居民取土切掉，周围有菜地。台体土筑而成，建筑结构不详。台体整体呈馒首状，平面呈圆形，剖面呈梯形。台体顶部直径2.5、底部直径9.5、高2米。烽火台所在地表可见夹砂红褐陶片等遗物（图七二；彩图七二）。

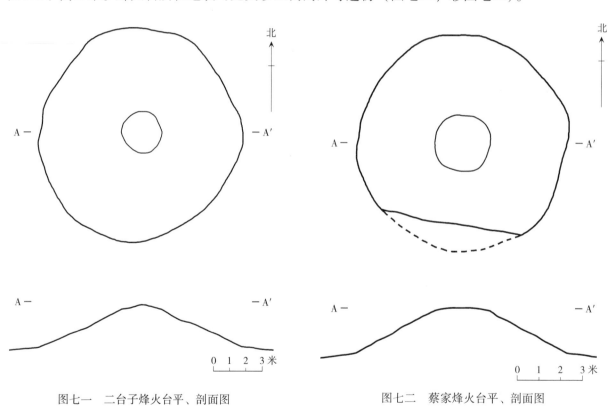

图七一 二台子烽火台平、剖面图　　图七二 蔡家烽火台平、剖面图

（4）顺城区（地图九）

高湾西山烽火台（210411353201020001）

该烽火台位于抚顺市高湾农场西南1.5千米的西山上。高程103米。东南距高湾东山烽火台3.3千米，西北距沈阳市东陵区境内晓仁镇北大台子烽火台1.4千米、晓仁镇西大台子烽火台1.5千米。南侧山下有沈吉铁路线和沈通线公路（S104），北侧有沈吉高速公路（G1212）。南侧有浑河。

烽火台整体保存一般，现为土丘，台体多处被当地居民取土、建坟破坏，表面杂草丛生。台体土筑而成，建筑结构不详。台体整体呈馒首状，平面呈圆形，剖面呈梯形。台体顶部直径2.5、底部直径9.5、高2米（图七三；彩图七三）。

（5）东陵区（北段）（地图六）

晓仁镜北大台子烽火台（210112353201020003）

该烽火台位于高坎镇小仁镜村东北1.5千米的北大台子山上。高程127米。东南距抚顺市顺城区境内高湾西山烽火台1.5千米，西南距小仁镜西大台子烽火台0.9千米。南侧山下有沈吉铁路线和沈通线公路（S104），北侧有沈吉高速公路（G1212），东侧有高（坎）望（滨）线公路。南侧有浑河。

烽火台整体保存一般，现为土丘。台体呈馒首状，多处被当地居民取土、建坟破坏，周围被辟为耕地。台体上杂草、荆棘丛生。台体土筑而成，建筑结构不详。台体平面呈圆形，剖面呈梯形。台体顶部直径3~5、底部直径18~20、高3.1~3.2米（图七四；彩图七四）。

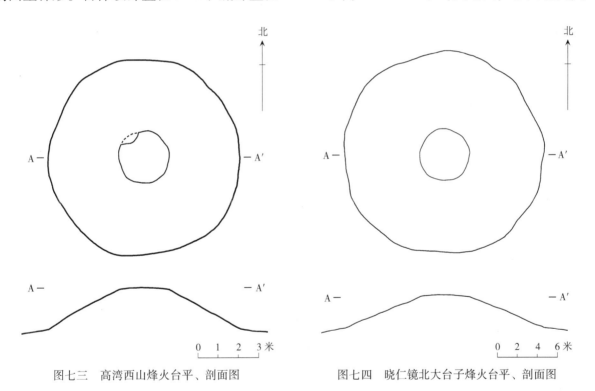

图七三　高湾西山烽火台平、剖面图　　　　图七四　晓仁镜北大台子烽火台平、剖面图

采集到2件板瓦残片，编号为晓仁镜北大台子烽火台：1、2（彩图七六）。

晓仁镜北大台子烽火台：1，板瓦，残。泥质黑灰陶，质地坚硬，火候较高。通体略弧，厚1.7厘米。瓦面施绳纹、压印横向凹带纹，瓦里施细布纹和菱形网格纹（图七五：1）。

晓仁镜北大台子烽火台：2，板瓦，残。泥质灰陶，质地坚硬，火候较高。通体略弧，厚1.7厘米。瓦面施绳纹，瓦里施菱形纹（图七五：2）。

晓仁镜西大台子烽火台（210112353201020004）

该烽火台位于高坎镇晓仁镜村西北1千米的西大台子山上。高程111米。东南距抚顺市顺

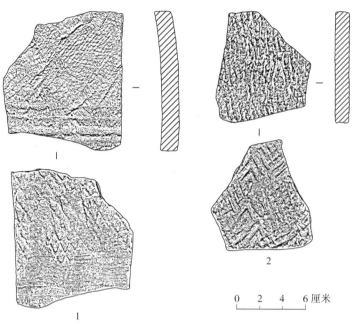

图七五　晓仁镜北大台子烽火台遗物图
1、2. 板瓦残片

城区境内高湾西山烽火台1.5千米，东北距小仁镜北大台子烽火台0.9千米。南侧山下有沈吉铁路线和沈通线公路（S104），北侧有沈吉高速公路（G1212），东侧有高（坎）望（滨）线公路。南侧有浑河。

烽火台被当地的土炼厂彻底破坏，地面遗迹消失。台体建筑形式、材料、结构、形制、尺寸等不详。

20世纪80年代，沈阳市文物普查时发现该烽火台，地表散布绳纹瓦、陶片等遗物。

采集到3件板瓦残片，编号为晓仁镜西大台子烽火台：1~3。

晓仁镜西大台子烽火台：1，板瓦，残。泥质灰陶，质地坚硬，火候较高。通体平直，厚1.2厘米。通体素面（图七六：1）。

晓仁镜西大台子烽火台：2，板瓦，残。泥质黄褐陶，质地坚硬，火候较高。通体略弧，厚1厘米。瓦面素面，瓦里施布纹（图七六：2）。

晓仁镜西大台子烽火台：3，板瓦，残。泥质灰陶，质地坚硬，火候较高。通体平直，厚0.7厘米。瓦面施绳纹，瓦里施菱形纹，磨损严重（图七六：3）。

上马东山烽火台（2101123532010200005）

该烽火台位于高坎镇上马村东北0.8千米的东山上。高程97米。东北距晓仁镜西大台子烽火台5千米，西南距中马北山烽火台1.2千米。南距沈通线公路（S104）1千米、沈吉铁路线1.1千米，北距沈吉高速公路（G1212）1千米。南侧有浑河。

烽火台整体保存差，现为土丘。台体上杂草丛生，外围被耕地破坏。台体土筑而成，建筑结构不详。台体呈馒首状，平面呈圆形，剖面呈梯形。台体顶部直径6~6.5、底部直径15~18、高2.5米（图七七；彩图七五）。

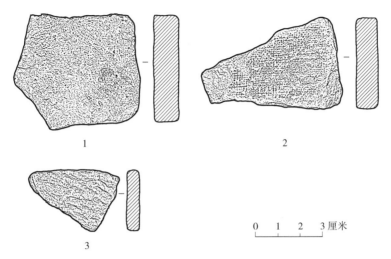

图七六　晓仁镜西大台子烽火台遗物图
1~3. 板瓦残片

采集到 7 件板瓦残片，编号为上马东山烽火台: 1~7（彩图七七）。

上马东山烽火台: 1，板瓦，残。泥质红褐陶，质地坚硬，火候较高。通体略弧，厚 1 厘米。瓦面施粗绳纹，瓦里施细布纹（图七八: 1）。

上马东山烽火台: 2，板瓦，残。泥质红褐陶，质地坚硬，火候较高。通体略弧，厚 2.1 厘米。瓦面施绳纹，瓦里施网格纹（图七八: 2）。

上马东山烽火台: 3，板瓦，残。泥质灰陶，质地坚硬，火候较高。通体略弧，厚 1 厘米。瓦面施细绳纹，瓦里施细布纹（图七八: 3）。

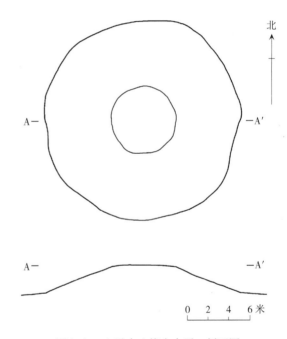

图七七　上马东山烽火台平、剖面图

上马东山烽火台: 4，板瓦，残。泥质灰陶，质地坚硬，火候较高。通体略弧，厚 1.7 厘米。瓦面施绳纹，瓦里施两道十字交叉刻划纹（图七八: 4）。

上马东山烽火台: 5，板瓦，残。夹砂红褐陶，质地较疏松，火候较低。通体略弧，厚 2 厘米。瓦面施绳纹，瓦里施网格纹，两面纹饰均磨损严重（图七八: 5）。形制与对面浑河南"青桩子"战国和汉城址出土的同类板瓦相同。

上马东山烽火台: 6，板瓦，残。夹砂灰陶，质地坚硬，火候较高。通体略弧，厚 2.1 厘米。瓦面施绳纹，磨损严重，瓦里素面（图七八: 6）。

上马东山烽火台: 7，板瓦，残。泥质灰陶，质地坚硬，火候较高。通体略弧，厚 1.8 厘米。瓦面施绳纹，瓦里素面（图七八: 7）。

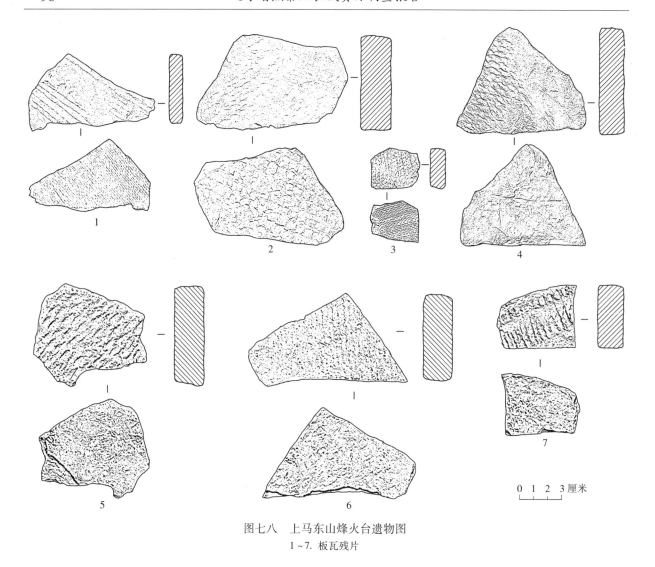

图七八　上马东山烽火台遗物图
1~7. 板瓦残片

中马北山烽火台（2101123532010020006）

该烽火台位于高坎镇中马村北山台地上。高程84米。东北距上马东山烽火台1.2千米，西南距下马北山烽火台1.1千米。北侧山下有沈吉铁路线、沈通线公路（S104）、沈吉高速公路（G1212），南濒浑河。

烽火台地面遗迹消失，台体建筑形式、材料、结构、形制、尺寸等不详。

采集到4件陶器、筒瓦残片，编号为中马北山烽火台：1~4（彩图七八）。

中马北山烽火台：1，陶器，残存口沿和少许器壁。夹砂红褐陶，质地较疏松，火候较低。敛口，直沿，尖唇，器壁厚0.4、口沿厚0.5厘米（图七九：1）。

中马北山烽火台：2，陶器，残存腹部，轮制。泥质灰陶，质地坚硬，火候较高。通体弧度较大，厚0.7~1厘米。外壁施交叉的绳纹，内壁素面（图七九：2）。

中马北山烽火台：3，陶器，残存底部和少许器壁。泥质灰陶，质地坚硬，火候较高。斜壁，平底。厚0.4厘米。通体素面，内壁有炭痕（图七九：3）。

中马北山烽火台：4，筒瓦，残。夹砂红褐陶，质地较疏松，火候较低。通体略弧，厚0.5

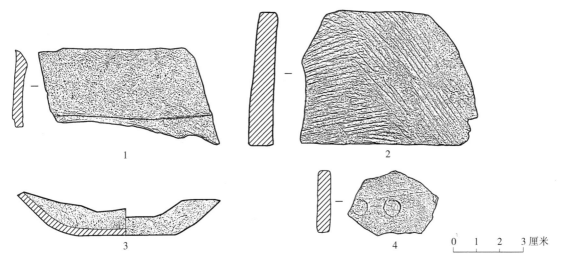

图七九　中马北山烽火台遗物图
1~3. 陶器残片　4. 筒瓦残片

厘米。瓦面施绳纹，瓦里素面（图七九：4）。

下马北山烽火台（210112353201020007）

该烽火台位于高坎镇下马村北部，现万科兰乔圣菲小区四期楼盘北部。高程115米。东北距中马北山烽火台1.1千米，西南距七间房东山烽火台1.8千米。北临沈通线公路（S104），北距沈吉铁路线1千米、沈吉高速公路（G1212）1.1千米。

烽火台整体保存一般，现为土丘。台体呈馒首状，顶部建有国家测量设施。台体上杂草丛生，周围堆放有大量的建筑垃圾，西北侧有小区的配电室。台体土筑而成，建筑结构不详。台体平面呈椭圆形，剖面呈梯形。台体顶部直径5~6.5、底部直径8~9.5、高3米（图八〇）。

采集到一件板瓦残片，一端残，轮制。夹砂灰陶，质地坚硬，火候较高。通体略弧，厚1厘米。瓦面完整的一端压印凹带纹，往下施绳纹，瓦里完整的一端施布纹，往下施网格纹（图八一；彩图七九）。

七间房东山烽火台（210112353201020008）

该烽火台位于高坎镇七间房村东0.2千米的东山上。高程88米。东北距下马北山烽火台1.8千米，西南距东陵公园东山烽火台2.8千米。东侧山下有东高线公路，西侧山下有沈棋线公路，西南濒临浑河。

烽火台整体保存差，现为低矮的土丘，被当地居民取土破坏，面目全非。台体土筑而成，建筑结构不清，材料、结构、形制、尺寸等不详。

采集到板瓦、陶器残片6件，编号为七间房东山烽火台：1~6（彩图八〇）。

七间房东山烽火台：1，陶器，残存腹部。夹砂灰陶，质地坚硬，火候较高。通体略弧，厚0.8厘米。外壁施绳纹，内壁素面（图八二：1）。

七间房东山烽火台：2，陶器，残存腹部。夹砂红褐陶，质地较疏松，火候较低。通体略弧，厚1.4厘米。外壁局部施绳纹，内壁素面（图八二：2）。

七间房东山烽火台：3，板瓦，残。泥质红褐陶，质地坚硬，火候较高。通体平直，厚0.9

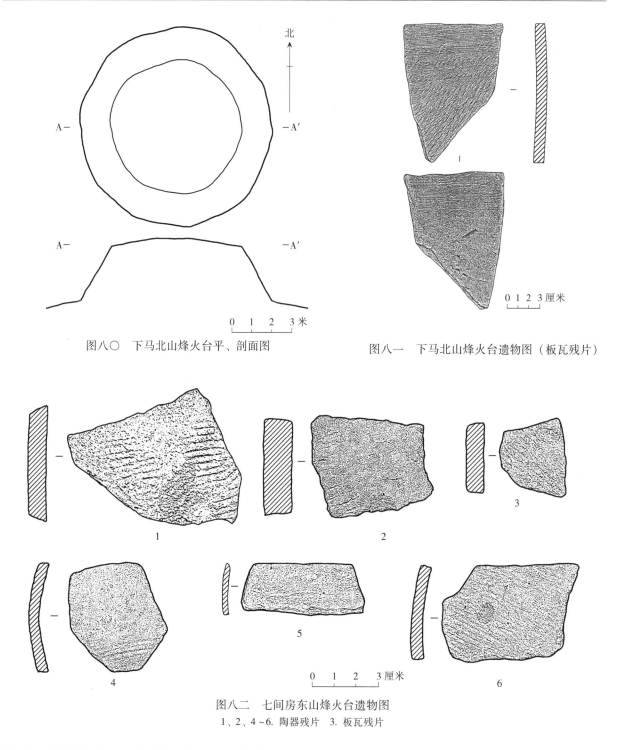

图八〇　下马北山烽火台平、剖面图

图八一　下马北山烽火台遗物图（板瓦残片）

图八二　七间房东山烽火台遗物图
1、2、4~6. 陶器残片　3. 板瓦残片

厘米。瓦面施绳纹，瓦里施细布纹（图八二：3）。

　　七间房东山烽火台：4，陶器，残存腹部。夹砂灰陶，质地坚硬，火候较高。通体弧度较大，厚0.5厘米。内外壁均素面（图八二：4）。

　　七间房东山烽火台：5，陶器，残存口沿。泥质灰陶，质地坚硬，火候较高。敛口，尖唇。厚0.3厘米。素面（图八二：5）。

　　七间房东山烽火台：6，陶器，残存腹部。泥质灰陶，质地坚硬，火候较高。通体弧度较大，厚0.5~0.6厘米。外壁施绳纹，磨损严重，内壁素面（图八二：6）。

东陵公园东山烽火台（210112353201020009）

该烽火台位于沈阳市东陵公园东1千米的东山上。高程76米。东北距七间房东山烽火台2.8千米。南侧山下有东高线公路，北侧山下有沈棋线公路，南濒浑河。

烽火台整体保存一般，现为土丘。台体西半部被沈张线高压线铁塔破坏，东半部被取土建坟破坏。台体表面松树、柞树、杂草丛生。台本整体呈馒首状，平面呈圆形，剖面呈梯形。台体顶部直径6~7、底部直径9~10、高3~4米（图八三；彩图八一）。

采集到一件石锄，完整。呈束腰状，通长14.5、宽5.5~8.5、厚1.2~1.6厘米（图八四）。

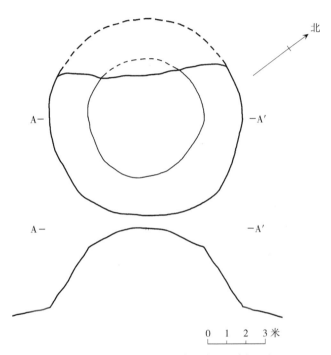

图八三　东陵公园东山烽火台平、剖面图

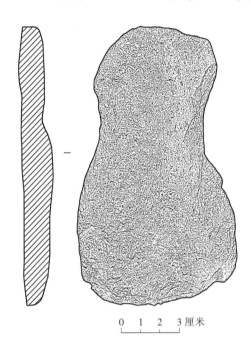

图八四　东陵公园东山烽火台遗物图（石锄）

（6）皇姑区（参见地图六）

新乐遗址西烽火台（210105353201020001）

该烽火台又名上坎子烽火台，位于龙山路与长江街交汇处、新乐遗址西0.5千米的沈阳军区军事医学研究所院内。高程65米。东南距东陵区境内的东陵公园东山烽火台16.3千米，西北距沈北新区境内的全胜堡烽火台17千米。烽火台原址位于沈阳市区，街道纵横。南侧有新开河。

烽火台地面遗迹消失，台体材料、建筑结构、形制、尺寸等不详。

（7）沈北新区（参见地图六）

全胜堡烽火台（210113353201020001）

该烽火台位于财落镇全胜堡村西0.8千米、京沈线公路（G101）西0.3千米。高程62米。东南距新乐遗址西烽火台17千米，东侧0.3千米有京沈线公路（G101）。

烽火台整体保存差，现为低矮的土丘。台体东半部被当地居民取土破坏，顶部建有国家测量点设施。台体整体呈馒首状，平面呈圆形，剖面呈梯形。台体顶部直径3~4、底部直径8~

10、高 2.5 米（图八五；彩图八二）。

该烽火台所在地表可见灰色绳纹瓦、陶片、钻孔石器、明青砖残块、"万历通宝"等遗物。

采集到 2 件板瓦、筒瓦残片，编号为全胜堡烽火台：1~2（彩图八三）。

全胜堡烽火台：1，板瓦，残。泥质灰陶，质地坚硬，火候较高。通体略弧，厚 1.5 厘米。瓦面施绳纹，瓦里素面，凹凸不平（图八六：1）。

全胜堡烽火台：2，筒瓦，残。泥质灰陶，质地坚硬，火候较高。通体略弧，厚 0.8 厘米。瓦面施绳纹，瓦里素面（图八六：2）。

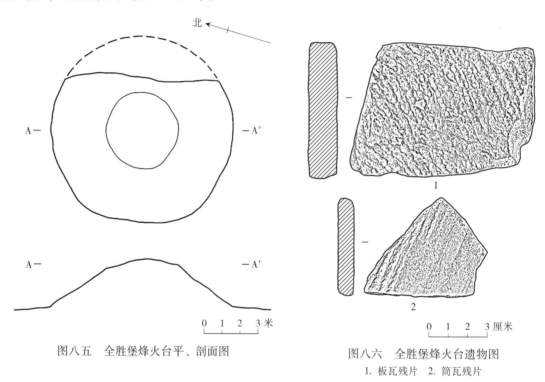

图八五　全胜堡烽火台平、剖面图

图八六　全胜堡烽火台遗物图
1. 板瓦残片　2. 筒瓦残片

2. 辽西地区长城单体建筑及保存现状

（1）阜新蒙古族自治县（参见地图三）

克丑 1 号烽火台（210921353201020001）

该烽火台位于八家子乡克丑村东北 0.6 千米的山坡树林内。高程 365 米。古（喇嘛营）勿（欢池）线公路在东北 5 米处通过，西南距克丑 2 号烽火台 2.7 千米。

台体土石混筑而成，整体保存差，呈土丘状。台体顶部暴露有大量的较小石块。台体略呈圆形，直径 8、中心位置高 1 米。台体上长有杂草、枣树及小杨树等（图八七）。

克丑 2 号烽火台（210921353201020002）

该烽火台位于八家子乡克丑村西南 2 千米的树林内。高程 376 米。古（喇嘛营）勿（欢池）线公路从南侧 10 米处通过，北侧有一条山坡小路。东北距克丑 1 号烽火台 2.7 千米，西南距上脉来 1 号烽火台 1.1 千米。

台体土筑而成，整体保存差。台体顶部及四周散落有大量较小的石块。台体平面略呈椭圆形，南北径约 8、东西径约 12 米，南侧高 1、北侧高 1.7 米（图八八；彩图八四）。

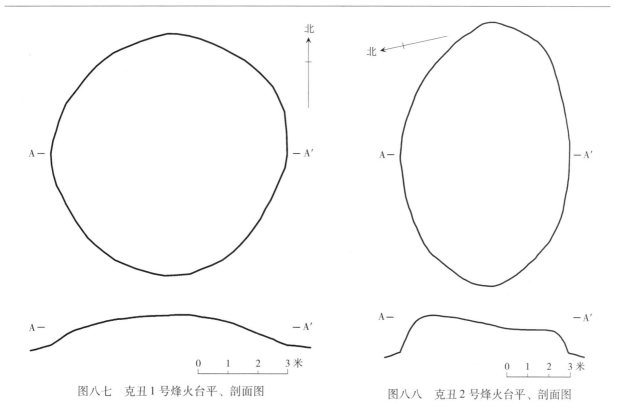

图八七　克丑1号烽火台平、剖面图　　　　图八八　克丑2号烽火台平、剖面图

上脉来1号烽火台（210921353201020003）

该烽火台位于八家子乡克丑村上脉来屯北1.5千米的耕地内。高程366米。古（喇嘛营）勿（欢池）线公路从北侧0.1千米处通过。东北距克丑2号烽火台1.1千米，西南距上脉来2号烽火台0.63千米。

台体土筑而成，整体保存较差，呈土丘状。台体顶部及四周散落有大量较小的石块，西侧被修筑的梯田坝埂破坏。台体平面略呈椭圆形，南北径15、东西径10、中心高1米（图八九）。

上脉来2号烽火台（210921353201020004）

该烽火台位于八家子乡克丑村上脉来屯西北3.5千米的耕地内。高程376米。古（喇嘛营）勿（欢池）线公路从北侧60米处通过。东北距上脉来1号烽火台0.63千米，西南距西敖土虎烽火台1.6千米。

台体土石混筑而成，整体保存差。台体顶部及四周的耕地中散落有大量小的石块。台体平面略呈圆形，南北略长，东西略短，南北长7、东西长6米，台体南侧较北侧略高，高0.4~0.7米（图九〇）。

西敖土虎烽火台（210921353201020005）

该烽火台位于大五家子镇高束台村西敖土虎营子屯东0.5千米耕地内。高程330米。古（喇嘛营）勿（欢池）线公路从西北30米处通过，东北距上脉来2号烽火台1.6千米。

台体土筑而成，整体保存差。台体南侧与北侧均被耕地破坏一部分，顶部及四周地表散落有大量石块。台体平面略呈椭圆形，东西略长，南北略短，南北长7、东西长10、

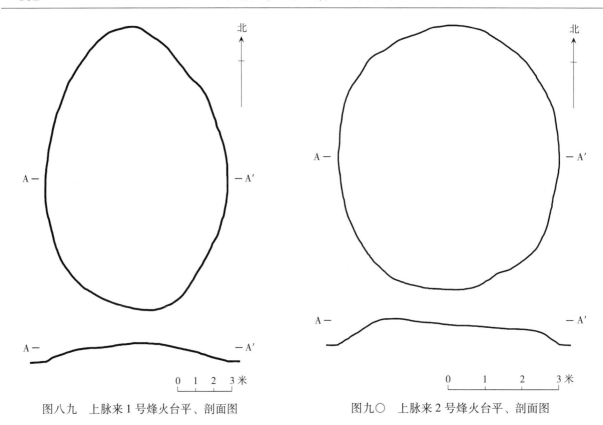

图八九　上脉来1号烽火台平、剖面图　　　　图九〇　上脉来2号烽火台平、剖面图

中心高1米（图九一）。

下甸子烽火台（210921353201020006）

该烽火台位于紫都台乡北昌营子村下甸子屯东北0.3千米的河岸边耕地内。高程292米。西侧为于寺河的一条支流。紫（都台）于（喇嘛寺）线公路从河西岸的北昌营子村中穿过。西1.8千米为北昌营子长城1段、1.7千米为北昌营子1号烽火台。

台体土石混筑而成，坍毁严重，整体保存差。台体因被耕地破坏，平面略呈南北略长、东西略窄的长条状，南北长8、东西长5、高0.5米（图九二）。

北昌营子1号烽火台（210921353201020007）

该烽火台位于紫都台乡北昌营子村西北0.4千米的山坡耕地内。高程295米。紫（都台）于（喇嘛寺）公路从东南0.4千米处的北昌营子村中穿过，村东侧为于寺河的一条支流。西0.17千米处为北昌营子长城1段起点，西南0.6千米处为北昌营子2号烽火台、0.65千米处为北昌营子西城址，东侧1.7千米处为下甸子烽火台。

台体土筑而成，整体保存差。台体顶部散落有大量较小的河卵石块。台体平面略呈圆形，直径8、中心高0.6米（图九三）。

北昌营子2号烽火台（210921353201020008）

该烽火台位于紫都台乡北昌营子村西0.8千米的山坡上。高程316米。紫（都台）于（喇嘛寺）公路从东0.8千米处的村中穿过，村东侧为于寺河的一条支流。东1米处有一条上山的小路通过，北侧为北昌营子长城1段墙体，西南10米处为北昌营子长城2段墙体和北昌

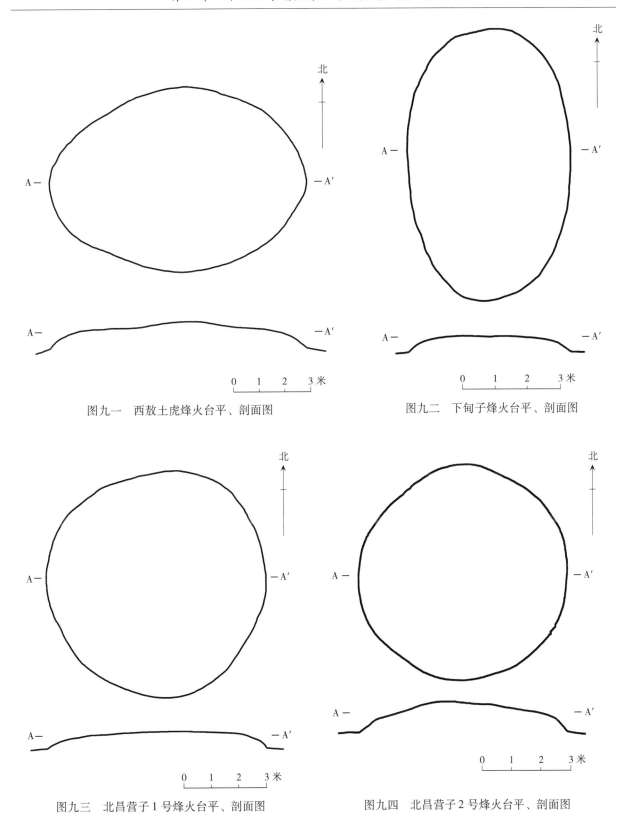

图九一　西敖土虎烽火台平、剖面图

图九二　下甸子烽火台平、剖面图

图九三　北昌营子1号烽火台平、剖面图

图九四　北昌营子2号烽火台平、剖面图

营子西城址，东北0.6千米处为北昌营子1号烽火台。

台体石筑而成，整体保存差。台体顶部散落有大量较小的石块。台体平面略呈圆形，直径7、中心高1米（图九四）。

西杖房西城址烽火台（210921353201020009）

该烽火台位于化石戈乡北八里村西杖房屯西北 0.8 千米山坡上的西杖房西城址东墙内侧中部。高程 397 米。铁（匠营子）于（喇嘛寺）线公路从东侧山坡下通过，西 60 米处为西杖房北长城 5 段。

台体石筑而成，整体保存差。台体顶部及四周散落有大量较小的石块，以玄武岩为主。台体平面略呈椭圆形，南北长 7.1、东西长 6.1 米，东侧坡下高 1.4 米，西侧高 0.3 米，中心高 1 米（图九五）。

（2）北票市（参见地图三）

陈家窝铺 1 号烽火台（211381353201020001）

该烽火台位于台吉营子乡四合成村六合成屯东北 1.5 千米的山坡耕地内。高程 244 米。东侧断崖下为牤牛河。东 50 米处为六合成长城 2 段，南 1.5 千米处为六合成城址，西 0.52 千米处为陈家窝铺城址、0.62 千米处为陈家窝铺 2 号烽火台，西北 1 千米处为陈家窝铺 3 号烽火台。

台体土筑而成，被耕地完全占用。台体整体保存差，呈土丘状。台体上散落有许多小的石粒。台体平面呈圆形，直径 15、中心高 1.5 米（图九六）。

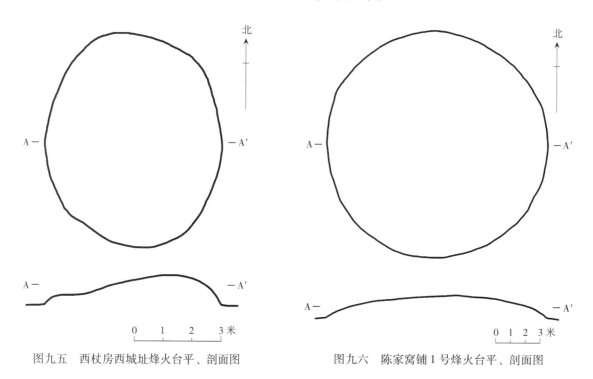

图九五　西杖房西城址烽火台平、剖面图　　　　图九六　陈家窝铺 1 号烽火台平、剖面图

陈家窝铺 2 号烽火台（211381353201020002）

该烽火台位于台吉营子乡四合成村陈家窝铺屯南 0.3 千米的耕地内。高程 222 米。东距牤牛河 0.8 千米。东 0.68 千米处为六合成长城 2 段，东 15 米处为陈家窝铺城址，东南 1.5 千米处为六合成城址，东 0.62 千米处为陈家窝铺 1 号烽火台，西北 0.78 千米处为陈家窝铺 3 号烽火台。

台体土筑而成，因耕种破坏整体保存差。台体现呈南北长、东西窄的长条形土丘状，南北长 7、东西长 3.5、中心高 1 米（图九七）。

陈家窝铺 3 号烽火台（211381353201020003）

该烽火台位于台吉营子乡四合成村陈家窝铺屯西 20 米的耕地边。高程 220 米。东 20 米处即为村民住宅，西侧有一条上山的小路通过。东侧 0.2 千米处为六合成长城 3 段，东南 0.78 千米处为陈家窝铺城址和陈家窝铺 2 号烽火台、1 千米处为陈家窝铺 1 号烽火台。

台体土筑而成，整体保存差，呈土丘状。台体破坏十分严重，平面略呈圆形，直径约 7、高 0.6 米（图九八）。

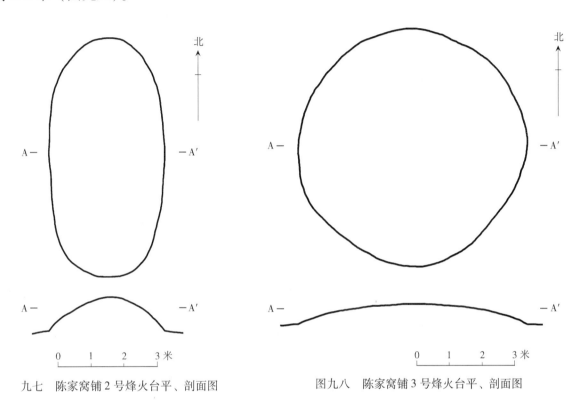

九七　陈家窝铺 2 号烽火台平、剖面图　　　图九八　陈家窝铺 3 号烽火台平、剖面图

宝善堂烽火台（211381353201020004）

该烽火台位于台吉营子乡六家子村宝善堂屯北 1.5 千米山坡耕地内。高程 307 米。东侧有一条上山的小路通过，南侧有一条台吉营乡至化匠沟村的乡级公路，西侧为磨盘山。东北 20 米处为宝善堂长城，西北 1 千米处为生金北沟烽火台。

台体土筑而成，整体保存差。台体顶部有 2 个近长方形的盗坑，四周的地垄已至台体边缘。台体破坏较为严重，保存较矮。台体平面呈西北—东南略长、东北—西南略窄的长条形，呈土丘状，长 7、宽 5、高 0.6~1 米（图九九）。

生金北沟烽火台（211381353201020005）

该烽火台位于台吉营子乡红山咀村西 1.5 千米磨盘山上的于生金北沟长城 1 段墙体上。高程 418 米。东南距宝善堂烽火台 1 千米。

台体石筑而成，整体保存差，已全部坍塌，石块散落四周。台体平面略呈圆形，直径 5、高 0.4~0.5 米。台体石块间长满杂草和低矮灌木等（图一○○）。

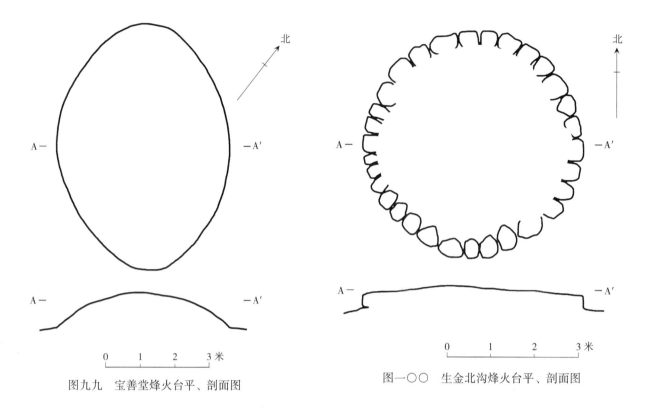

图九九　宝善堂烽火台平、剖面图　　　　　图一〇〇　生金北沟烽火台平、剖面图

大黑山哨所（211381352199020006）

该哨所位于北塔乡北广富营村北沟屯东北1.2千米大黑山上的自然山包上。高程449米。哨所依山势而建，围绕山顶北坡砌筑东、北、西三面墙体，南侧借助大黑山长城1段墙体，西侧接大黑山长城2段墙体。墙体砌石间长满杂草和低矮灌木等。

墙体石筑而成，已全部坍塌，整体保存差，石块散落四周的山坡上。墙体以自然山体为基础，用石块逐层干垒而成，内、外侧面较规整且用石较大。哨所平面略呈长方形，东西略长，南北略窄，南北长12~15、东西长20、高0.2~0.3米（图一〇一）。

（3）建平县（参见地图四）

九间房烽火台（211322353201020001）

该烽火台位于九间房屯南侧0.2千米的山坡上。高程759米。

台体位于九间房长城3段墙体上，石筑而成。台体基础与墙体相连，用黄沙土夯筑而成。台体整体保存差，台体与基础全部坍塌，石块散落四周，土石混杂形成堆积。台体坍塌后的堆积略呈圆形土丘状，底部直径6、高0.2~0.6米（图一〇二）。

烧锅营子烽火台（211322353201020003）

该烽火台位于烧锅营子乡王家店屯东0.6千米的山顶上。高程788米。东0.1千米为烧锅营子3号挡马墙。

台体位于烧锅营子长城12段墙体上，石筑而成。由于多年的雨水冲刷和人为破坏，台体已全部坍塌，倒塌的石块散落四周，土石混杂形成堆积。台体整体保存较差，以自然山体为基础。台体外侧边缘用较大的石块垒砌而成，内部填以碎石和土。台体平面呈圆形，直径4、

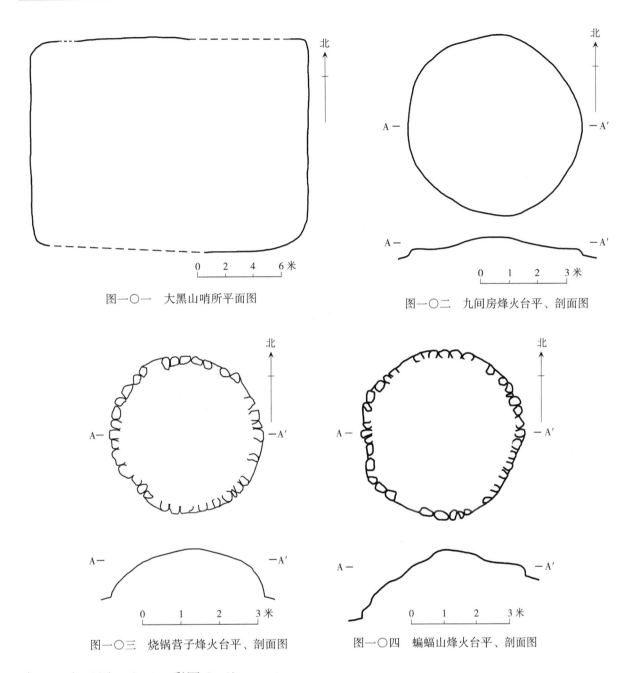

图一〇一　大黑山哨所平面图

图一〇二　九间房烽火台平、剖面图

图一〇三　烧锅营子烽火台平、剖面图

图一〇四　蝙蝠山烽火台平、剖面图

高1.2米（图一〇三；彩图八五）。

蝙蝠山烽火台（11322353201020004）

该烽火台位于烧锅营子乡下霍家地屯南0.8千米的山梁西坡上。高程697米。南距蝙蝠山长城8段墙体15米。南侧有一个大的采石坑，废弃的碎石几乎将烽火台南半部掩埋。运送石块的车道又将烽火台东侧占据一部分，仅西侧与北侧保存一部分。

台体石筑而成，由于多年的雨水冲刷和人为破坏已全部坍塌，倒塌的石块散落四周，土石混杂形成堆积。台体整体保存差。台体以自然山体为基础，依山势而建。台体外侧边缘用较大的石块垒砌而成，内部填以碎石和土。台体平面呈圆形，直径5、西南壁高2米（图一〇四）。

风水山 1 号烽火台（211322353201020005）

该烽火台位于烧锅营子乡下霍家地屯西 2 千米的风水山主峰上。高程 991 米。北距风水山长城 8 段墙体 5 米，西南 50 米处为风水山长城 8 段支线墙体、0.5 千米处的山谷内有现代建筑灵泉寺。

台体已全部坍塌，倒塌的石块散落四周，土石混杂形成堆积。台体上长有杂草和灌木，中心位置被挖出一个坑将台体破坏。台体整体保存差，以自然山体为基础。台体外侧边缘用较大的石块垒砌，内填以碎石和土。台体平面呈圆形，直径 5、高 0.2～0.4 米（图一〇五）。

风水山 2 号烽火台（211322353201020006）

该烽火台位于烧锅营子乡下霍家地屯西 2.5 千米的风水山长城 9 段墙体南侧哨所内。高程 931 米。北侧 10 米处为风水山长城 9 段。

台体处于哨所内偏西位置，南侧比北侧保存略高。由于多年的雨水冲刷和人为破坏，台体已全部坍塌，倒塌的石块散落四周，土石混杂形成堆积。台体中心位置被挖出一个采石大坑。台体整体保存差，以自然山体为基础。台体外侧边缘用较大的石块垒砌而成，内部填以碎石和土。台体平面呈圆形，直径 3.6 米，北侧高 0.2、南侧高 0.4 米，边缘砌石宽 0.2～0.4 米（图一〇六）。

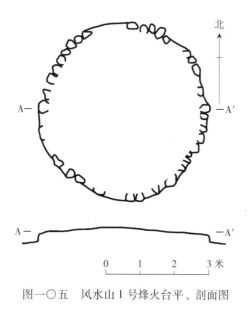

图一〇五　风水山 1 号烽火台平、剖面图

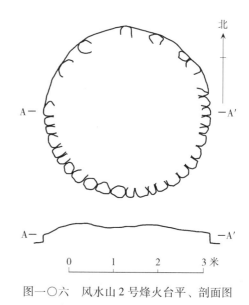

图一〇六　风水山 2 号烽火台平、剖面图

风水山哨所（211322352199020007）

该哨所位于烧锅营子乡下霍家地屯西 2.5 千米的风水山长城 9 段墙体南侧。高程 935 米。北侧借助风水山长城 9 段山险墙体，西侧接风水山长城 10 段墙体。哨所偏西位置有风水山 2 号烽火台。

哨所内的地势北高南低，坡度约 15°。哨所借助山势，依山而建，在坡下用石块砌筑墙体，内部填以碎石及土。哨所整体保存较差。哨所平面呈西北—东南向的长方形，长 30、宽

25 米。墙体由于多年的雨水冲刷和人为破坏已倒塌，石块散落四周，土石混杂形成堆积。哨所内地面与墙体同高，南侧一个采石大坑将墙体破坏。东侧墙体保存较好，宽 1.2、高 1.1 米（图一〇七）。

孟家沟 1 号烽火台（211322353201020008）

该烽火台位于烧锅营子乡孟家沟屯北 1.2 千米的山梁上。高程 958 米。北距孟家沟长城 8 段墙体 50 米。

台体以自然山体为基础，外侧边缘用较大的石块垒砌而成，内部填以碎石和土。台体由于多年的雨水冲刷和人为破坏，已全部坍塌，倒塌的石块散落四周，土石混杂形成堆积。台体整体保存差，平面呈圆形，直径 6、高 0.6～1.2 米。台体顶部长满杂草和灌木（图一〇八；彩图八六）。

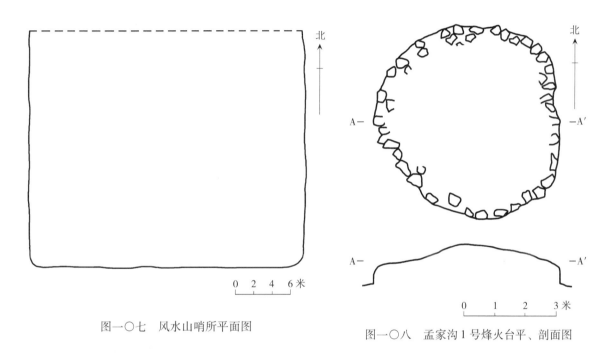

图一〇七　风水山哨所平面图

图一〇八　孟家沟 1 号烽火台平、剖面图

孟家沟 2 号烽火台（211322353201020009）

该烽火台位于烧锅营子乡孟家沟屯西北 1.2 千米两山之间的山洼处。高程 911 米。北侧 10 米处为孟家沟长城 10 段，西 0.5 千米处为孟家沟 3 号烽火台。

台体以自然山体为基础，外侧边缘用较大的石块垒砌而成，内部填以碎石和土。台体整体保存差。台体由于多年的雨水冲刷和人为破坏，已全部坍塌，倒塌的石块散落四周，与土混杂形成堆积。中心位置有一个呈近长方形的坑将台体破坏。台体平面呈圆形，直径 4、高 0.2～0.4 米（图一〇九）。

孟家沟 3 号烽火台（211322353201020010）

该烽火台位于烧锅营子乡孟家沟屯西北 1.2 千米的山梁上。高程 954 米。北 20 米处为孟家沟长城 10 段，东 0.5 千米处为孟家沟 2 号烽火台。

台体以自然山体为基础，外侧边缘用较大的石块垒砌而成，内部填以碎石和土。南侧借助山顶自然裸露的巨石作为台体的一部分。台体整体保存较差，已全部坍塌，倒塌的石块散落四周，土石混杂形成堆积。台体平面呈圆形，直径4.2、南侧高1.2、北侧高0.5米（图一一〇；彩图八七）。

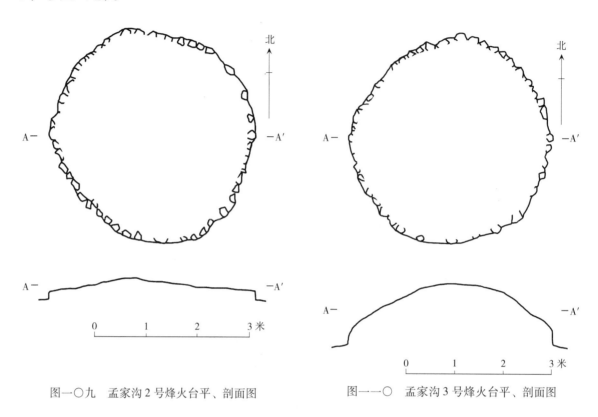

图一〇九　孟家沟2号烽火台平、剖面图　　　　　图一一〇　孟家沟3号烽火台平、剖面图

孟家沟1号哨所（211322352199020011）

该哨所位于黑水镇松岭村孟家沟屯西北1.2千米的山梁上。高程1003米。西4米处即为孟家沟长城11段墙体，墙体外侧山坡上为孟家沟2号挡马墙，南侧紧接孟家沟2号哨所，南10米处为孟家沟4号烽火台。

台体平面略呈马蹄形，蹄口面向西北。哨所内的地表略高出哨所外，高0.3～0.4米。哨所外侧有一周凹槽，宽0.4、深0.2米。凹槽外为一周坡状土冈。哨所所处地表杂草丛生，散落有石块，是否有其他设施不详。哨所南北长6.4、宽6.2米。方向为北偏西30°（图一一一）。

孟家沟2号哨所（211322352199020012）

该哨所位于黑水镇松岭村孟家沟屯西北1.2千米的山梁上。高程1005米。哨所所处地势北高南低，西4米处即为孟家沟长城11段墙体，墙体外侧山坡上为孟家沟2号挡马墙，北侧紧挨着孟家沟1号哨所，南6米处为孟家沟4号烽火台。

哨所石筑而成，平面略呈长方形，南北长10、东西长7.2米。杂草中隐约可见哨所墙体基础，基宽0.5、高0.1～0.2米，砌筑方式与长城墙体相同。因哨所损毁较严重，未有其他设施的痕迹。哨所所处地表生长着茂密的杂草和低矮的灌木（图一一二）。

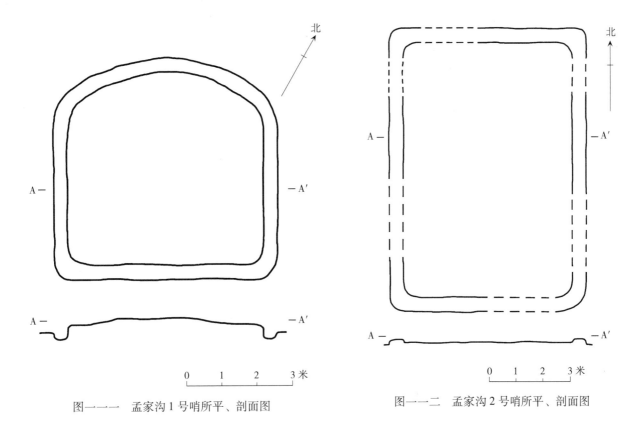

图一一一　孟家沟1号哨所平、剖面图　　　　　图一一二　孟家沟2号哨所平、剖面图

孟家沟4号烽火台（211322353201020013）

该烽火台位于黑水镇松岭村孟家沟屯西北1.2千米的山梁上。高程1000米。西侧即为孟家沟长城12段山险，北6米处为孟家沟1、2号哨所。西侧与孟家沟2号挡马墙相连。

台体以自然山体为基础，外侧边缘用较大的石块垒砌而成，内部填以碎石和土，南侧借助山顶自然裸露的巨石作为台体的一部分。台体由于多年的雨水冲刷和人为破坏整体保存较差，已全部坍塌，倒塌的石块散落四周，土石混杂形成堆积。台体平面呈圆形，直径3、高0.3~0.5米（图一一三）。

平顶山1号烽火台（211322353201020014）

该烽火台位于老官地乡小黄杖子村嘎吉哈达屯东北1.2千米的大碾子沟山山顶上。高程1024米。北侧为平顶山长城1段墙体。

台体直接砌筑在山顶裸露的巨石上，外侧边缘用较大的石块垒砌而成，内部填以碎石和土。台体整体保存差，已全部坍塌，倒塌的石块散落四周，土石混杂形成堆积。台体平面呈圆形，直径4.5、高0.3~0.5米（图一一四）。

平顶山2号烽火台（211322353201020015）

该烽火台位于老官地乡小黄杖子村嘎吉哈达屯北2千米的平顶山长城6段山险上。高程1080米。北0.32千米处为平顶山3号烽火台。

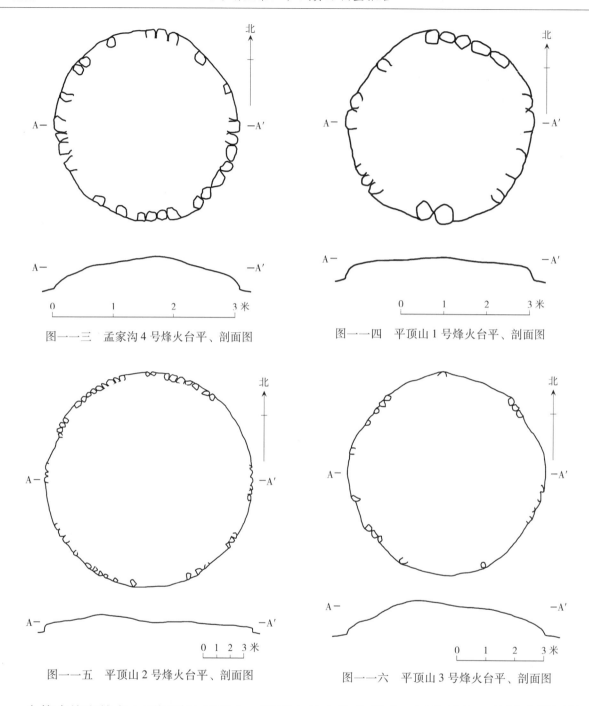

图一一三　孟家沟 4 号烽火台平、剖面图

图一一四　平顶山 1 号烽火台平、剖面图

图一一五　平顶山 2 号烽火台平、剖面图

图一一六　平顶山 3 号烽火台平、剖面图

台体直接砌筑在山顶裸露的巨石上，利用自然山体为基础，石头结构，外侧边缘用较大的石块垒砌而成，内部填以碎石和土。台体整体保存差。台体已全部坍塌，倒塌的石块散落四周，与土混杂形成堆积。台体平面呈圆形，直径 15、最高处 1.2 米（图一一五）。

平顶山 3 号烽火台（211322353201020016）

该烽火台位于老官地乡小黄杖子村嘎吉哈达屯北 2.5 千米的平顶山长城 8 段墙体上。高程 1083 米。南 0.32 千米处为平顶山 2 号烽火台。

台体直接砌筑在山顶裸露的巨石上，外侧边缘用较大的石块垒砌而成，内部填以碎石和土。台体整体保存差，已全部坍塌，倒塌的石块散落四周，土石混杂形成堆积。台体平面呈圆形，直径 6.6、最高处 0.7 米（图一一六；彩图八八）。

铁匠营子烽火台（211322353201020017）

该烽火台位于老官地乡小黄杖子村铁匠营子屯南 0.5 千米山坡上的耕地中。高程 569 米。东距黑（水）达（拉甲）线公路 0.1 千米，西南 0.3 千米处为铁匠营子长城 2 段墙体。

台体利用自然山体为基础，外侧边缘用较大的石块垒砌而成，内部填以碎石和土。台体整体保存差，已全部坍塌，倒塌的石块散落四周，土石混杂形成圆丘状堆积。台体顶部长满杂草和灌木，中心位置有一棵小榆树。台体北壁被梯田破坏形成一个断崖，顶部有几个大小不等的采石后废弃的坑。台体平面呈圆形，直径 12、北侧最高 2 米（图一一七）。

马家湾烽火台（211322353201020018）

该烽火台位于热水乡马家湾屯东北 2 千米的山坡上。高程 653 米。烽火台位于马家湾长城 5 段墙体上，长城墙体自南侧山坡延伸至烽火台后折向西北。

台体为自然基础，土筑而成。台体整体保存差，已全部坍塌，形成圆丘状堆积。台体顶部长满杂草和灌木，生长有几棵松树。台体平面呈圆形，直径 6 米，北壁保存较好，最高 1.5 米（图一一八）。

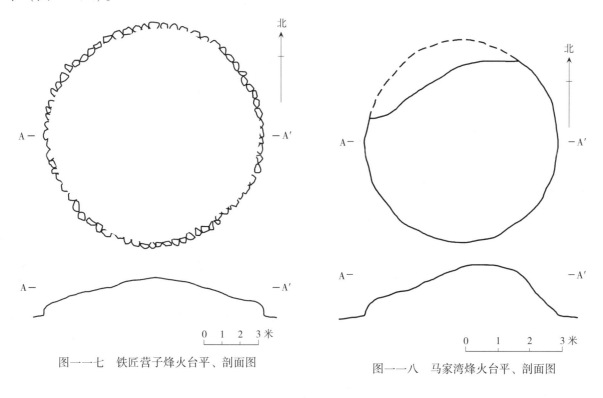

图一一七　铁匠营子烽火台平、剖面图　　　　图一一八　马家湾烽火台平、剖面图

热水北烽火台（211322353201020019）

该烽火台位于热水乡马家湾屯西北 2 千米老哈河东岸山坡上的山包上。高程 553 米。烽火台是热水北长城 1 段墙体的起点，西南 60 米处为热水北 1 号敌台，西南 0.13 千米处为热水北 2 号敌台。

台体为自然基础，土筑而成。台体整体保存差，已全部坍塌，形成圆丘状堆积。台体顶部长满杂草、灌木、小榆树，中心位置有一个坑使台体遭到破坏。台体平面呈近圆形，东西略长，南北略窄，南北长13、东西长15.2米，最高4.8米（图一一九；彩图八九）。

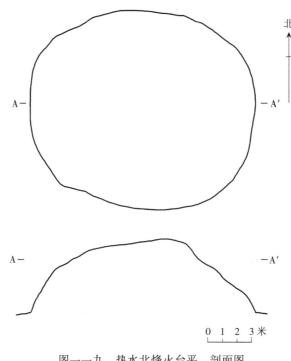

图一一九　热水北烽火台平、剖面图

（六）辽宁省燕秦长城相关遗存及保存现状

1. 辽东地区长城相关遗存及保存现状

（1）宽甸满族自治县

杉松窖藏址

该遗址位于红石镇杉松村一处山脚下。1965年出土过大量战国刀币。

半拉沟战国青铜器出土地

该遗址位于下露河乡双联村半拉沟沟口西侧山坡地，20世纪80年代，附近村民在此种植果树时，掘出一把青铜短剑和一面叶脉纹铜镜（彩图九○），现保存于宽甸县文管所。

老地沟窖藏址

该遗址位于下露河乡连江村五队老地沟东侧50米的台地上。据当地村民善庆芳介绍，20世纪70年代在这里取土时，挖出摆放整齐规律的刀币和半两铜钱几十余斤，后由大队会计交到宽甸县文管所。

挂房子秦戈出土地

该遗址位于太平哨镇二龙渡村挂房子东北0.5千米处、半拉江北岸丹集公路南耕地边缘的一处石堆，20世纪90年代初当地村民在开地取石时出土一把秦"李斯戈"。

唐家隈子窖藏址

该遗址位于石湖沟乡双岭子村10组（唐家隈子）东南1.2千米处的河边悬崖下，出土大量的战国时期的刀币。

团山子遗址与战国铜戈出土地

在宽甸镇东边欢喜岭村一农户家中发现两把古代铜戈。据村民介绍，这两把铜戈是在本村团山子建水塔时，雇用的民工在施工中发现的。

两把铜戈均为青铜材质，周身锈迹斑驳，主体结构大致相似，但厚薄、铜质、援的长度、穿的形制上表现出明显的区别。其中的一把戈的援发现时已被民工无意碰断。把援部折断的那把戈定名为1号戈，另一把完整的戈定名为2号戈。

1号铜戈，通高11、阑长10.6、宽0.6、阑厚0.7厘米。前锋至阑长10.5厘米。内较为平直、长6.5、宽3.6厘米，底边抹角无锋。内中设有一穿，长2.4、宽0.4厘米。阑靠胡一侧设有3个穿，长短不等，最长1.5、最短0.2、宽0.4~0.5厘米，戈体厚0.4厘米。其造型特点为尖锋似剑，援短、平直，胡直接与尖锋相连，大致呈"C"形（图一二〇：1；彩图九一）。

2号铜戈，通高11.5、其阑长10.3、阑厚0.3厘米。戈宽21厘米。内长7.4、宽2.3厘米。内中设一穿，阑里侧设3个穿，4个穿均为圆形，直径大约0.4厘米。前锋尖至阑通长13.7、最宽处3厘米。其造型特点为援呈外弧形，前挺，下仞突出，大致与现在农具的镰刀头有点相似。后锋下部抹圆，上角呈尖状上挑。胡底与阑相连，呈不规则的"C"形（图一二〇：2；彩图九二）。

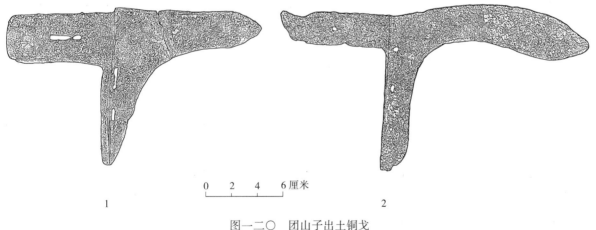

0　2　4　6厘米

1　　　　　　　　　　　　2

图一二〇　团山子出土铜戈

铜戈出土地团山子是一座呈馒头形的自然土丘。四周是平缓的谷地，视野开阔，团山所在位置正是中心地带，扼冲守要，其战略位置很重要。2013年5月，辽宁省文物保护专家组和长城调查组郭大顺、王绵厚、姜念思、田立坤、李新全等再次复查，在团山子遗址现场发现有青铜时代夹砂红褐陶片。据当地同志介绍，团山子遗址的北邻山上有烽燧址。根据团山子遗址距明边墙上宽甸堡东北仅数千米，其东北靠近娘娘沟烽火台，而其遗址本身地处高阜台地，有战国铜戈和早期夹砂红褐陶片发现，又地近长城烽燧址，故分析应与辽东长城线上本溪境内的威宁营堡和碱厂堡一样，是明代的边堡、烽燧址继承了早期长城遗迹的证明。

赵家堡子东窖藏址

该遗址位于双山子镇黎明村 3 组（赵家堡子）东南 0.5 千米。20 世纪 80 年代，在此采集青铜短剑一把，铜矛一个，铜镜三面。

赵家堡子窖藏址

该遗址位于双山子镇黎明村 3 组（赵家堡子）东南 0.3 千米。村民赵会忠曾在此挖出过燕刀币。

双山子战国异形戈出土地

该遗址位于双山子镇中学北，现为学生宿舍楼，北 50 米处为暖河一支流由东向西流过。戈为青铜所铸，通长 16.1、内长 2.2、援长 13.9、阑长 11.5 厘米，下阑稍长，脊呈圆锥状，较圆润，在靠阑附近脊两侧，有 2 个不规则圆穿（图一二一；彩图九三）。此种形制的戈在辽西、辽北地区曾出土过，另在朝鲜及日本也曾发现，在辽东属首次发现。这为研究异形戈的传播途径提供了重要依据。

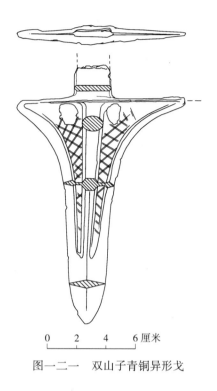

图一二一　双山子青铜异形戈

（2）凤城市

扈家堡子窖藏址

该遗址位于青城子镇林家村扈家堡子西部刘恒江新建住宅南侧台阶处，2009 年 5 月，一户村民在新建住宅挖基础时，距地表约 1 米深挖出数十枚燕刀币。

大堡遗址

该遗址位于大堡乡大堡村李家堡（7 组）西约 0.4 千米、骆驼山西端大湾南坡下台地上（空军烈士陵园附近）。遗址上散布大量灰色和红褐色绳纹瓦片，采集到 2 块有指压纹的陶具（其中一小块是烧焦泥土快），在断土层上发现有红烧土层并夹杂有绳纹瓦片。从文化层上看，遗址保存较好，有深入考查的条件。烈士陵园入口处即有明确的文化层暴露。

该遗址北靠骆驼山西端黄土丘陵，西部有丘陵小山相连，东北、东、西南均为相当开阔的平原，东约 2 千米处有暖河（辽东东部大河）从北向南流去。水陆交通方便。

（3）南芬区

南芬街里窖藏址

该遗址窖藏址位于本溪市南芬区南芬街道办事处街里二号楼西 10 米，1993 年 9 月，南芬城区进行改造，在 2 号住宅建设施工时，在地下深约 1 米的地方发现了这处窖藏址。当时，出土有一个陶罐，内装 40 余枚燕明刀币，还有 5 件铁镢。从出土的货币和农具看，此处应为战国时期的窖藏址。该地盖楼施工，将窖藏址破坏。

背阴汀窖藏址

该遗址位于本溪市南芬区南芬街道办事处南芬村背阴汀黄姓村民家住宅后山脚下，2007年发现。当时，黄姓村民在此地盖房子，在屋后砌筑护坡石墙时，在滚落的乱石中挖出60多枚刀币，多残碎，刀币面文为眉眼状“明”字，背文可辨文字不多，有“左”“右”等，均为战国晚期燕国铸行的明刀币，窖藏址时代也应为战国晚期。建房后，窖藏址原貌被改变。

程家东窖藏址

该遗址位于本溪市南芬区下马塘镇程家村绿石材厂院内，东50米为304国道。20世纪70年代末，此处建有一家砖厂，在烧砖取土时挖出数个陶罐，内装数百枚刀币，发现者打碎了陶罐后将刀币取出。刀币大部分上缴到本溪市博物馆，一小部分流失。刀币均为战国晚期燕国筑造的明刀币，面文“明”字呈眉眼状，背文有“左”“右”“行”“内”及数字等，大多数保存较好，有的多处断裂。窖藏址地点已由原来的砖厂变为石材厂，附近盖起了厂房。

程家西窖藏址

该遗址位于本溪市南芬区下马塘镇程家村西北1千米的山脚下。20世纪90年代，程家村民在该处采石时发现大量的战国刀币，重量约几十斤，刀币用陶罐盛装，陶罐后被打碎，所出刀币部分上交博物馆，另一些被盗卖。刀币均为战国晚期燕国流行的明刀币，面文“明”字呈眉眼状，背文复杂，主要有“左”“右”及“左一”“左二”等。盗卖者后被抓获，并对其作出相应的刑事处罚。窖藏址南0.38千米为一号窖藏址。当地村民采石时发现了窖藏址，同时也破坏了窖藏址。

（4）明山区

威宁营遗址

该遗址早在20世纪70年代已被发现。1980年和1981年第二次全国文物普查中调查确认。位于本溪市明山区威宁营村二组耕地中，分布面积约5000平方米，中心地区地势略高于周边，从遗址靠近太子河一侧的冲水沟观察，文化堆积厚约1米。遗址内散落大量遗物，主要有残陶豆、残陶罐，多为泥质灰陶，火候较高，轮制，器表多饰有绳纹、沟槽纹，筒瓦和板瓦也多有发现，凸面多饰有绳纹、凹沟纹等。此外，过去还曾采集到早期战国乳丁纹半瓦当。根据遗址内发现的遗物分析，时代应为战国晚期到西汉初期，这处遗址很可能是当时辽东郡下长城的屯戍据点。长年的耕种和建设蔬菜大棚，对遗址造成一定的破坏。

该遗址南1千米处为太子河。东侧有大片耕地，西0.2千米处为本溪高台子公路，北0.1千米处为威宁营村。

大浓湖战国货币窖藏址

该窖藏址位于本溪市明山区牛心台乡大浓湖村西0.3千米的山顶上。1980年，附近学校的学生上山游玩时发现，出土大量的战国布币，其中390余枚较为完整。布币形制为平肩方足和耸肩尖足两种，大篆体面文有“同是”“襄平”“贝丘”“阳平”“小阳”“蔺”“梁”“鄁”等。从文字上看，这批货币应为战国时期燕、赵、魏、齐的铸币。其中燕国货币所占比例在90%以上。

（5）溪湖区

上翻身货币窖藏址

该遗址位于本溪市溪湖区张其寨乡上翻身村，1981年被发现，出土刀币、布币各300多枚，一化钱3.25千克。

溪湖怪石洞遗址

该遗址位于本溪市溪湖区河西街道办事处北山社区溪湖西路西0.2千米，"怪石洞"原名龙洞，形成于约2亿年前古生物代时期的碳酸盐类岩层，全长900多米，遗址坐落在洞口处。20世纪90年代，为开发洞内旅游资源，外撤洞内积土时发现了遗物，其中有青铜时代的石刀2件、石斧1件、夹砂红褐陶器底1件，战国至汉代初期的铁戈1件、铁削2件，说明该洞早在青铜时代就有人类活动，结合太子河上游广泛分布的洞穴墓地分析，不排除这里为洞穴墓地的可能性。战国至汉代初期铁器的发现，表明这个阶段洞内依然有人活动。

（6）本溪满族自治县

蚂蚁沟窖藏址

该遗址位于高官镇三合村北约1千米的北山坡下。地处降龙山庄养牛场仓库东侧，地势平坦。据发现者张来祥介绍，1998年修建养牛场时，在地下深约1米的地方挖掘出一个陶罐，内装刀币。陶罐直径约20、高约30厘米，陶罐及多数刀币被村民取走，现仅存残币20余枚。本次调查时，调查组回收了余下的刀币。刀币长6、宽1厘米，均为战国晚期燕国铸行明字刀币。发现者对窖藏坑未予注意，形制不明。窖藏址形制不清，出土的陶罐及大部分刀币被村民私自留下。为建设养牛场，窖藏址遭到破坏。

六道沟遗址

该遗址位于连山关镇连山关村六道沟屯南平缓的坡地中，1998年发现并发掘。遗址坐落在平缓的山坡上，南为隆起的山峰，北约1千米处为扬大碰子山脉。遗址南为沈丹高速公路，附近多为农田，北0.1千米处为304国道，西约0.1千米处为六道沟屯，南侧山上有2座高压电线塔。

遗址面积约5000平方米，堆积厚约1米。发现房址2处，其中一处房址内留有火炕遗迹，火炕内砌有一条烟道，烟道两侧斜立板石，上覆石板。出土的遗物主要有绳纹板瓦、筒瓦及陶甑、陶罐、铁镬、铁锸等。瓦片集中出土于遗址下部，分布较为规律，似为屋顶倒塌后的一次性堆积。六道沟遗址位于古代辽东通向朝鲜的交通路旁，面积又较小，可能与汉代交通驿站有关。遗址南部已被沈丹高速公路占据，仅余北部，现为耕地。

九龙山城

该古城位于碱厂镇黄堡村九龙口，坐落在太子河岸边的一座小山上，是后金时期修筑的一座城堡，当时称"碱场新城"。山城保存较好，城墙为夯土筑造，依山就势，平面呈不规则四边形，周长314米。南墙长42、东墙长78、北墙长100.5、西墙长93.5米。墙体基宽5~7、顶宽1~2、高2~6米，4个转角处均设有角台。城门位于西墙南部，宽5米，门外为瓮城。瓮城平面呈长方形，长20.5、宽12米。西墙与南墙外侧因筑城掘土形成深壕，具有护城作用。过去调查时，曾在城内发现后金时期的瓷片等遗物。同时，山城内采集有战国至汉代的陶豆、泥质绳纹灰陶片等，说明早在战国至汉代时期，该地就有人类活动。此城应与燕秦汉早期长城屯戍有关。2013 年 5 月，辽宁省长城报告编写组再次复查，当地文物工作者告知，太子河北山上有烽燧遗址。

（7）桓仁满族自治县

孤山遗址

该遗址位于八里甸子镇韭菜园子村孤山上，孤山为一座低矮的小山包，坐落在平地中，四面无所依凭，故称孤山。孤山高 13 米，东坡较缓，西坡陡直，顶部南侧较平，遗址主要占据山包上及东坡。地表散落有陶片等遗物。陶片分为两种，一种为夹砂灰褐陶，一种为泥质绳纹灰陶，采集有圆叠唇陶罐口沿。去年，在山下南麓挖掘自来水管道时，村民发现 2 件铁镬。另有村民在南坡上发现高句丽早期束颈双耳罐。根据发现的遗物推测，孤山遗址的时代应为战国至汉代，高句丽早期继续被沿用。遗址所在的山包南端平台及南坡上现为耕地，山包北端杂草丛生，山下多为当地村民屋后菜园。

光头砬子窖藏址

该遗址位于古城镇洼泥甸子村光头砬子南麓，此处山坡较陡，窖藏位于山坡下。21 世纪初，修建二北公路时，村民在此取土垫路，意外发现了窖藏址，由于没有及时报告，窖藏址原貌被毁，具体形制不明。据目击村民反映，当时山脚下散落许多刀币和一化钱，总数约 200 枚，被村民哄抢。本次调查时，目击者称他本人在此拾到 30 多枚刀币、若干枚一化钱，还有一枚半两钱，据此分析，窖藏年代上限不晚于秦。村民取土发现了窖藏址，也破坏了窖藏址。

抽水洞遗址

该遗址位于桓仁镇大甸子村抽水洞沟西侧山坡上，遗址西至山峰，东抵泉水，面积较大，约 16000 平方米。1994 年进行了局部发掘，地层堆积较薄，约 0.5 米。发现房址 2 处，平面分别呈圆形和长方形，均为半地下式建筑。遗址出土的石器有斧、刀、剑等，出土陶器的有壶、罐口沿及器底，分夹砂灰陶及泥质灰陶，泥质灰陶常饰绳纹，出土的铁器有镬、掐刀、削、镞等，同时出土了明刀币、一化钱、布币、秦半两钱等货币。由出土遗物表明，遗址年代应为战国至汉初。1995 年，抽水洞遗址被公布为市级文物保护单位。遗址大部分位置原为耕地，近年退耕还林，遍植树木，地表很难见到遗物。

三道河子货币窖藏址

该遗址位于原四道河子乡三道河子村，1986 年发现，出土大量刀币和一化钱。

四道河子铜戈出土地

铜戈出土地点为原四道河子乡附近田地中，1958 年发现，戈为长援、平脊，锋略上翘，内后部周边开刃。

回龙货币出土地

货币出土地位于原向阳乡回龙村，1992 年出土刀币 200 多枚、一化钱 1500 多枚。

2. 辽西地区燕秦长城相关遗存及保存现状

（1）阜新蒙古族自治县（参见地图三）

六家子遗址（2109213541070200001）

该遗址位于八家子乡八家子村六家子屯西 0.2 千米的耕地内。高程 378 米。西北距六家子北山长城墙体 2 千米，宫八线公路从遗址西南侧通过。

现存遗址平面略呈长方形，南北长 10、东西长 20 米，占地面积 200 平方米。整体保存差，不见墙体及房屋等遗迹。从遗址所处梯田坎上可见文化层较厚，厚 1～1.4 米，在地表及断崖上采集有战国时期的陶器残片。

（2）建平县（参见地图四）

王苏地遗址（211322354107030001）

该遗址位于北二十家子镇牛圈子村王苏地屯东南 0.2 千米的山坡上。地势东高西低，东侧与北侧均有雨水冲刷形成的沟壑和松林。高程 646 米。整个遗址平面呈长方形，南北长 15、东西长 20 米，占地面积 300 平方米。遗址位于王苏地长城 1 段内侧。

该遗址整体保存差，不见墙体及房屋等遗迹。从遗址所处梯田埂上可见到文化层较厚，厚 0.5～1 米，在地表散落有战国时期的陶器残片。

九间房遗址（211322354107030002）

该遗址位于北二十家子镇朝阳沟村九间房屯东南 0.2 千米的山梁上。地势较高，南侧与北侧均有雨水冲刷形成的沟壑，九间房屯与兰旗营子屯分别位于南北两侧的沟内。高程 739 米。

该遗址位于九间房长城 2 段墙体北侧 90 米。

该遗址整体保存较差，不见墙体及房址等遗迹。遗址上现为杏树林，间种玉米等作物，由于耕种、挖坑种树使遗址破坏严重。未见有断面，文化层厚度不详，在地表散落有战国时期的陶器残片。遗址平面大致呈长方形，南北长 25、东西长 40 米，占地面积 1000 平方米。

九间房挡马墙（211322354104030003）

该段墙体位于北二十家子镇朝阳沟村九间房屯南 1 千米的山梁上。地势较高，南侧与北侧均有雨水冲刷形成的沟壑。高程 861 米。呈南—北走向。挡马墙位于九间房长城 7 段墙体北侧，南端与长城墙体相连。

由于多年自然雨水的冲刷和人为的破坏，挡马墙已经坍塌，整体保存差。挡马墙呈西南—东北向沿一处小山脊延伸。墙体用夹有碎小石粒和石块的黄沙土筑成，现仅见一条略高出地表的土冈。宽 5～6、高 0.2～0.4、长 40 米（图一二二）。

烧锅营子 1 号挡马墙（211322354104020004）

该段墙体位于烧锅营子乡蛤蟆沟脑屯西北 0.5 千米的山梁北坡上。地势较高，北侧较陡，有雨水冲刷形成的沟壑。高程 945 米。呈南—北走向。挡马墙位于烧锅营子长城 1 段墙体北侧，南端与长城墙体相连。

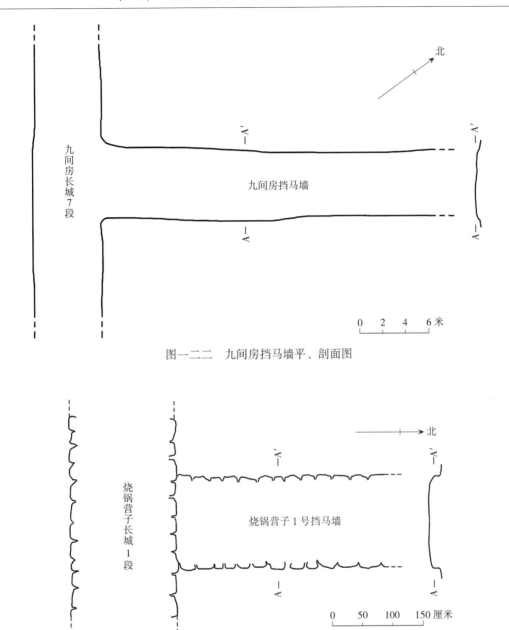

图一二二　九间房挡马墙平、剖面图

图一二三　烧锅营子1号挡马墙平、剖面图

　　由于多年雨水的冲刷和人为的破坏，挡马墙已坍塌，整体保存差。由于坍塌严重，墙体砌石散落在两侧山坡上，仅能看清保存的两侧砌石。墙体宽1.7、高0.2、长35米（图一二三）。

　　烧锅营子2号挡马墙（211322354104020005）

　　该段墙体位于烧锅营子乡油房营子村王家店屯东1千米的山梁北坡上。地势较高，北侧较陡，有雨水冲刷形成的沟壑。高程851米。呈南—北走向。挡马墙位于烧锅营子长城12段墙体北侧，南端与长城墙体相连。

　　由于挡马墙处在山坡上，坡度较大，受多年雨水冲刷和人为破坏，挡马墙已坍塌，整体保存差。由于坍塌严重，墙体砌石散落在山坡上，仅能看清保存的两侧砌石。墙体两侧用石

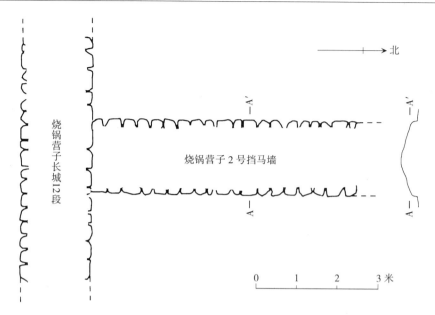

图一二四　烧锅营子 2 号挡马墙平面图

较大，外侧面较规整，内部填以碎石及土。墙体用石与长城主墙体相同，均以花岗岩为主。墙体宽 1.8、高 0.4、长 20 米（图一二四）。

烧锅营子 3 号挡马墙（211322354104020006）

该段墙体位于烧锅营子乡油房营子村王家店屯东 1 千米的山梁北坡上。地势较高，北侧较陡，有雨水冲刷形成的沟壑。高程 805 米。呈南—北走向。挡马墙位于烧锅营子长城 12 段墙体北侧，南端与长城墙体相连。

由于挡马墙处在山坡上，坡度较大，受多年的自然雨水的冲刷和人为的破坏，挡马墙已坍塌，整体保存差。由于坍塌严重，墙体砌石散落在山坡上，仅能看清保存的墙体两侧砌石。墙体两侧用石较大，外侧面较规整，内填以碎石及土。墙体用石与长城主墙体相同，均以花岗岩为主。墙体宽 1.8、高 0.2、长 25 米。

孟家沟 1 号挡马墙（211322354104020007）

该段墙体位于烧锅营子乡木头营子村刘牌沟屯南 1.5 千米的山梁北坡。地势较高，北侧较陡，有雨水冲刷形成的沟壑。高程 929 米。呈南—北走向。挡马墙位于孟家沟长城 6 段山险北侧，南端与山险相连。

由于挡马墙处在山坡上，坡度较大，受多年的自然雨水的冲刷和人为的破坏，挡马墙已坍塌，整体保存差。由于坍塌严重，墙体砌石散落在山坡上，仅能看清保存的墙体两侧砌石。墙体两侧用石较大，外侧面较规整，内部填以碎石及土。墙体用石与长城主墙体相同，均以花岗岩为主。墙体宽 1.9、坍塌宽 2.5、高 0.2~0.4、长 25 米。

孟家沟 2 号挡马墙（211322354104020008）

该段墙体位于黑水镇松岭村孟家沟屯西北 1.2 千米的山梁上。地势较高，北侧较陡，有雨水冲刷形成的沟壑。高程 984 米。呈东—西走向。挡马墙位于孟家沟长城 12 段山险西侧，东端与山险相连。

由于挡马墙处在山坡上，坡度较大，受多年雨水冲刷和人为破坏，挡马墙已坍塌，整体保存差。由于坍塌严重，墙体砌石散落在山坡上，仅能看清保存的两侧砌石。墙体两侧用石较大，外侧面较规整，内部填以碎石及土。墙体用石与长城主墙体相同，均以花岗岩为主。东端与孟家沟长城 12 段墙体相连。墙体宽 2、坍塌宽 2.5、高 0.2～0.3、长 45 米。

（3）辽西地区燕秦长城文物标本

小五家城址遗物（见彩图五九）

筒瓦残片，泥质灰陶，器表饰弦断绳纹，火候较高。残长 18.8、宽 15.6、厚 1 厘米（图一二五：1）。

陶器残盖，泥质灰陶，圆形，器表饰多圈凹弦纹，火候较高。直径 24、高 3.6 厘米（图一二五：2）。

陶钵残片，泥质灰陶，弧腹，圆唇，火候较高。口径 16 厘米（图一二五：3）。

陶壶口沿，泥质灰陶，侈口，圆唇，火候较高。口径 28 厘米（图一二五：4）。

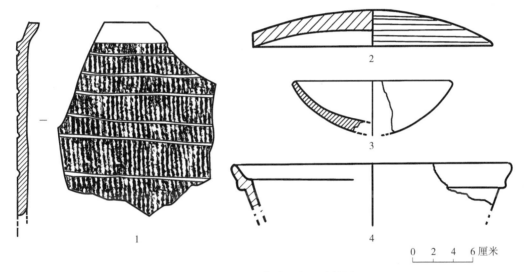

图一二五　小五家城址出土遗物图
1. 筒瓦残片　2. 陶器残盖　3. 陶钵残片　4. 陶壶口沿

达拉甲城址遗物（见彩图六二）

陶瓮口沿，泥质灰陶，直口，平沿，器表磨光，轮制。口径 32 厘米（图一二六：1）。

陶器底，泥质灰陶，凹底，素面，内底有一凸起，轮制。底径 6.4 厘米（图一二六：2）。

筒瓦残片，泥质灰陶，上部饰绳纹，下部饰粗绳纹。残长 9、宽 7、厚 0.8 厘米（图一二六：3）。

陶罐口沿，泥质灰陶，侈口，方唇内凹，素面。口径 24 厘米（图一二六：4）。

陶盆口沿，泥质灰陶，侈口，方唇内凹，素面。口径 40 厘米（图一二六：5）。

霍家地城址遗物（见彩图五三）

陶罐口沿，夹砂褐陶，侈口，圆唇，束颈，素面。口径 20 厘米（图一二七：1）。

陶器残片，泥质灰陶，表饰弦纹和划纹。残长 8.6、高 4.7 厘米（图一二七：2）。

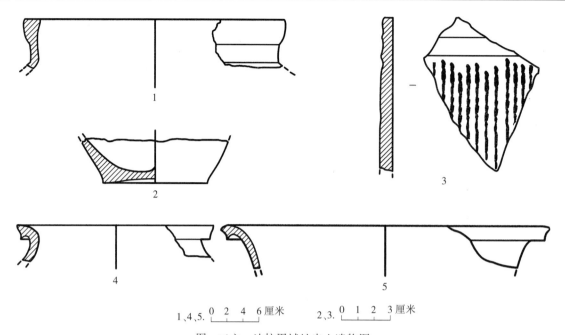

1、4、5. 0　2　4　6厘米　　　2、3. 0　1　2　3厘米

图一二六　达拉甲城址出土遗物图
1. 陶瓮口沿　2. 陶器底　3. 筒瓦残片　4. 陶罐口沿　5. 陶盆口沿

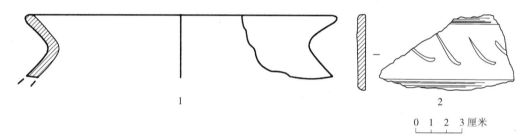

0　1　2　3厘米

图一二七　霍家地城址出土遗物图
1. 陶罐口沿　2. 陶器残片

九间房遗址遗物

陶盆口沿，泥质灰陶，侈口，方唇，折沿，沿微内凹。口径 14 厘米（图一二八：1）。

陶壶口沿，泥质灰陶，侈口，尖唇，折沿。口径 12 厘米（图一二八：2）。

陶盆口沿，泥质灰陶，侈口，圆唇，折沿。口径 24 厘米（图一二八：3）。

陶壶口沿，泥质灰陶，直口，圆唇，折沿。口径 14 厘米（图一二八：4）。

陶豆残片，泥质灰陶，盘内凹，柄中空。残宽 8、高 4.5 厘米（图一二八：5）。

王苏地遗址遗物

陶罐口沿，泥质灰陶，敛口，圆唇，弧腹。口径 10 厘米（图一二九：1）。

陶罐口沿，泥质灰陶，直口，平沿，圆唇，束颈，鼓肩。口径 18 厘米（图一二九：2）。

陶罐口沿，泥质灰陶，直口，圆唇，沿底微凹，鼓肩。口径 14 厘米（图一二九：3）。

陶釜口沿，泥质红褐陶，侈口，圆唇，折沿。口径 14 厘米（图一二九：4）。

陶罐口沿，直口，圆唇，折沿，唇中部内凹，口沿内有一道凸棱。口径 18 厘米（图一二九：5）。

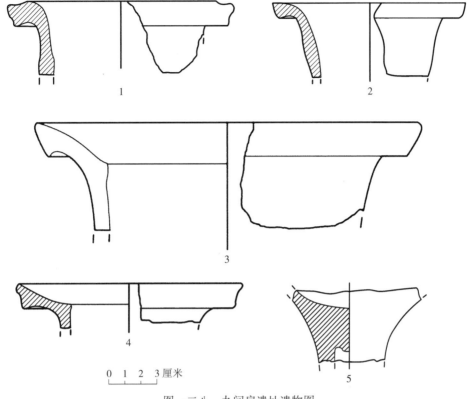

图一二八　九间房遗址遗物图

1、3. 陶盆口沿　2、4. 陶壶口沿　5. 陶豆残片

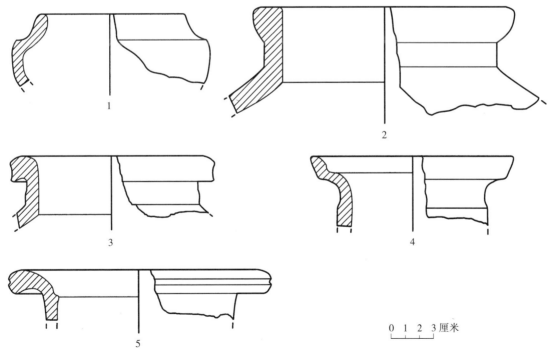

图一二九　王苏地遗址遗物图

1~3、5. 陶罐口沿　4. 陶釜口沿

三　燕秦长城资源调查的数据统计及分析

（一）燕秦长城本体数据统计及分析

辽宁省战国燕长城本体，是指分布于辽宁省朝阳、阜新市境内的战国时期燕国所修筑的长城墙体，包括长城防御体系中的人工墙体和自然山险和河险段。

表一　辽宁省战国燕长城主线和现存墙体长度统计表（单位：米）

地市	县（市、区）	长城主线	合计	总计	现存墙体	合计	总计
朝阳市	建平县	56867	88165	107290	19511	20064	26344
	北票市	31298			553		
阜新市	阜新县	19125	19125		6280	6280	

表二　辽宁省战国燕长城各类墙体及其保存现状统计表（单位：米）

墙体类别＼保存状况	较好	一般	较差	差	消失	合计
土墙	226	1761	1084	4960	0	8031
石墙	5349	3237	1383	8344	0	18313
山险墙	0	0	0	0	0	0
山险	12574	0	0	0	0	12574
河险	0	0	0	2400	0	2400
消失	0	0	0	0	65972	65972
合计	18149	4998	2467	15704	65972	107290

辽宁省战国燕长城墙体主线长 107290 米，现存墙体累计长度为 26344 米。现存长城墙体长度占长城主线长度的 24.6%。

从墙体类别看，现存辽西战国燕长城的人工墙体中石墙最多，约占总长度的 17.1%；其次是土墙，约占总长度的 7.5%。利用自然形成的墙体只见山险，约占总长度的 11.7%；河险约占总长度的 2.2%。地面遗迹消失的墙体比重较大，约占总长度的 61.5%。

辽宁省战国燕长城的修筑以就地取材为主，因地制宜。在地势较高、取石便利的地方以石墙为主，在地势相对平坦、取石较为不便的地方土墙占的比例较高。

从保存状况看，辽宁省战国燕长城墙体石墙保存较好，一是砌筑方法，石墙的砌筑方法多采用两侧用毛石干垒、中间填以碎石和土的方式砌筑，结构合理，能长时间经受住自然因素的影响；二是质地坚硬，石材在长时间的自然因素变化后，仍然能保存其特性，而且古人在修筑时，多采用花岗岩等不易风化的岩石；三是分布的地域内人为活动影响较小，海拔相对较高，不适合生产生活，人迹罕至，人为影响比较少。

土墙保存相对较差，一是质地疏松，受自然影响比较大，经长年雨水冲刷和风沙侵蚀，能保存下来的很少；二是土墙多分布于地势相对平缓的地带，起伏不大，土层较厚，交通方便，水源充足，是村民居住、生产、生活的理想地带，也是墙体被破坏乃至消失的主要原因。

（二）燕秦长城关堡（城址）数据统计及分析

1. 辽东地区

从分布上看，这些城址或遗址均位于战国（燕）长城主线以内，是长城沿线重要的支撑点。

从选址上看，不拘一格，因地制宜，有别于后来的汉长城。抚顺果木园子北山遗址和大山城子山城遗址侧重于视野开阔，可扼守拉古河谷地；沈阳八家子城址和青桩子城址侧重于扼守通往辽河平原腹地的交通要道。

从城墙材质上看，就近取材。果木园子北山遗址和大山城子山城遗址位于山坡上，城墙用石块砌筑；八家子城址和青桩子城址位于平地上，城墙则为土筑。

此次调查的4座城址中，保存较好的2座，是果木园子北山遗址和八家子城址。

果木园子北山遗址保存较好的原因两个，其一，位于山坡台地上，柞木、荆棘、杂草丛生，交通不便，人迹罕至；其二，远离居民区，受到当地居民生产、生活影响较小。

八家子城址保存较好的原因两个，其一，远离居民区，受到当地居民生产、生活影响较小；其二，位于丘陵台地上，当地没有较大河流，未受到洪水的冲击破坏。

保存一般的1座，是大山城子山城遗址。被破坏的原因主要是当地无节制的矿产开采，导致部分城墙被切断。

保存差的1座，是青桩子城址。地处沈阳市近郊区，基础设施建设较快，生产、生活活动是破坏该城址的主要原因。

2. 辽西地区（表三）

（1）从建筑形制上看，城址平面以长方形居多。根据现场调查，15座城址中土城有12座，约占城址总数的80%；石城有3座，约占城址总数的20%。城内历史设施均不详。

（2）从保存状况看，以差或较差为主，一般占一定比例，仅有3座保存较好。原因是城址所在的位置地势平坦，交通便利，水源充足，是村民居住、生产生活的理想地带，也是造成城址破坏的重要因素。

（3）从分布范围看，15座城址中有5座位于长城墙体之上与长城墙体相连，其余城址与长城墙体相距少则数百米，多则数千米。

表三　辽西地区战国燕长城关、堡统计表

遗址名称	平面形状	周长（米）	面积（平方米）	现存门址	现存角楼	现存马面	主要历史设施	修建年代	保存状况
小五家城	正方形	920	52800	0	0	0	不清	战国	差
霍家地城	正方形	680	28900	0	0	0	不清	战国	差
达拉甲城	长方形	1020	57800	0	0	0	不清	战国	较差
巴达营子城	长方形	1160	81600	0	0	0	不清	战国	一般
六合成城	梯形	330	6400	0	0	0	不清	战国	一般
陈家窝铺城	长方形	300	4600	0	0	0	不清	战国	一般
翟家营子城	正方形	600	22500	0	0	0	不清	战国	差
北广富营城	正方形	600	22500	0	0	0	不清	战国	差
北昌营子西城	长方形	348	5400	0	0	0	不清	战国	一般
西杖房北城	长方形	300	5000	0	0	0	不清	战国	较好
西杖房西城	长条形	400	2000	0	0	0	不清	战国	差
西营子城	长方形	420	11000	0	0	0	不清	战国	较好
他本改城	不规则形	345	7650	0	0	0	不清	战国 汉代沿用	较好
套尺营子城	长方形	1360	115200	0	0	0	不清	战国 汉代沿用	一般
高林台城	正方形	680	28900	0	0	0	0	战国 汉代沿用	差

（三）燕秦长城单体建筑数据统计及分析

此次调查的辽宁省战国燕长城单体建筑主要有敌台和烽火台两大类。敌台全部分布在辽西地区。

1. 敌台

详情见下表（表四、五）。

表四　辽宁省战国燕长城敌台材质和保存状况统计表　　　　（单位：座）

保存状况＼材质	土	石	砖	其他	合计
较好	0	1	0	0	1
一般	0	0	0	0	0
较差	0	1	0	0	1

材质 保存状况	土	石	砖	其他	合计
差	0	1	0	0	1
消失	0	0	0	0	0
合计	0	3	0	0	3

表五　辽宁省战国燕长城敌台材质和形制统计表　　（单位：座）

材质 保存形制	土	石	砖	其他	合计
半圆形	0	2	0	0	2
矩形	0	1	0	0	1
不规则形	0	0	0	0	0
合计	0	3	0	0	3

2. 烽火台

表六　辽宁省战国燕长城烽火台保存现状和形制统计表　　（单位：座）

形制 保存状况	圆形	不规则形	不清	合计
较好	12	0	0	12
一般	9	0	0	9
较差	2	0	0	2
差	29	2	1	32
消失	0	0	5	5
合计	52	2	6	60

从建筑形制上看，辽宁省战国燕长城烽火台以圆形为主，共52座，约占烽火台总数的87%；不规则的2座，约占烽火台总数的3%；不能通过地面调查判明形别的共6座，约占烽火台总数的10%。

从保存现状上看，辽宁省战国燕长城烽火台保存较好的共12座，约占烽火台总数的20%；保存一般的共9座，约占烽火台总数的15%；保存较差的2座，约占烽火台总数的3%；地面遗迹消失的5座，约占烽火台总数的8%。

保存较好的战国燕长城烽火台多位于险峻的高山之上，植被繁茂，人迹罕至；保存差的烽火台所处位置临近交通线、居民区，当地居民生产、生活活动对遗迹保存的影响较大。地面遗迹消失的烽火台多是近年在修建通信设施、城市建筑、工厂、电力设施时被人为破坏。

3. 其他单体建筑

战国燕长城其他单体建筑均为哨所，共 4 座，皆石筑而成。从平面形制上看，有长方形 3 座、不规则形（马蹄形）1 座（表七）。

表七　辽宁省战国燕长城其他单体建筑材质和形制统计表　　　　（单位：座）

形制 ＼ 材质	土	石	砖	总计
圆形	0	0	0	0
长方形	0	3	0	3
不规则形	0	1	0	1
不清	0	0	0	0
总计	0	4	0	4

从保存状况看，1 座保存较差，其余 3 座保存差（表八）。

表八　辽宁省战国燕长城其他单体建筑保存状况统计表　　　　（单位：座）

保存状况 ＼ 材质	土	石	砖	总计
较好	0	0	0	0
一般	0	0	0	0
较差	0	1	0	1
差	0	3	0	3
消失	0	0	0	0
总计	0	4	0	4

从分布范围看，都分布于长城墙体之上或紧邻墙体。

（四）燕秦长城相关遗存数据统计及分析

战国燕长城调查发现的相关遗存 9 处，其中居住址 3 处、挡马墙 6 段。这些相关遗存有直接军事功用的，也有与屯戍有关的生产、生活和宗教祭祀的。从分布范围看，都是距长城墙体不远或者直接建在墙体上，与长城的各种功能有机结合。如：挡马墙均与长城墙体相连，分布于长城墙体的外侧，砌筑方式与长城主线墙体相同。居住址紧邻墙体，或距墙体不远，既方便了士卒休息，同时也节约了成本。

四　汉长城调查的主要成果

（一）汉长城本体的分布与基本走向

1. 辽东地区汉长城本体的分布与基本走向

汉长城辽东段，从行政区划上讲，主要分布在沈阳以北至铁岭交界处，东沿抚顺市抚顺县东部、东洲区、顺城区、新宾满族自治县，遗迹以墩台遗址为主。其地貌以山地为主。自东向西，起于抚顺市新宾满族自治县旺清门镇旺清门村东北的孤脚山（富尔江右岸，其东连吉林通化）。经红升乡旧门村东的高台山、红升村、白旗村、新宾镇南茶棚村朝鲜族组西北的黄花山、网户村西石场生产组南山、永陵镇前进村河南组南山、四道沟村羊祭台岭、和睦村东南、木奇镇木奇村东岭、水手村西山、上夹河乡马尔墩村马尔墩岭、马尔墩村洪家店组北山坡台地、得胜堡村老和尚背山、上夹河村东砬咀山、腰站村南山、古楼村天桥岭、河西村西山，向西北进入抚顺县境内。经上马乡苍什村南山，经苍什岭、三道沟村老参场东山、破房沟西山向西南进入东洲区境内。经大伙房水库萨尔浒风景区小青岛林场，从东洲街道吴家堡村西山向西北越过浑河，进入顺城区境内。经前甸镇关岭村鹰嘴砬子山，经关岭村南、靠山村北山、新北村鲍家自然村北山、果树村北山、施家村西山、高尔山北部的将军峰、抚顺市肉联厂北山、河北乡将军堡村北山、新地号村南山、葛布桥头、西葛联社月牙山、半截沟村东山、二道沟村西山、滴台缝村西山、方晓村小滴台自然村（四组）东山、抚顺市高湾农场东山和西山，止于沈阳市东陵区高坎镇晓仁镜村北大台子山。在东陵区晓仁镜以西部分，应沿用沈北新区和新民市境内的烽燧址，过辽河连接辽西长城线。而由晓仁境和抚顺高湾农场烽火台，东南延向海浪、威宁营和本溪一线的燕秦和西汉早期障塞，可能与燕秦障塞重合，即同称为"辽东故塞"。此次调查辽东山地段汉长城的形态，是以城址为支撑点，以烽火台连线为主线的列燧形式，罕见长城墙体。

2. 辽西地区汉长城本体的分布与基本走向

汉长城在辽西地区的分布地域，应包括阜新、锦州北和朝阳地区。在阜新地区主要与燕秦故塞重合。在锦州地区，经此次调查，主要分布在凌海北镇黑山及义县境内的 6 个乡镇。在凌海境内经过三台子乡、白台子乡，在北镇境内经过闾阳乡、廖屯乡，在黑山境内经过段家乡，在义县境内经过白庙子乡。锦州地区的汉代长城未发现墙体，只以烽燧的形式分布在山地或丘陵地区，地势相对平缓，交通方便，水源充足，是村民居住、生产、生活的理想地带，这些地区正是人民居住生活的密集区，也是墙体被破坏乃至消失的主要原因。此次锦州地区的汉长城调查只在锦州市域范围内发现一系列汉代长城烽燧，通过这些烽燧的建筑分布来确定汉长城在锦州地区的分布情况。

汉代长城分布，此次调查在朝阳市境内的地点均地处建平县境内。自西北至东南先后经过万寿镇、榆树林子镇、张家营子镇、奎德素镇、八家国营农场等乡镇，由烽火台和数段墙体点线状分布连接。调查中共发现墙体 5 段、烽火台 64 座、城址 2 处。

（二）汉长城的结构特征与保存现状

1. 辽东地区汉长城的结构特征与保存现状

辽东地区汉长城墙体部分在此次调查时没有发现。从调查的结果看，应以"墩台连线"与山险、河险结合为主要形式，其间如第一章文献分析，长城烽燧还应与"木材僵落"相配属。其烽火台（烽燧）现状可见遗迹一节。

2. 辽西地区汉长城的结构特征与保存现状

辽西地区汉长城仅在建平县有发现（地图七）。

青山长城 1 段（211322382102040001）

该段长城起于张家营子镇青山村南 1.8 千米的榆树林子镇至张家营子镇公路，止于张家营子镇青山村南 1.6 千米的青山 2 号烽火台。起点高程 827 米，止点高程 827 米。榆树林子镇至张家营子镇公路从墙体西侧山坡上通过。整段墙体穿行于山坡上茂密的松林间，整体保存较好。起点处被耕地和采石坑破坏，止点西侧的一片耕地将墙体破坏较为严重。在墙体西侧山坡上有几道坝埂，系村民拆除墙体石块垒砌而成。呈南—北走向。墙体全长 218 米。北接青山 2 号烽火台。

该段墙体为石墙，由于自然与人为原因的破坏已全部坍塌，砌石堆积在墙体上，在松林间可以看到一道明显的石墙痕迹。墙体所处山顶西坡，东侧与山顶间形成一个宽 2~3、深 1.5 米的沟。墙体东侧略陡，西侧略缓，现存宽 6 米，西侧最高 2.8、东侧高 1.5 米（彩图九四）。

青山长城 2 段（211322382102040002）

该段长城起于张家营子镇青山村南 1.6 千米的青山 2 号烽火台，止于张家营子镇青山村南 1.5 千米。起点高程 827 米，止点高程 811 米。整段墙体穿行于山坡上茂密的松林间，保存一般。榆树林子镇至张家营子镇公路从墙体西侧山坡上通过。起点处的东侧有一座现代坟墓建在了墙体旁。呈东南—西北走向。墙体全长 115 米。东南接青山 2 号烽火台。

该段墙体为石墙，由于自然与人为原因的破坏已全部坍塌，砌石堆积在墙体上，山坡上散落有大量的石块，在松林间可以看到一道明显高于山坡的石墙痕迹。墙体宽 6、高 0.4 米。

高家洼长城 1 段（211322382102040003）

该段长城起于奎德素镇大窝铺村高家洼屯西北 0.3 千米的山梁上，止于奎德素镇大窝铺村高家洼屯西北 0.45 千米的高家洼 2 号烽火台。起点高程 662 米，止点高程 670 米。整段墙体穿行于山坡上茂密的松林间，保存较好。小新线公路从墙体西北侧山坡下通过。墙体南、北两侧种植有大片松树，墙体所在位置作为隔离带没有一棵松树长在墙体上。呈东南—西北走向。墙体全长 145 米。西侧与高家洼 2 号烽火台相接，东南 0.64 千米为高家洼 1 号烽火台。

该段墙体用夹有碎小石粒的土筑成，由于自然与人为原因的破坏已全部坍塌，在山坡上可以看到一道明显高于山坡的土冈，截面呈馒圆形，土冈上散落有大量的碎石。墙体上长满杂草、灌木等。墙体宽 8 米，北侧高 1.7、南侧高 0.9 米（彩图九五）。

高家洼长城 2 段（211322382102040004）

该段长城起于奎德素镇大窝铺村高家洼屯西北 0.45 千米的高家洼 2 号烽火台，止于奎德素镇大窝铺村高家洼屯西北 0.63 千米。起点高程 670 米，止点高程 655 米。整段墙体穿行于山坡上茂密的松林间，保存较好。小新线公路从墙体西北侧山坡下通过。呈东南—西北走向。墙体全长 184 米。北侧为高家洼长城 3 段墙体。

该段墙体用夹有碎石粒的土筑成，由于自然与人为原因的破坏已全部坍塌，在山坡上可以看到一道明显高于山坡的土冈，土冈上散落有大量的碎石。墙体宽 7.7 米，北侧高 1.7、南侧高 0.9 米。

高家洼长城 3 段（211322382102040005）

该段长城起于奎德素镇大窝铺村高家洼屯西北 0.3 千米，止于奎德素镇大窝铺村高家洼屯西北 0.7 千米。起点高程 668 米，止点高程 638 米。整段墙体穿行于山坡上茂密的松林间，保存较好。小新线公路从墙体西北侧山坡下通过。呈东南—西北走向。墙体全长 372 米。南侧为高家洼长城 2 段。

该段墙体为夹有碎石粒的土筑成，由于自然与人为原因的破坏已全部坍塌，在山坡上可以看到一道明显高于山坡的土冈，土冈上散落有大量的碎石。墙体南侧被采石坑破坏一部分。墙体上长满杂草、灌木等。墙体宽 10 米，北侧高 1.4、南侧高 1 米。整段墙体几乎与南侧的高家洼长城 2 段墙体并行，起点处相距 40 米，越向山坡下距离越近，最短处 15 米。

（三）汉长城关堡（障城）及保存现状

1. 辽东地区汉长城关堡（障城）及保存现状（地图八）

白旗汉城遗址（210422354199040001）

该遗址位于新宾满族自治县红升乡白旗村西北 0.2 千米。高程 339 米。东距高台山烽火台 12.4 千米，西距南茶棚墩台 9 千米。城址北临沈通线公路（S104），北距苏子河 0.3 千米，苏子河属浑河水系。

该城址整体保存差，城墙和城内设施地面遗迹无存，城内布局结构不清，地表散见灰色绳纹瓦、陶片等汉代遗物。

从当地文物工作者那里了解到，该城址平面呈正方形，边长约 200 米。从采集的遗物和参考文献记载，可以初步判断该城址始建于西汉时期，可能与元封三年（公元前 108 年），汉武帝灭卫氏朝鲜，在今朝鲜半岛北部和辽东设置玄菟、乐浪、临屯、真番四郡有关。该城的兴废与汉代长城有关。

以往调查采集到云纹瓦当（彩图九六）。此次调查采集到 2 件板瓦残片，编号为白旗汉城遗址：1、2（彩图九七）。

白旗汉城遗址：1，板瓦，残。泥质灰陶，质地坚硬，火候较高。通体略弧，厚1.5厘米。瓦面施绳纹，瓦里施布纹（图一三○：1）。

白旗汉城遗址：2，板瓦，残。泥质灰陶，质地坚硬，火候较高。通体平直，厚1.1厘米。瓦面施绳纹，瓦里施网格纹（图一三○：2）。

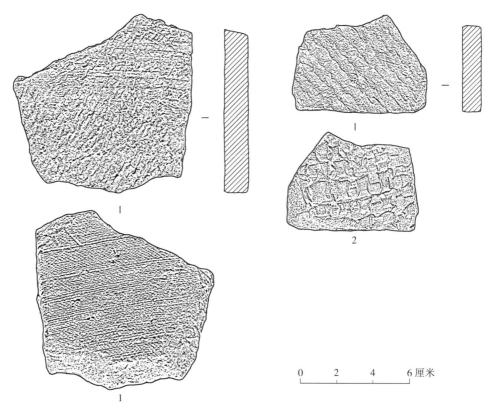

图一三○　白旗汉城遗址遗物图
1、2. 板瓦残片

永陵南城址（210422354199040002）

该遗址位于新宾满族自治县永陵镇东南1.5千米、苏子河与二道河交汇处的左岸。高程277米。东北距西石场烽火台5.8千米，西南距河南烽火台1千米。北侧有沈通线公路（S104），西侧有木通线公路（S201）。东濒苏子河支流二道河，北濒苏子河，苏子河属浑河水系。

近年，辽宁省文物考古研究所对该城址进行了全面的考古发掘，了解了城址的时代、范围、城墙结构和城内遗迹。

该城址整体保存较好。城址筑于河沿台地上，为夯土城墙，平面呈长方形，南北长166、东西长136米。东墙长80、南墙长136、西墙长166米，北墙被水冲毁无存。未发现城门址，城址方向北偏东5°。城墙下宽18、上宽9.7、高4.3米，剖面整体呈梯形，有阶梯状现象（彩图九八）。

根据夯筑方法及墙内包含物可知，现存城墙经过 3 次修筑：

第一次夯筑的城墙位于现城墙内侧，基宽 6.5、上宽 1.8、高 3.3 米。可能为高句丽县最初的县城城墙。

第二次夯筑的城墙倚第一次城墙外侧，基宽 3.5、上宽 2.8、高 4 米，外侧呈斜坡状，似为补筑，但与第一次墙体结合紧密。与第一次城墙相比，二次城墙夯筑较一次略显粗糙。可能为玄菟郡迁此后补筑。

第三次夯筑城墙倚二次城墙外侧起筑，基宽 8、上宽 5、高 4 米，外侧上部呈二级阶梯状，下部呈漫坡状。夯筑较二次城墙粗糙，不甚坚实。另在近城墙内壁根基处发现一处筑墙时压在墙内的遗址。三期城墙可能为高句丽侵占此城时又行补筑。三期城墙外侧呈漫坡状，不利防守，攻城者极易登上墙体顶部。由于东墙距二道河较近，因此，防水也可能是三期城墙的作用之一。

城内发掘文化堆积可分为三期。即一期汉代文化堆积，二期高句丽时期文化堆积，三期辽金时期文化堆积。

一期汉代文化遗迹，官署主要集中在城内中部偏北，发现若干组高台建筑及甬路 6 段；生活区可能在城内的东南一带。地层出土遗物尤为丰富，其中建筑构件为大宗。有鸟篆"千秋万岁"瓦当，另有多枚繁体"千秋万岁"瓦当残部及板瓦、筒瓦等。另有多种生产、生活用具等。从 2 号大型建筑遗迹夯土台上发现排列整齐的柱础石、用河卵石铺成的甬路以及建筑周围散落的大量板瓦和筒瓦，说明早期此城建筑等级较高。在夯土台范围内出土的模制泥质灰陶四界格莲花纹瓦当，在魏晋时期遗址中常见。这次出土此瓦当与汉代瓦片陶质极其相近，证明了在汉代这种瓦当已经出现，使模制四格莲花纹瓦当烧制的年代向前推移了 300 多年。

二期高句丽时期此城的性质不明确，发现的主要是生活遗迹，集中分布在城内东南部，出土的陶器等生活器具几乎都在此区。发现的遗迹有房址 10 座、灰坑 5 个、灶址 1 处。多为圆角方形半地穴式建筑，方位角多在 268°~275°，穴深 0.2~0.35 米，室内都有火坑、烟道。出土器物陶器有陶钵、陶罐、陶壶、陶盆、陶瓮、陶甑、陶盉等，铁器有铁镞、铁钉、铁带扣、铁门枢、铁铲等，铜器有铜镞、铜带钩、铜饰件、铁铤铜镞等，建筑构件有瓦当、板瓦、筒瓦等，另外还有兽骨、鹿角等。

三期辽金时期的发现主要在城北的一处大型建筑及在城内发现的若干个白灰池、和泥池、灰坑等，基本不见生活遗迹。出土的也是一些建筑构件、砖瓦等。推测当时是祭祀的场所。

该建筑应为 3 间，外有回廊，有后、左、右壁，无前壁。前为门，有后门。出土有板瓦、筒瓦、滴水瓦、兽面纹瓦当等，在西壁附近发现螭首形建筑构件。

实地调查时，所有探方和遗迹均已回填保护。在原址采集到 4 件板瓦残片，编号为永陵南城址：1~4（彩图九九~一〇二）。

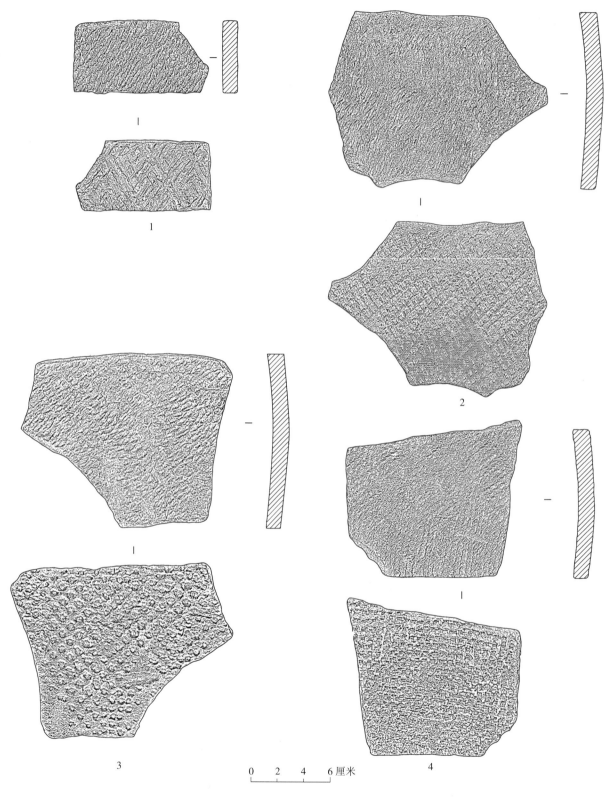

0　　2　　4　　6厘米

图一三一　永陵南城址遗物图
1～4. 板瓦残片

永陵南城址：1，板瓦，一端残。泥质灰陶，质地坚硬，火候较高。通体略弧，厚 1.7 厘米。瓦面施绳纹，瓦里先施网格纹，后施布纹（图一三一：1）。

永陵南城址：2，板瓦，残。泥质灰陶，质地坚硬，火候较高。通体略弧，厚 1.3 厘米。瓦面施绳纹，瓦里菱形纹（图一三一：2）。

永陵南城址：3，板瓦，一端残。泥质灰陶，质地坚硬，火候较高。通体略弧，厚 1.7 厘米。瓦面施纵向绳纹，瓦里施网格纹（图一三一：3）。

永陵南城址：4，板瓦，残。泥质灰陶，质地坚硬，火候较高。通体略弧，厚 1.7 厘米。瓦面施绳纹，瓦里先施网格纹，后施布纹（图一三一：4）。

东洲城址（210403354199040001）

该遗址位于东洲区东洲街道北部的浑河左岸台地上，现为抚顺市矿务局苗圃。高程 110 米。东距吴家堡西山烽火台 0.5 千米。北濒浑河。

该城址整体保存差，城墙和城内设施地面遗迹现已无存，城内布局结构不清，地表散见灰色绳纹瓦、陶片等汉代遗物。

1989 年，辽宁省文物考古研究所会同抚顺市博物馆对该城址进行了发掘。确定该城址为汉代城址，其始建年代较新宾满族自治县永陵镇的永陵南城址晚。确定该城址平面呈正方形，边长约 200 米。

采集到散碎的泥质灰陶片和绳纹瓦残片。

抚顺市劳动公园城址（210402354199040001）

该遗址位于新抚区抚顺市友谊宾馆和抚顺市劳动公园之间的台地上。高程 84 米。东北距浑河北岸顺城区境内的施家西山烽火台 3.3 千米，西北距浑河北岸顺城区境内的高尔山将军峰烽火台 3.4 千米。

该城址城墙和城内设施地面遗迹现已无存，城内布局结构不清，地表被现代城市设施覆盖。

从当地文物工作者那里了解到，该城址平面呈正方形，边长约 200 米。1933 年，日本殖民者在此修建日本职员宿舍的过程中，发现了一些汉代的陶壶、瓦当、五铢钱等文物。中华人民共和国成立后，经过大批考古工作者多年的挖掘考察，最终确定现在的抚顺市劳动公园及附近的抚顺市友谊宾馆、抚顺市总工会等地原为汉代北方重镇玄菟郡郡治所在地。

从以往的考古工作成果并参照文献记载，初步判断该城址的修筑和使用年代为汉代，与汉长城有关。

2. 辽西地区汉长城关堡（障城）及保存现状

辽西地区汉长城关堡（障城）仅在建平县有发现（参见地图七）。

榆树林子城址（211322353102040001）

该遗址位于榆树林子镇炮手营子村赵家店屯西侧，现村民住宅紧贴城址。高程 510 米。城址南侧即为老宽线公路，路南有一条季节性河流。城址北侧与西侧、城址内均为耕地，种植有玉米、蔬菜等。城内有一座"铜矿援建饮水工程"的水塔矗立。

　　城址明显凸出于地表，城址内与城墙高度持平。现存西墙与北墙保存最好，西墙长130、基宽7、高3.6米，因墙体被推平已辟为耕地，故城址内与城墙高度几乎持平。西南角被取土破坏消失，在其断面上可看到明显的夯土与夯层（彩图一〇三）。墙体分两部分，下部为黄土，土质纯净，夯层厚0.1、宽4、高2.3米；上部土质较杂，黄土、灰土均有，夯筑而成，夯层厚0.1、高1.3米，且夯土中夹杂有战国时期的陶片。依此判断，下部为战国时期先筑，上部为汉代沿用二次接筑而成（图一三二）。北墙长100、外侧高2.5~3米，中部被开辟一条小路通行，墙体被推平作为耕地。东墙已被村民住宅破坏，现存墙体顶宽4、高3米。南墙损毁最为严重，几乎全部消失，据村民介绍，现老宽线公路的位置就是原城南墙所在（彩图一〇四）。城址内的耕地上散落有大量的战国、汉代陶器残片（图一三三）。

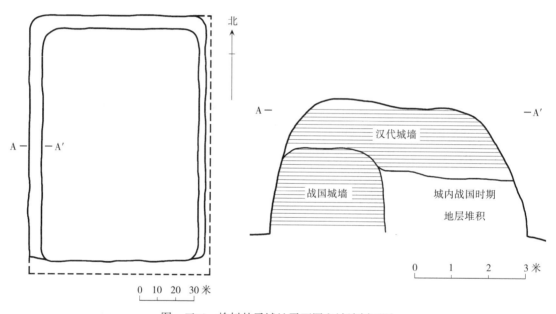

图一三二　榆树林子城址平面图和城墙剖面图

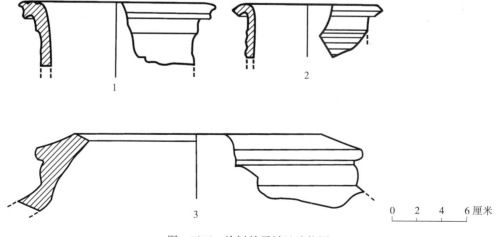

图一三三　榆树林子城址遗物图

1~3. 陶器残片

张家营子城址（211322353102040002）

该遗址位于张家营子镇张家营子村南张营子屯东南0.1千米的耕地内，地势平坦。高程643米。城址南侧是榆树林子镇至张家营子镇的公路，建三线公路从村中穿过。城址四周及城址内均为耕地，种植有玉米等作物。东1.9千米处为前苏州营子1号烽火台、前苏州营子2号烽火台，东北1.6千米处为张家营子1号烽火台，北1.6千米处为张家营子2号烽火台，西北2.1千米处为西张家营子烽火台。

城址墙体均土筑而成，已全部坍塌，形成四周高、中间低的形状。因耕种等破坏，现存城墙呈漫土冈状。城址平面呈长方形，南北长120、东西长150米。北墙保存较好，城址西北角被取土破坏形成一个断坎，在断面上可看到清晰的夯土与夯层，夯层厚0.1米，且较均匀。墙体宽16、高2~3米。北墙中部有一低洼处，疑为城门。西墙保存较差，宽10米，有一条村路沿城墙方向而行，路西侧有一道高1~1.5米的断坎，下部为夯土，上部堆有生活垃圾。南墙保存较好，坍塌宽20、高1.2~2米。西南角保存较高，最高1.5米。南墙中部较低洼，宽12米，疑为城址南门。东墙保存较好，宽15、高1.5~3米（图一三四）。城址内的耕地上散落有大量的汉代陶器残片（图一三五；彩图一〇五）。城址西北角立有省级文物保护单位石碑。

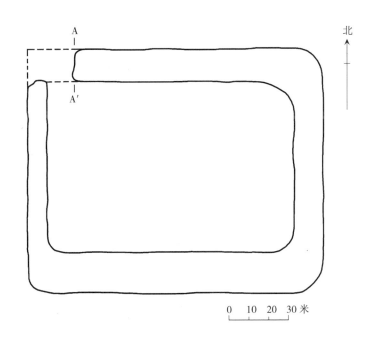

0　10　20　30米

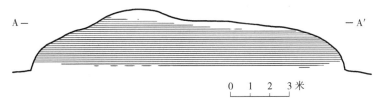

0　1　2　3米

图一三四　张家营子城址平面图和城墙剖面图

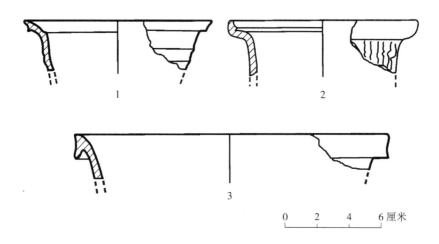

图一三五　张家营子城址遗物图

1～3. 陶器残片

（四）汉长城烽火台（烽燧）及保存现状

1. 辽东地区汉长城烽火台（烽燧）及保存现状

辽东地区汉代长城的烽燧遗址（本报告中统称为"烽火台"）与燕秦长城一样，是此次长城资源调查的主要收获之一。需要说明的是，辽东汉长城在有些段与燕秦遗迹交叉或延用，故本节汉长城烽燧部分出现少量与燕秦长城烽火台重复的地点。

（1）新宾满族自治县（参见地图八）

孤脚山烽火台（210422353201040001）

该烽火台位于旺清门镇旺清门村东北 1.1 千米的孤脚山北峰上。高程 553 米。东距吉林省通化市境内的狍圈沟南山烽火台 3.3 千米，西北距高台山烽火台 5.1 千米。南侧有沈通线（S104）公路，东侧有旺清门至夹河北村的乡道。

烽火台整体保存较好，现为土丘。台体土筑而成，建筑结构不详。台体整体呈馒首状，平面呈圆形，剖面呈梯形。台体顶部直径 2.7、底部直径 12.7、高 3 米。台体顶部中央有一处圆形锅底状土坑，口径 1.4、深 0.6～0.7 米。烽火台外围有封闭的圆形环壕，壕堑口宽 2.8、深 1 米（图一三六；彩图一〇六）。

高台山烽火台（210422353201040002）

该烽火台又名高力台子烽火台，位于红升乡旧门村东 2.2 千米的高台山上。高程 523 米。东南距孤脚山烽火台 5.1 千米，西距白旗汉城遗址 12.4 千米。北 2 千米处有沈通线（S104）公路，西距旺清河 0.2 千米，旺清河属鸭绿江水系。

烽火台整体保存较好，现为土丘。台体土筑而成，建筑结构不详。台体整体呈馒首状，平面呈圆形，剖面呈梯形。台体顶部直径 3、底部直径 8、高 2.5～3 米（图一三七、一三八）。

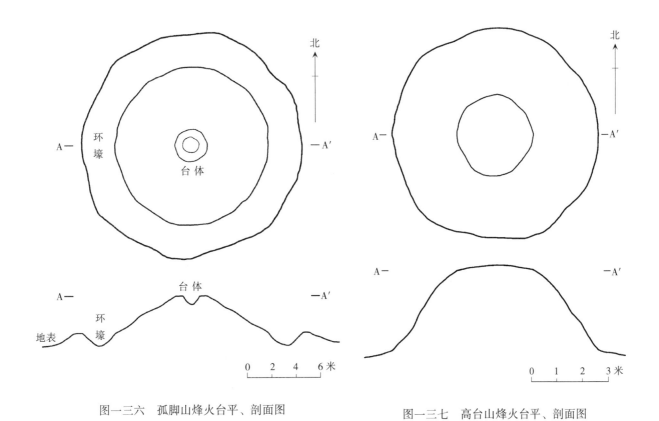

图一三六　孤脚山烽火台平、剖面图

图一三七　高台山烽火台平、剖面图

图一三八　高台山烽火台（素描）

南茶棚墩台（210422353201040003）

该烽火台又名南茶棚烽火台、黄花山墩台，位于新宾镇南茶棚村朝鲜族组西北 1 千米的黄花山上。现为县级文物保护单位。高程 349 米。东距白旗汉城遗址 9 千米，西北距西石场烽火台 7.2 千米，北距沈通线（S104）公路 1.2 千米。西北距苏子河 0.2 千米，苏子河属浑河水系。

烽火台整体保存一般，现为土丘。台体土筑而成，建筑结构不详。台体整体呈馒首状，平面呈圆形，剖面呈梯形。台体顶部直径 3.5、底部直径 8.5、高 1.8 米（图一三九；彩图一〇七）。

采集到一件灰色绳纹筒瓦，两端残，泥质灰陶，质地坚硬，火候较高。两端残，通长 16.6、厚 1.9、弦长 14.1 厘米。瓦面施细绳纹，瓦里饰粗布纹（图一四〇；彩图一〇九）。

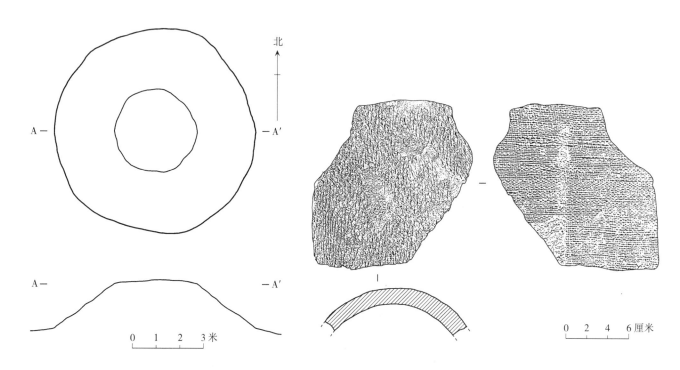

图一三九　南茶棚墩台平、剖面图　　　　　　图一四〇　南茶棚墩台遗物图（筒瓦残片）

西石场烽火台（210422353201040004）

该烽火台位于新宾镇网户村西石场生产组南 0.8 千米的南山上。高程 339 米。东南距南茶棚墩台 7.2 千米，西南距河南烽火台 6.5 千米。北距沈通线（S104）0.7 千米、苏子河 0.9 千米，苏子河属浑河水系。

台体整体保存较好，现为土丘。台体土筑而成，建筑结构不详。台体整体呈近圆锥状，平面呈圆形，剖面呈梯形。台体顶部直径 3.8、底部直径 13.8、高 3.5 米（图一四一；彩图一〇八）。

采集到一件灰色板瓦，一件红褐色筒瓦，编号为西石场烽火台：1、2（彩图一一〇）。

西石场烽火台：1，残。泥质灰陶，质地坚硬，火候较高。通体略弧，长 16、宽 8.7 厘米。

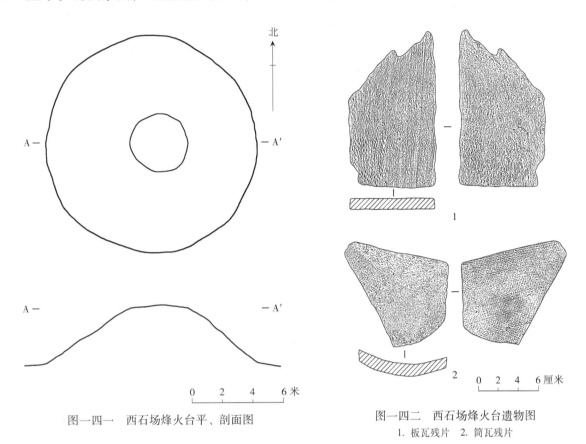

瓦面施细绳纹，磨损严重，瓦里素面（图一四二：1）。

西石场烽火台：2，残，泥质红褐陶，质地坚硬，火候较高。长11、宽10.8、厚1.6、弦长11厘米。瓦面素面，瓦里施细布纹（图一四二：2）。

图一四一　西石场烽火台平、剖面图

图一四二　西石场烽火台遗物图
1. 板瓦残片　2. 筒瓦残片

河南烽火台（210422353201040005）

该烽火台又名温家碴子烽火台，位于永陵镇前进村河南组南山上、河南高句丽山城南端。高程372米。东北距西石场烽火台6.5千米、永陵南城址1千米。东侧山下有沈通线（S104）公路，北侧2千米有木通线（S201）公路。北距苏子河1.5千米，苏子河属浑河水系。

烽火台地面遗迹消失。台体建筑形式、材料、结构、形制、尺寸等不详。

1996年，抚顺市博物馆发掘河南山城时，该烽火台尚存，地面散布绳纹板瓦、筒瓦和陶片等遗物。此次调查时，该烽火台已被开发所谓的后金时期的觉尔察城旅游区破坏殆尽，未发现遗物。

羊祭台烽火台（210422353201040006）

该烽火台又名四道沟烽火台，位于永陵镇四道沟村羊祭台自然村东南0.6千米的羊祭台岭上。高程335米。东南距河南烽火台11千米，西北距和睦烽火台2.4千米。南侧有木通线（S201）公路，东南0.8千米处、西北1.5千米处有苏子河，苏子河属浑河水系。

烽火台整体保存较好，现为土丘。台体土筑而成，建筑结构不清。台体整体呈馒首状，平面呈圆形，剖面呈梯形。台体顶部直径4.5、底部直径13、高4.5米（图一四三；彩图一一一）。

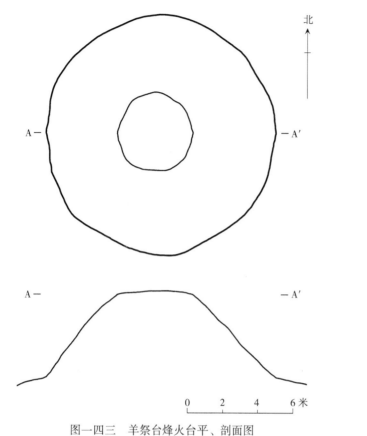

图一四三　羊祭台烽火台平、剖面图

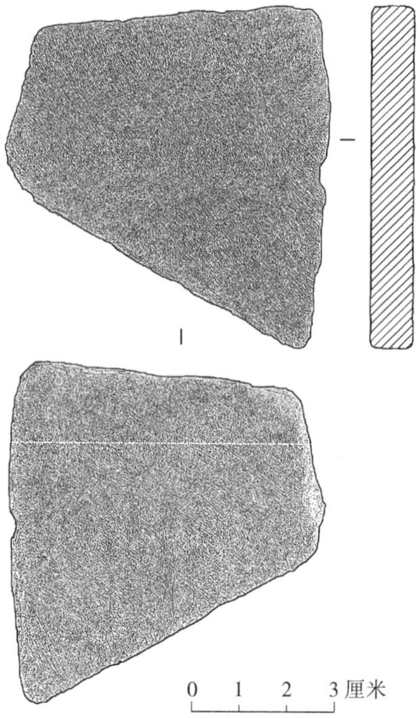

图一四四　羊祭台烽火台遗物图（板瓦残片）

　　采集到 1 件灰色板瓦，泥质灰陶，质地坚硬，火候较高。通体平直，长 6.8、宽 6.7、厚 0.8 厘米。瓦面施粗绳纹，磨损严重，瓦里饰菱形纹（图一四四；彩图一一二）。

　　和睦烽火台（210422353201040007）

　　该烽火台又名和睦墩台、大和睦墩台，位于永陵镇和睦村东南 1 千米的北坡台地上。现为县级文物保护单位。高程 260 米。东南距羊祭台烽火台 2.4 千米，西北距东岭烽火台 3.1 千米。北距木通线（S201）公路 0.8 千米，西、北、东三面濒临苏子河，苏子河属浑河水系。

　　墩台整体保存一般，现为低矮的土丘。台体多处被当地居民取土、建坟破坏，周围被辟为耕地。台体土筑而成，建筑结构不详。台体整体为馒首状，平面呈圆形，剖面呈梯形。台体顶部直径 4.2、底部直径 24、高 2.8 米（图一四五；彩图一一三）。

　　采集到 2 件灰色板瓦残片，编号为和睦烽火台：1、2。

　　和睦烽火台：1，残。泥质灰陶，质地坚硬，火候较高。通体略弧，薄厚不均。长 6.9、宽 6.4、厚 0.8～1.1 厘米。外壁压印四道凹带，内壁素面（图一四六：1）。

　　和睦烽火台：2，残。泥质灰陶，质地坚硬，火候较高。通体平直。长 6.2、宽 5.4、厚 1 厘米。瓦面饰粗绳纹，瓦里饰菱形纹，磨损严重（图一四六：2）。

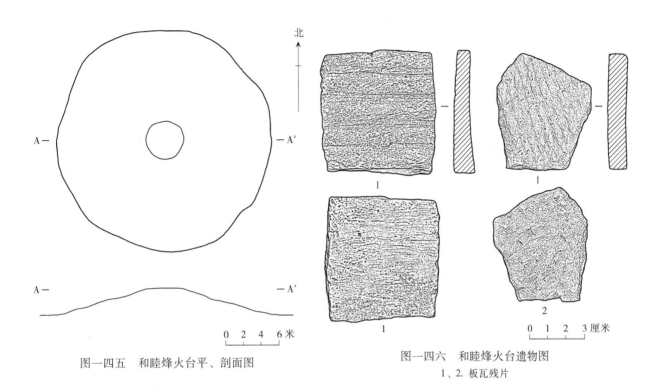

图一四五　和睦烽火台平、剖面图　　　　图一四六　和睦烽火台遗物图

　　　　　　　　　　　　　　　　　　　　　　　1、2. 板瓦残片

东岭烽火台（210422353201040008）

该烽火台又名东岭墩台，位于木奇镇木奇村东南5.1千米东岭上。现为县级文物保护单位。高程366米。东南距和睦烽火台3.1千米，西北距水手西山烽火台6.6千米。西南侧山下0.7千米处有木通线（S201）公路。东南侧山下有榛子河，西北侧山下有太平沟季节性河流，均为苏子河支流，苏子河属浑河水系。

烽火台整体保存较好，现为土丘。台体顶部有一个盗坑。台体上杂草、荆棘丛生，长有10余株柞树。台体土筑而成，建筑结构不详。台体整体呈馒首状，平面呈圆形，剖面呈梯形。台体顶部直径4.4、底部直径10.4、高2.8米。台体顶部有长方形盗坑，长2.2、宽1、深0.8米（图一四七；彩图一一四）。

水手西山烽火台（210422353201040009）

该烽火台位于木奇镇水手村西0.5千米的西山上。高程385米。东南距东岭烽火台6.6千米，西北距马尔墩岭烽火台2.7千米。东侧山下0.5千米处有铁长线（S202）公路，南0.7千米处有苏子河，苏子河属浑河水系。

该烽火台整体保存较好，现为土丘。台体上的杂草、荆棘、柞树被伐除掉。台体土筑而成，建筑结构不详。台体整体呈馒首状，平面呈圆形，剖面呈梯形。台体顶部直径2.9、底部直径11.9、高3.5~4米。台体顶部有一个圆形锅底状土坑，口径2、深0.6~0.8米（图一四八；彩图一一五）。

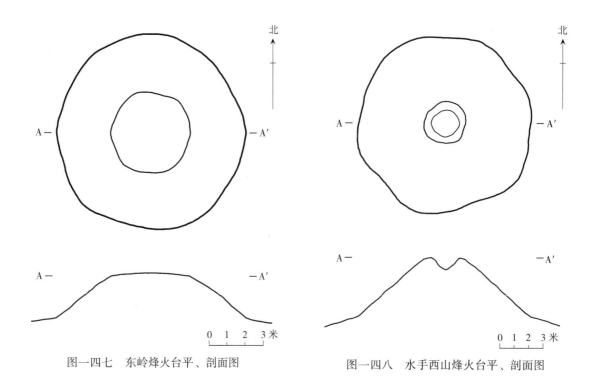

图一四七　东岭烽火台平、剖面图　　　　图一四八　水手西山烽火台平、剖面图

马尔墩岭烽火台（210422353201040010）

该烽火台位于上夹河乡马尔墩村洪家店组东南2.5千米的马尔墩岭上。高程337米。东南距水手西山烽火台2.7千米，西北距洪家店烽火台2.4千米。东侧有铁长线（S202）公路，西南5千米处有苏子河，苏子河属浑河水系。

烽火台被公路路堑破坏，地面遗迹消失。台体建筑形式、材料、结构、形制、尺寸等不详。

洪家店烽火台（210422353201040011）

该烽火台位于上夹河乡马尔墩村洪家店组北0.2千米的山坡台地上。高程258米。东南距马尔墩岭烽火台2.4千米，西北距老和尚背烽火台4.8千米。南距铁长线（S202）公路0.25千米，西南2.5千米有苏子河，苏子河属浑河水系。

烽火台整体保存差，现为低矮的土丘，烽火台体及其周围被辟为耕地。台体土筑而成，建筑结构不详。台体平面呈近椭圆形，东西长8、南北长6.3、高0.8米（图一四九）。

采集到绳纹瓦、口沿、钻孔陶片等3件遗物，编号为洪家店烽火台：1~3（彩图一一六）。

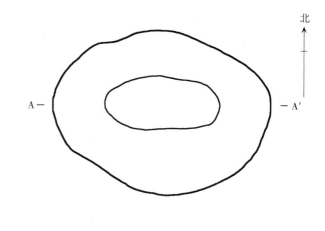

图一四九　洪家店烽火台平、剖面图

　　洪家店烽火台: 1，板瓦，残，泥质灰陶，质地坚硬，火候较高。通体平直，厚 1.1 厘米。瓦面施粗绳纹，瓦里饰菱形纹（图一五〇: 1）。

　　洪家店烽火台: 2，板瓦，残，泥质灰陶，质地坚硬，火候较高。通体平直。厚 1.1 厘米。瓦面施绳纹，瓦里施布纹（图一五〇: 2）。

　　洪家店烽火台: 3，板瓦。残，泥质灰陶，质地坚硬，火候较高。厚 1.2 厘米。瓦面一端施纵向细绳纹，另一端压印横向凹带，瓦里素面（图一五〇: 3）。

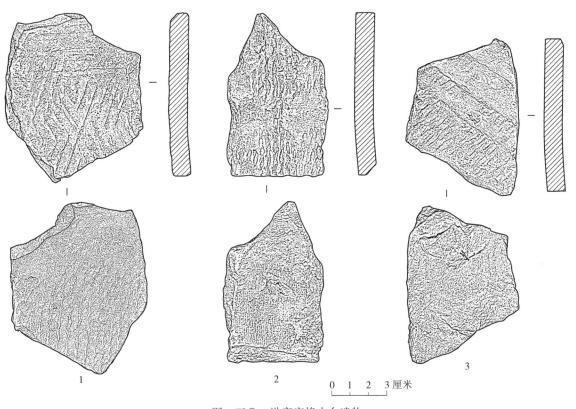

图一五〇　洪家店烽火台遗物
1~3. 板瓦残片

　　老和尚背烽火台（210422353201040012）

　　该烽火台位于上夹河乡得胜堡村东南 2.5 千米的老和尚背山上。高程 292 米。东南距洪家店烽火台 4.8 千米，西北距东砬咀烽火台 1.7 千米。北侧山下 0.1 千米处有铁长线（S202）公路，南 3 千米处有苏子河，苏子河属浑河水系。

　　烽火台整体保存较好，现为土丘。台体表面杂草、荆棘丛生。台体土筑而成，建筑结构不详。台体整体呈馒首状，平面呈圆形，剖面呈梯形。台体顶部直径 2.2、底部直径 8.2、高 1.8~2 米（图一五一）。

　　东砬咀烽火台（210422353201040013）

　　该烽火台位于上夹河乡上夹河村东南 0.2 千米的东砬咀山上。高程 284 米。东南距老和尚背烽火台 1.7 千米，西北距腰站南山烽火台 3.5 千米。东北侧山下 0.2 千米处有铁长线（S202）公路，西北侧山下 0.3 千米处有台上线（台沟至上夹河）公路。

　　烽火台整体保存较好，现为土丘。台体上柞树、杂草、荆棘丛生。台体土筑而成，建筑结构不详。台体整体呈馒首状，平面呈圆形，剖面呈梯形。台体顶部直径4、底部直径11、高3.5~4米（图一五二）。

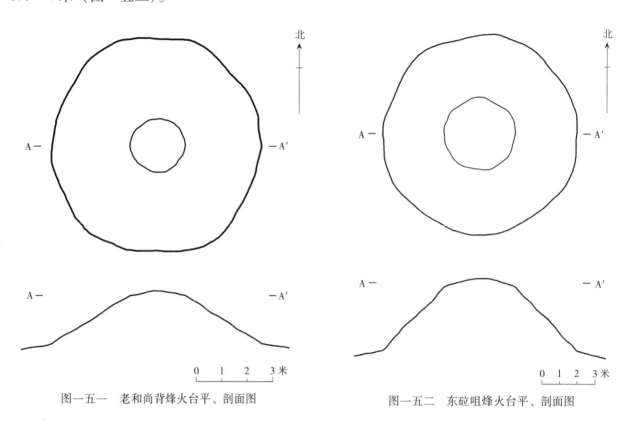

　　　图一五一　老和尚背烽火台平、剖面图　　　　　　图一五二　东硇咀烽火台平、剖面图

　　腰站南山烽火台（210422353201040014）

　　该烽火台又名东硇脸烽火台，位于上夹河乡腰站村东南0.8千米的南山上。高程238米。东南距东硇咀烽火台3.5千米，西北距天桥岭烽火台5.2千米。北侧山下0.4千米处有台上线（台沟至上夹河）公路，北侧山下有苏子河支流，苏子河属浑河水系。

　　烽火台地面遗迹消失。台体建筑形式、材料、结构、形制、尺寸等不详。

　　天桥岭烽火台（210422353201040015）

　　该烽火台位于上夹河乡古楼村东北1.1千米的天桥岭上。高程195米。东南距腰站南山烽火台5.2千米，西北距河西烽火台4千米。南侧山下有台上线（台沟至上夹河）公路，南濒苏子河，苏子河属浑河水系。

　　烽火台整体保存一般，现为土丘。台体多处被取土破坏。台体土筑而成，建筑结构不详。台体整体呈馒首状，平面呈圆形，剖面呈梯形。台体顶部直径4、底部直径8、高4米（图一五三、一五四；彩图一一七）。

　　采集到1件灰色绳纹筒瓦残片。泥质灰陶，质地坚硬，火候较高。通体略弧，厚0.8厘米。瓦面施细绳纹，瓦里施细布纹（图一五五；彩图一一八）。

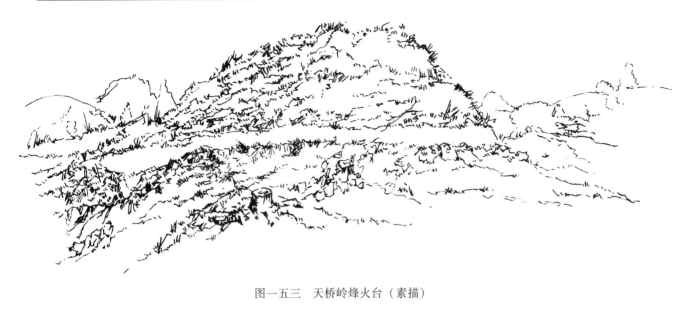

图一五三 天桥岭烽火台（素描）

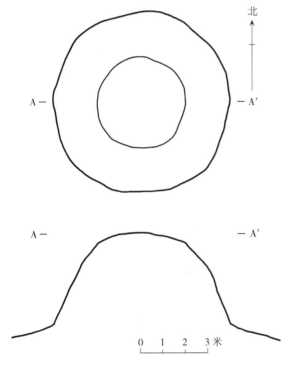

图一五四 天桥岭烽火台平、剖面图

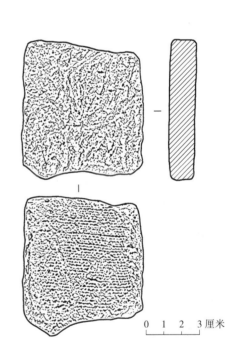

图一五五 天桥岭烽火台遗物图（筒瓦残片）

河西烽火台（210422353201040016）

该烽火台位于上夹河乡河西村西南0.5千米的西山上。高程239米。东南距天桥岭烽火台4千米，西北距抚顺县境内的苍什烽火台2千米。北距台上线（台沟至上夹河）公路0.3千米，东北距苏子河0.8千米，苏子河属浑河水系。

烽火台整体保存较好，现为土丘。台体上杂草、荆棘丛生。台体土筑而成，建筑结构不详。台体整体呈近圆锥状，平面呈圆形，剖面呈梯形。台体顶部直径2.8、底部直径12.8、高3.5米（图一五六）。

采集到 1 件灰色绳纹板瓦残片。泥质灰陶，质地坚硬，火候较高。通体平直，厚 0.9 厘米。瓦面施细绳纹，瓦里素面（图一五七；彩图一一九）。

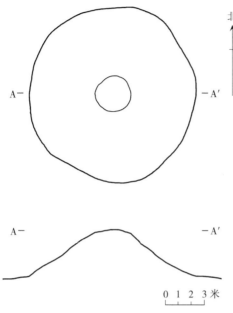

图一五六　河西烽火台平、剖面图

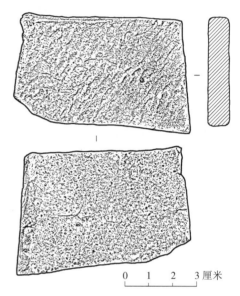

图一五七　河西烽火台遗物图（板瓦残片）

（2）抚顺县（地图九）

苍什烽火台（210421353201040001）

该烽火台又名苍石烽火台，位于上马乡苍什村东南 0.2 千米的南山台地上。高程 171 米。东南距新宾满族自治县境内的河西烽火台 2 千米，西南距苍什岭烽火台 1.5 千米。西北侧山下有台上线（台沟至上夹河）公路，北 5 千米处有苏子河，西北 5 千米处有大伙房水库，苏子河属浑河水系。

烽火台整体保存差，现为低矮的土丘。台体及其周围被辟为耕地。台体土筑而成，建筑结构不详。台体平面呈圆形，剖面梯形。台体顶部直径 1.2、底部直径 12、高 0.8 ~ 1.2 米（图一五八；彩图一二〇）。

采集到 3 件绳纹板瓦残片，编号为苍什烽火台：1 ~ 3（彩图一二一）。

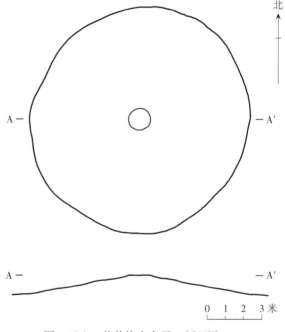

图一五八　苍什烽火台平、剖面图

苍什烽火台：1，板瓦，残。泥质灰陶，质地坚硬，火候较高。通体略弧，厚 1.7 厘米。瓦面施绳纹，瓦里施菱形纹，均磨损严重（图一五九：1）。

苍什烽火台：2，板瓦，残。泥质灰陶，质地坚硬，火候较高。通体平直，厚 1.1 厘米。

瓦面施绳纹，瓦里施菱形纹（图一五九: 2）。

苍什烽火台: 3，筒瓦。残，泥质红褐陶，质地坚硬，火候较高。通体略弧，厚1厘米。瓦面施绳纹，瓦里施细布纹（图一五九: 3）。

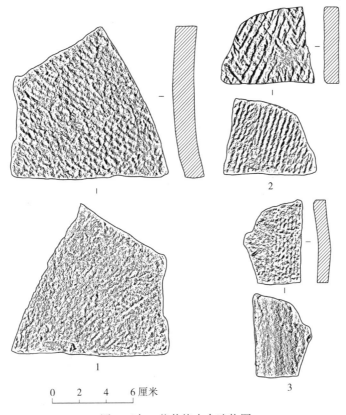

0　2　4　6厘米

图一五九　苍什烽火台遗物图
1、2. 板瓦残片　3. 筒瓦残片

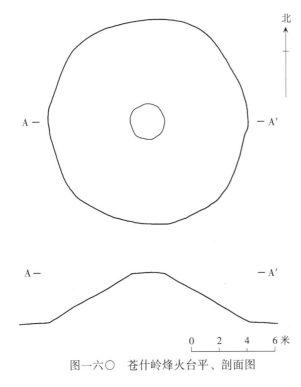

北

A —　　　— A'

A —　　　— A'

0　2　4　6米

图一六〇　苍什岭烽火台平、剖面图

苍什岭烽火台（210421353201040002）

该烽火台又名苍什西大岭烽火台，位于上马乡苍什村西南1千米的苍什岭山上。高程217米。东北距苍什烽火台1.5千米，西南距老参场烽火台5.8千米。西、北侧山下有台上线（台沟至上夹河）公路，东北3千米处有苏子河，西北5.5千米处有大伙房水库，苏子河属浑河水系。

烽火台整体保存较好，现为土丘，台体及其周围被辟为耕地。台体土筑而成，建筑结构不详。台体整体呈馒首状，平面呈圆形，剖面呈梯形。台体顶部直径2.5、底部直径14.5、高2.8~3.5米（图一六〇；彩图一二二）。

采集到板瓦、筒瓦、陶器残片各1件，编号为苍什岭烽火台: 1~3（彩图一二三）。

苍什岭烽火台：1，板瓦，残。泥质灰陶，质地坚硬，火候较高。通体平直，厚0.9厘米。瓦面施粗绳纹，瓦里施网格纹（图一六一：1）。

苍什岭烽火台：2，筒瓦，残。泥质灰陶，质地坚硬，火候较高。通体略弧，薄厚不均，厚1.1～1.3厘米。瓦面施细绳纹，瓦里施细布纹（图一六一：2）。

苍什岭烽火台：3，陶器，残存口沿。泥质红褐陶，质地坚硬，火候较高。素面，侈口，圆唇，直壁，厚0.7厘米（图一六一：3）。

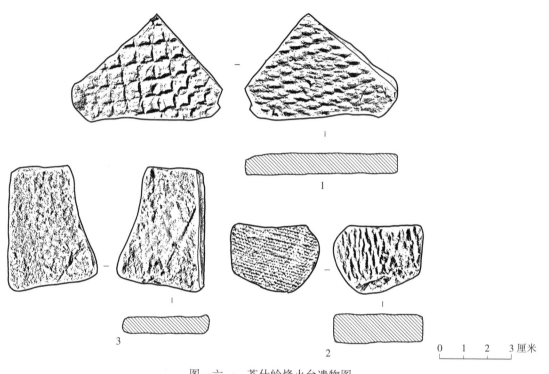

图一六一 苍什岭烽火台遗物图
1. 板瓦残片 2. 筒瓦残片 3. 陶器残片

老参场烽火台（210421353201040003）

该烽火台位于上马乡三道沟村西北0.8千米的老参场东山山腰上。高程206米。东北距苍什岭烽火台5.8千米，西北距破房沟烽火台1.1千米。西南侧山下有乡道，西北距大伙房水库3千米，属浑河水系。

烽火台整体保存较好，现为土丘。台体上长有柞木，表面被落叶覆盖。台体土筑而成，建筑结构不详。台体整体呈馒首状，平面呈圆形，剖面呈梯形。台体顶部直径1.5、底部直径6、高1.8～2.5米（图一六二）。

破房沟烽火台（210421353201040004）

该烽火台位于上马乡三道沟村西北1.9千米的破房沟西山山脊上。高程246米。东南距老参场烽火台1.1千米，西南距东洲区境内的小青岛烽火台9.7千米。东侧山下有乡道与公路（台沟至上夹河段）相连。西北距大伙房水库2千米，属浑河水系。

烽火台整体保存较好，现为土丘。台体长有柞树、松树等，表面被落叶覆盖。台体土筑而成，建筑结构不详。台体呈馒首状，平面呈圆形，剖面呈梯形。台体顶部直径2.5、底部直径6、高2.2～2.5米（图一六三）。

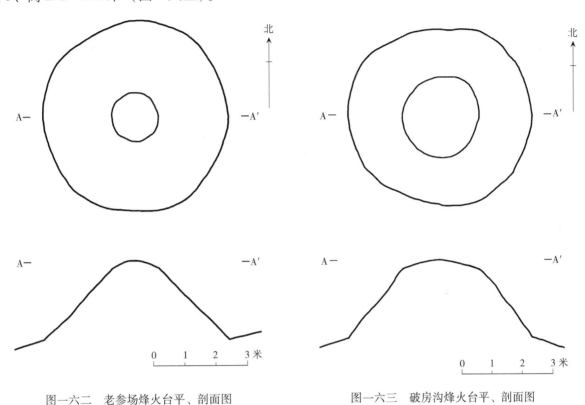

图一六二　老参场烽火台平、剖面图　　　　　图一六三　破房沟烽火台平、剖面图

（3）东洲区（参见地图九）

小青岛烽火台（210403353201040001）

该烽火台位于东洲街道大伙房水库风景区小青岛林场东1.2千米的山上。高程202米。东北距抚顺县境内的破房沟烽火台9.7千米，西北距吴家堡西山烽火台6.6千米。原址附近有景区道路通往东洲区。南、北、东三面濒临大伙房水库，属浑河水系。

烽火台地面遗迹消失。台体建筑形式、材料、结构、形制、尺寸等不详。

吴家堡西山烽火台（210403353201040002）

该烽火台位于东洲街道吴家堡西50米的西山顶部。高程115米。东南距小青岛烽火台6.6千米，西北距顺城区境内的鹰嘴砬子烽火台2.1千米。西南侧山下是抚顺市东洲区市区，街道纵横。北濒浑河。

烽火台整体保存差，现为土丘。台体被挖出盗洞，多处被取土破坏。台体土筑而成，建筑结构不详。台体平面呈圆形，剖面呈梯形。台体顶部直径4.6、底部直径14.6、高2米（图一六四）。

抚顺市文物工作者曾在烽火台地表采集到绳纹瓦等汉代遗物。地表散见明代青砖残块，明长城曾沿用此烽火台。

（4）顺城区（参见地图九）

鹰嘴砬子烽火台（210411353201040001）

该烽火台位于前甸镇关岭村南1.2千米的鹰嘴砬子山顶上。高程163米。东南隔浑河距东洲区境内的吴家堡西山烽火台 2.1 千米，东北距关岭南台烽火台 1 千米，北距黑大线公路（G202）0.5 千米、沈吉高速公路（G1212）1.2 千米、沈吉铁路线 0.6 千米。南濒浑河。

　　烽火台整体保存一般，现为土丘。台体东侧被当地企业修路取土破坏。台体土筑而成，建筑结构不详。台体呈馒首状，平面呈圆形，剖面呈梯形。台体顶部直径 13、底部直径 23、高 2.5 米（图一六五）。

　　地表散见明代青砖残块，说明明长城曾沿用此烽火台。

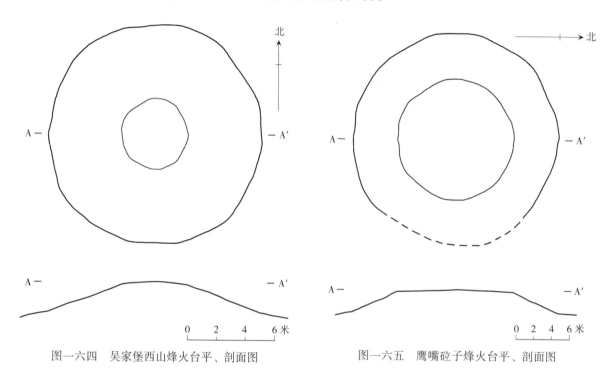

图一六四　吴家堡西山烽火台平、剖面图　　　　　图一六五　鹰嘴砬子烽火台平、剖面图

关岭南台烽火台（210411353201040002）

　　该烽火台位于前甸镇关岭村南 0.2 千米。高程 118 米。西北距关岭西台烽火台 0.5 千米，西南距鹰嘴砬子烽火台 1 千米，北距黑大线公路（G202）0.6 千米、沈吉高速公路（G1212）1.3 千米、沈吉铁路线 1 千米。南侧有浑河。

　　烽火台整体保存差，现为土丘。台体东侧被取土破坏，周围被辟为耕地。台体土筑而成，建筑结构不详。台体平面呈圆形，剖面呈梯形。台体顶部直径 4、底部直径 10、高 2 米（图一六六）。

　　地表散见明代青砖残块，说明明长城曾沿用此烽火台。

关岭西台烽火台（210411353201040003）

　　该烽火台位于前甸镇关岭村西南 0.2 千米。高程 112 米。东南距关岭南台烽火台 0.5 千米，西北距靠山北山烽火台 3 千米，北距黑大线公路（G202）0.8 千米、沈吉铁路线 1.3 千米、沈吉高速公路（G1212）0.8 千米。南侧有浑河。

　　烽火台整体保存差，现为凸起的土柱。台体外围被取土破坏。台体土筑而成，建筑结构不详。台体平面呈圆形，顶部直径 3、底部直径 6、高 11 米（图一六七、一六八；彩图一二四）。

　　台体顶部的断壁上可见明代青砖残块，说明明长城曾沿用此烽火台。

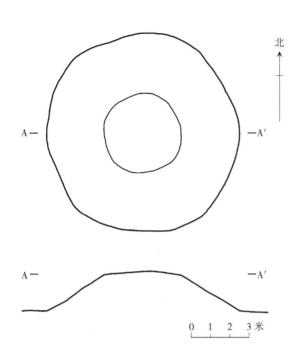

图一六六　关岭南台烽火台平、剖面图

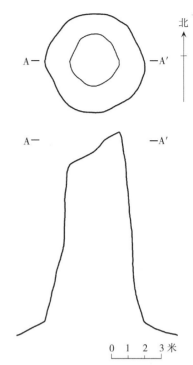

图一六七　关岭西台烽火台平、剖面图

图一六八　关岭西台烽火台（素描）

靠山北山烽火台（210411353201040004）

该烽火台位于前甸镇靠山村北0.2千米的北山上。高程138米。东南距关岭西台烽火台3千米，西南距鲍家北山烽火台1.2千米，南侧山下有黑大线公路（G202）和沈吉铁路线。南侧有浑河。

烽火台整体保存一般，现为土丘。台体外围被当地居民耕地、取土破坏，表面杂草丛生。台体土筑而成，建筑结构不详。台体整体呈馒首状，平面呈圆形，剖面呈梯形。台体顶部直径3.5、底部直径9.5、高1.7米（图一六九；彩图一二五）。

采集到1件绳纹板瓦残片。泥质灰陶，质地坚硬，火候较高。通体略弧，厚1厘米。瓦面施细绳纹，瓦里施菱形纹（图一七〇；彩图一二六）。

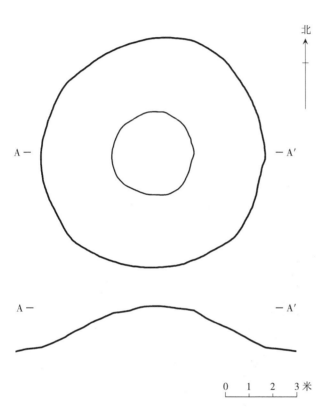

图一六九　靠山北山烽火台平、剖面图

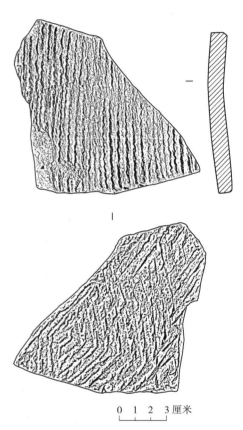

图一七〇　靠山北山烽火台遗物图（板瓦残片）

鲍家北山烽火台（210411353201040005）

该烽火台又名新北村北山烽火台、鲍家坟烽火台。高程147米。东北距靠山北山烽火台1.2千米，西距詹家北山烽火台1.5千米，南侧山下有黑大线公路（G202）和沈吉铁路线。南侧有浑河。

烽火台整体保存一般，现为低矮的土丘。台体多处被取土、建坟破坏。台体土筑而成，建筑结构不详。台体整体呈馒首状，平面呈圆形，剖面呈梯形。台体顶部直径3.5、底部直径10.5、高1.5米（图一七一）。

采集到3件板瓦、陶器残片，编号为鲍家北山烽火台：1~3。

鲍家北山烽火台：1，板瓦，残。泥质灰陶，质地坚硬，火候较高。通体略弧，厚1厘米。瓦面施粗绳纹，瓦里施细布纹（图一七二：1）。

鲍家北山烽火台：2，板瓦，残。泥质灰陶，施黑陶衣，质地坚硬，火候较高。通体略弧，

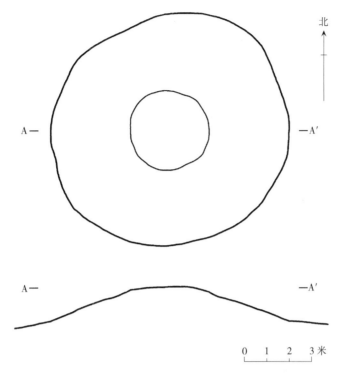

图一七一　鲍家北山烽火台平、剖面图

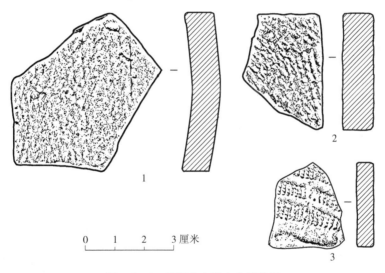

图一七二　鲍家北山烽火台遗物图
1、2. 板瓦残片　3. 陶器残片

厚 1.1 厘米。瓦里施粗绳纹，磨损严重，瓦里素面（图一七二: 2）。

鲍家北山烽火台: 3，陶器，残存器壁。泥质红陶，施黑陶衣，质地坚硬，火候较高。通体平直，厚 0.6 厘米。外壁施竖压横带绳纹，内壁素面（图一七二: 3）。

詹家北山烽火台（210411353201040006）

该烽火台位于前甸镇詹家村西北 0.8 千米的北山上。高程 185 米。东距鲍家北山烽火台 1.5 千米，西距果树北山烽火台 1.4 千米，南侧山下有黑大线公路（G202）和沈吉铁路线。南侧有浑河。

　　烽火台整体保存一般，现为低矮的土丘。台体周围是柞木林，台体上长有柞树。台体土筑而成，建筑结构不详。台体整体呈馒首状，平面呈圆形，剖面呈梯形。台体顶部直径 4、底部直径 14、高 2~2.2 米。台体顶部有一个圆形锅底状土坑，口径 2.5、存深 0.8 米（图一七三）。

　　采集到 1 件灰色绳纹陶片。泥质灰陶，质地坚硬，火候较高。通体平直，厚 0.2 厘米。外壁施粗绳纹，磨损严重，内壁素面（图一七四）。

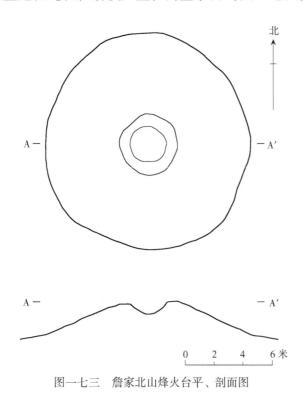

<table>
<tr><td>图一七三　詹家北山烽火台平、剖面图</td><td>图一七四　詹家北山烽火台遗物图（陶器残片）</td></tr>
</table>

果树北山烽火台（210411353201040007）

　　该烽火台又名宏宇花园西山烽火台，位于前甸镇果树村北 0.5 千米的北山上、宏宇花园小区西侧山上。高程 185 米。东距詹家北山烽火台 1.4 千米，西南距施家西山烽火台 1.9 千米，南侧山下黑大线公路（G202）和沈吉铁路线。南侧有浑河。

　　烽火台整体保存一般，现为低矮的土丘。台体顶部立有测量设施，周围有多座现代坟丘。台体土筑而成，建筑结构不详。台体整体呈馒首状，平面呈圆形，剖面呈梯形。台体顶部直径 6、底部直径 16、高 1.8~2 米（图一七五）。

　　采集到陶器 3 件、板瓦残片数片，编号为果树北山烽火台：1~3（彩图一二七）。

　　果树北山烽火台：1，陶器，残存器壁。泥质灰陶，质地坚硬，火候较高。通体略弧，厚 0.5 厘米。外壁施细绳纹，内壁素面（图一七六：1）。

　　果树北山烽火台：2，板瓦。泥质灰陶，质地坚硬，火候较高。通体略弧，厚 1 厘米。瓦面施粗绳纹，磨损严重，瓦里施菱形纹（图一七六：2）。

　　果树北山烽火台：3，板瓦。泥质灰陶，质地坚硬，火候较高。通体平直，厚 0.5 厘米。瓦面施细绳纹，瓦里素面（图一七六：3）。

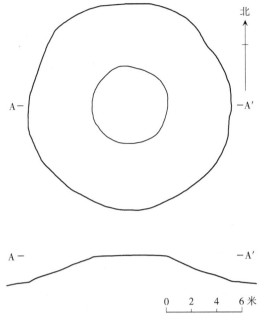

图一七五　果树北山烽火台平、剖面图

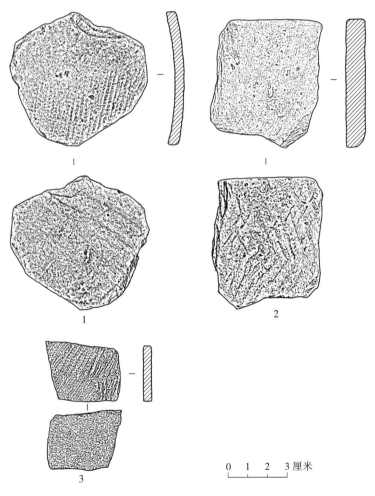

图一七六　果树北山烽火台遗物图
1. 陶器残片　2、3. 板瓦残片

施家西山烽火台（210411353201040008）

该烽火台位于河北乡施家村西0.2千米的西山上。高程156米。东北距果树北山烽火台1.9千米，西北距高尔山将军峰烽火台2.8米，南侧山下为黑大线公路（G202）和沈吉铁路线。南侧有浑河。

烽火台被电力部门修建的高压线设施彻底破坏，地面遗迹消失，原址被高压线铁塔占据。台体建筑形式、材料、结构、形制、尺寸等不详。

烽火台原址地表采集到1件板瓦残片。泥质灰陶，质地坚硬，火候较高。通体平直，厚0.7厘米（图一七七；彩图一二八）。

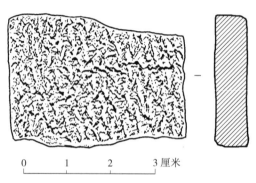

0　　1　　2　　3厘米

图一七七　施家西山烽火台遗物图（板瓦残片）

高尔山将军峰烽火台（210411353201040009）

该烽火台位于抚顺市高尔山公园内高尔山北部的将军峰上。高程232米。东南距施家西山烽火台2.8千米，西南距肉联厂后山烽火台1.4米，南侧山下有黑大线公路（G202）和沈吉铁路线。南侧有浑河。

烽火台整体保存较好，现为土丘。台体顶部被游人踩踏平坦，中央立有测量设施。台体上长有柞树、长满杂草，随处可见游人抛弃的生活垃圾。台体土筑而成，建筑结构不详。台体平面呈圆形，剖面呈梯形。台体顶部直径5、底部直径10、高1.8米（图一七八）。

采集到1件板瓦残片。泥质灰陶，质地坚硬，火候较高。通体平直，厚1.7厘米。瓦面施绳纹，瓦里施布纹（图一七九；彩图一二九）。

肉联厂后山烽火台（210411353201040010）

该烽火台位于抚顺市肉联厂西北0.2千米的后山上。高程154米。东南侧山下有黑大线公路（G202）和沈吉铁路线，南侧有浑河。

烽火台地面遗迹消失，原址被将军水厂占据。台体建筑形式、材料、结构、形制、尺寸等不详。

1981年，抚顺市文物普查时发现该烽火台，地表散布绳纹瓦、陶片和青铜时代遗物。

将军堡北山烽火台（210411353201040011）

该烽火台位于河北乡将军堡村北0.5千米的北山上。高程145米。东北距肉联厂后山烽火台1.7千米，西南距新地号南山烽火台0.6千米，南侧山下有黑大线公路（G202）和沈吉铁路线。南侧有浑河。

烽火台整体保存差，多处被当地居民取土建坟破坏，现为低矮的土丘，表面杂草丛生。台体土筑而成，建筑结构不详。台体整体呈馒首状，平面呈圆形，剖面呈梯形。台体顶部直径3、底部直径9、高1.6米（图一八〇）。

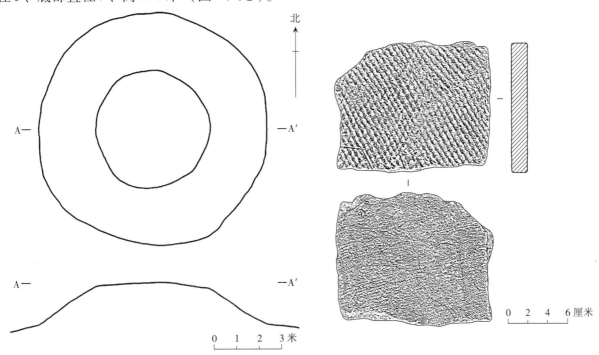

图一七八　高尔山将军峰烽火台平、剖面图　　　　图一七九　高尔山将军峰烽火台遗物图（板瓦残片）

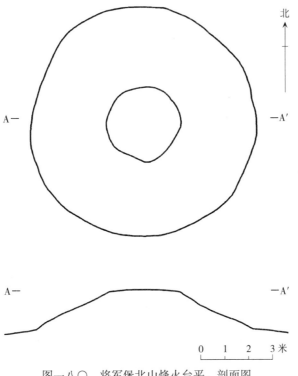

图一八〇　将军堡北山烽火台平、剖面图

采集到1件板瓦残片。夹砂灰陶，质地坚硬，火候较高。通体略弧，厚1.2厘米。瓦面施绳纹，瓦里施布纹，两面纹饰均磨损严重（图一八一）。

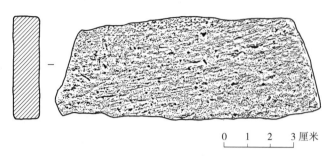

0　1　2　3厘米

图一八一　将军堡北山烽火台遗物图（板瓦残片）

新地号南山烽火台（210411353201040012）

该烽火台位于河北乡新地号村东南0.4千米的南山上。高程135米。东北距将军堡北山烽火台0.6千米，西南距葛布桥头烽火台0.8千米，南侧山下有黑大线公路（G202）和沈吉铁路线。南侧有浑河。

烽火台整体保存差，多处被当地居民取土建坟破坏，现为低矮的土丘，表面杂草丛生。台体顶部建有多处现代坟丘，立有测量标志。台体土筑而成，建筑结构不详。台体整体为馒首状，平面呈圆形，剖面呈梯形。台体顶部直径5、底部直径15、高1.8米（图一八二）。

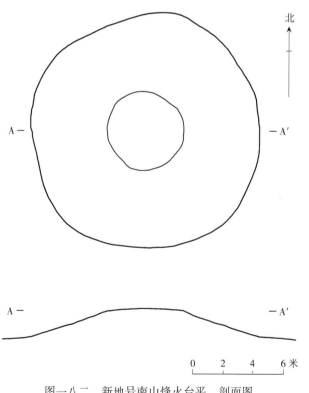

北

A —　　　　　　　　　　— A′

A —　　　　　　　　　　— A′

0　2　4　6米

图一八二　新地号南山烽火台平、剖面图

采集到板瓦和筒瓦残片各1件，编号为新地号南山烽火台：1、2（彩图一三〇）。

新地号南山烽火台：1，板瓦，残。夹砂灰陶，质地坚硬，火候较高。通体略弧，厚1.7

厘米。瓦面施绳纹，瓦里施菱形纹，磨损严重（图一八三：1）。

新地号南山烽火台：2，筒瓦，残。夹砂灰褐陶，质地坚硬，火候较高。弯曲较大，厚1.2厘米。瓦面施绳纹，瓦里施布纹（图一八三：2）。

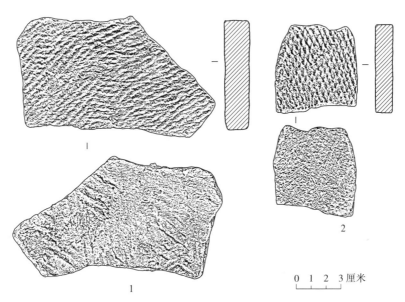

图一八三　新地号南山烽火台遗物图
1. 板瓦残片　2. 筒瓦残片

葛布桥头烽火台（210411353201040013）

该烽火台位于河北乡葛布桥头格林山庄住宅区。高程75米。东北距新地号南山烽火台0.8千米，西北距月牙山烽火台2千米。南侧山下有黑大线公路（G202），北侧山下有沈吉铁路线。南侧有浑河。

烽火台地面遗迹消失，现被格林山庄住宅区占据。台体建筑形式、材料、结构、形制、尺寸等不详。

1980年，抚顺市文物普查时发现有该烽火台遗址，地表散布有绳纹瓦和陶片等遗物。

此次调查发现，该烽火台被彻底破坏，原址被格林山庄居住区占据，未采集到遗物。

月牙山烽火台（210411353201040014）

该烽火台位于河北乡西葛联社北0.2千米的月牙山上。高程135米。东南距葛布桥头烽火台2千米，西南距半截沟烽火台1千米，南侧山下有黑大线公路（G202）和沈吉铁路线。南侧有浑河。

烽火台整体保存差，现为低矮的土丘，表面杂草丛生。山体滑坡、开山取石等因素导致台体东侧崩塌；西侧是一处台地，多处被当地居民取土破坏。台体土筑而成，建筑结构不详。台体整体呈馒首状，平面呈圆形，剖面呈梯形。台体顶部直径3、底部直径12、高2米（图一八四）。

采集到1件板瓦残片。夹砂灰陶，质地坚硬，火候较高。通体平直，厚1厘米。瓦面压印横向凹带，瓦里施布纹，磨损严重（图一八五）。

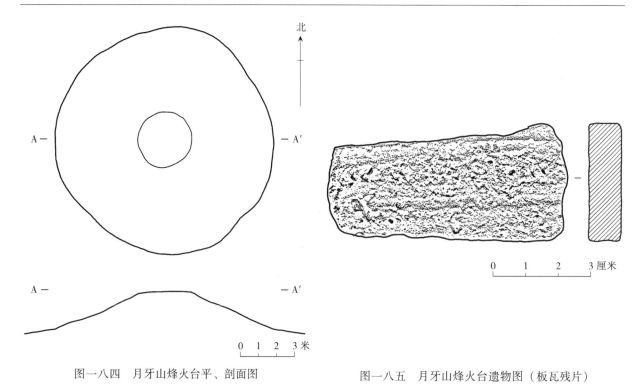

图一八四　月牙山烽火台平、剖面图　　　　　　图一八五　月牙山烽火台遗物图（板瓦残片）

半截沟烽火台（210411353201040015）

该烽火台位于河北乡西葛联社半截沟村东0.1千米的东山上。高程129米。东北距月牙山烽火台1千米，西南距二道沟西山烽火台1千米。南侧山下沈吉铁路线，东侧山下有黑大线公路（G202）。南侧有浑河。

烽火台整体保存差，现为低矮的土丘，杂草丛生。山体滑坡、开山取石等因素导致台体东侧崩塌；西侧是一处台地，多处被当地居民取土破坏。台体土筑而成，建筑结构不详。台体整体呈馒首状，平面呈圆形，剖面呈梯形。台体顶部直径2.5、底部直径10.5、高1.5米（图一八六）。

二道沟西山烽火台（210411353201040016）

该烽火台位于河北乡二道沟村西0.3千米的西山上。高程136米。东北距半截沟烽火台1千米，西南距滴台缝西山烽火台1千米。南侧山下沈吉铁路线，北侧有黑大线公路（G202）。南侧有浑河。

烽火台地面遗迹消失，原址被丰泽水厂占据。台体建筑形式、材料、结构、形制、尺寸等不详。

1981年，抚顺市文物普查时发现该烽火台，地表散布绳纹瓦、陶片等遗物。此次调查发现该烽火台被彻底破坏，未采集到相关遗物。

滴台缝西山烽火台（210411353201040017）

该烽火台位于河北乡滴台缝村西0.2千米的西山上。高程142米。东北距二道沟西山烽火台1千米，西北距小滴台烽火台1.5千米。南侧山下沈吉铁路线，北侧有黑大线公路（G202）。南侧有浑河。

该烽火台整体保存较好，现为土丘。台体表面柞树、杂草、荆棘丛生。台体土筑而成，建筑结构不详。台体整体呈馒首状，平面呈圆形，剖面呈梯形。台体顶部直径3.5、底部直径11.5、高3.5~4米（图一八七；彩图一三一）。

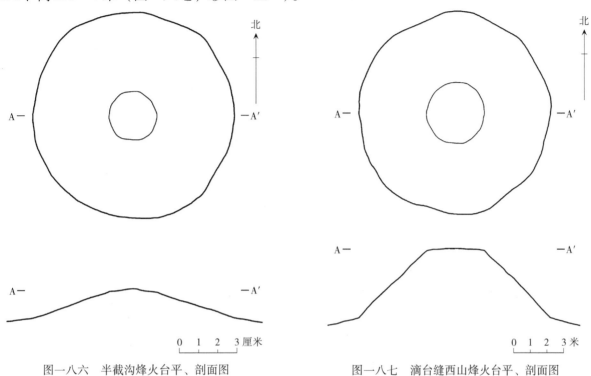

图一八六 半截沟烽火台平、剖面图　　　图一八七 滴台缝西山烽火台平、剖面图

采集到6件板瓦、陶器残片，编号为滴台缝西山烽火台：1~6（彩图一三二）。

滴台缝西山烽火台：1，板瓦。夹砂红褐陶，质地较疏松，火候较低。通体略弧，厚1厘米。瓦面施绳纹，瓦里施布纹，两面纹饰磨损均严重（图一八八：1）。

滴台缝西山烽火台：2，板瓦。夹砂黄褐陶，质地较疏松，火候较低。通体略弧，厚1.2厘米。瓦面压印横向凹带，瓦里施布纹（图一八八：2）。

滴台缝西山烽火台：3，板瓦，残。夹砂灰陶，质地坚硬，火候较高。通体平直，厚1.7厘米。瓦面施绳纹，磨损较严重，瓦里施菱形纹（图一八八：3）。

滴台缝西山烽火台：4，板瓦，残。夹砂黄褐陶，质地较疏松，火候较低。通体略弧，厚0.6厘米。瓦面施绳纹，瓦里素面（图一八八：4）。

滴台缝西山烽火台：5，陶器，残存腹部。泥质灰陶，质地坚硬，火候较高。通体略弧，厚0.5厘米。外壁有密集的弦纹，内壁素面（图一八八：5）。

滴台缝西山烽火台：6，陶器，残存腹部。泥质灰陶，质地坚硬，火候较高。通体略弧，厚0.5厘米。通体素面（图一八八：6）。

小滴台烽火台（210411353201040018）

该烽火台位于河北乡方晓村小滴台自然村（四组）东0.1千米的东山上。高程155米。东南距滴台缝西山烽火台1.5千米，西北距高湾东山烽火台1.4千米。南侧山下有沈吉铁路线，北侧有黑大线公路（G202）。南侧有浑河。

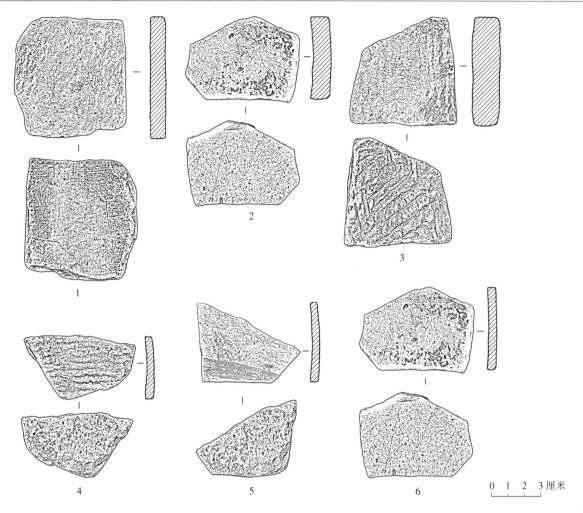

图一八八　滴台缝西山烽火台遗物图
1~4. 板瓦残片　5、6. 陶器残片

　　烽火台整体保存较好，现为土丘。台体上长有柞树，表面被落叶覆盖。台体周围有柞树林。台体土筑而成，建筑结构不详。台体整体呈馒首状，平面呈圆形，剖面呈梯形。台体顶部直径2.5、底部直径8.5、高1.7米（图一八九；彩图一三三）。

　　采集到4件筒瓦、板瓦残片，编号为小滴台烽火台：1~4（彩图一三四）。

　　小滴台烽火台：1，筒瓦。残，泥质灰陶，质地坚硬，火候较高。通体略弧，厚1厘米。瓦面施绳纹，瓦里施布纹（图一九〇：1）。

　　小滴台烽火台：2，陶器，残存腹部，轮制。泥质灰陶，质地坚硬，火候较高。通体略弧，厚0.6厘米。外壁施横向凹带，内壁素面（图一九〇：2）。

　　小滴台烽火台：3，板瓦，残。泥质灰陶，质地坚硬，火候较高。通体略弧，厚0.8厘米。瓦面施绳纹，磨损严重，瓦里素面（图一九〇：3）。

　　小滴台烽火台：4，筒瓦，残。泥质灰陶，质地坚硬，火候较高。通体弯曲，厚0.6厘米。瓦面施绳纹，磨损严重，瓦里素面（图一九〇：4）。

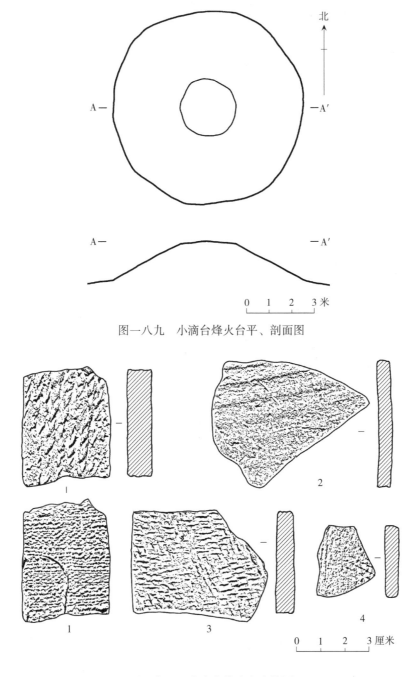

图一八九　小滴台烽火台平、剖面图

图一九〇　小滴台烽火台遗物图
1、4. 筒瓦残片　2. 陶器残片　3. 板瓦残片

高湾东山烽火台（210411353201040019）

该烽火台又名高扬东山烽火台，位于抚顺市高湾农场东南 1.1 千米的东山上。高程 111 米。东南距小滴台烽火台 1.4 千米，西北距高湾西山烽火台 3.3 千米。南侧山下沈吉铁路线，北侧山下有黑大线公路（G202）。南侧有浑河。

烽火台整体保存差，现为低矮的土丘。台体形制无从判断，尺寸无法测量。东北侧山下的采石场开山取石，导致台体北半部分被摧毁，残存不足三分之一；南半部分也被当地居民取土、建坟破坏。台体土筑而成，建筑结构不详。台体存高1.5米，其他尺寸、结构、形制等不详。

1980年，抚顺市文物普查时发现该烽火台，采集到绳纹瓦等遗物。

采集到3件陶器残片，编号为高湾东山烽火台: 1~3。

高湾东山烽火台: 1，陶器，残存口沿和部分器壁，底残缺。夹砂红褐陶，质地疏松，火候较低。侈口，直颈，直壁，壁厚0.3厘米。外壁颈部偏下施斜向刻划纹，斜角约60°（图一九一: 1）。

高湾东山烽火台: 2，陶器，残存器壁，余残缺。夹砂红褐陶，质地疏松，火候较低。素面。壁厚0.5厘米（图一九一: 2）。

高湾东山烽火台: 3，陶器，残存器壁，余残缺。泥质灰陶，质地坚硬，火候较高。素面。壁厚0.4厘米（图一九一: 3）。

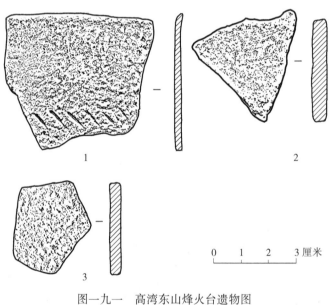

图一九一　高湾东山烽火台遗物图
1~3. 陶器残片

高湾西山烽火台（210411353201040020）

该烽火台位于抚顺市高湾农场西南1.5千米的西山上。高程103米。东南距高湾东山烽火台3.3千米，西北距沈阳市东陵区境内晓仁镇北大台子烽火台1.4千米、晓仁镇西大台子烽火台1.5千米。南侧山下沈吉铁路线和沈通线公路（S104），北侧有沈吉高速公路（G1212）。南侧有浑河。

烽火台整体保存一般，现为土丘。台体多处被当地居民取土、建坟破坏，表面杂草丛生。台体土筑而成，建筑结构不详。台体整体呈馒首状，平面呈圆形，剖面呈梯形。台体顶部直径2.5、底部直径9.5、高2米（参见图七三；彩图七三）。

调查所见的抚顺高湾西山烽火台和以西沈阳境内的烽火台，多与前章燕秦烽火台遗址重合。

（5）东陵区（参见地图六）

晓仁镜北大台子烽火台（210112353201040001）

该烽火台位于高坎镇晓仁镜村东北1.5千米的北大台子山上。高程127米。东南距抚顺市顺城区境内高湾西山烽火台1.4千米，西南距晓仁镜西大台子烽火台0.9千米。南侧山下有沈吉铁路线和沈通线公路（S104），北侧有沈吉高速公路（G1212），东侧有高（坎）望（滨）线公路。南侧有浑河。

烽火台整体保存一般，现为土丘。台体多处被当地居民取土、建坟破坏，周围被辟为耕地。台体上杂草、荆棘丛生。台体土筑而成，建筑结构不详。台体整体呈馒首状，平面呈圆形，剖面呈梯形。台体顶部直径3~5、底部直径18~20、高3.1~3.2米（参见图七四；彩图七四）。

采集到2件板瓦残片，编号为晓仁镜北大台子烽火台：1、2（参见图七五；彩图七六）。

晓仁镜西大台子烽火台（210112353201040002）

该烽火台位于高坎镇晓仁镜村西北1千米的西大台子山上。高程111米。东南距抚顺市顺城区境内高湾西山烽火台1.5千米，东北距晓仁镜北大台子烽火台0.9千米。南侧山下有沈吉铁路线和沈通线公路（S104），北侧有沈吉高速公路（G1212），东侧有高（坎）望（滨）线公路。南侧有浑河。

烽火台被当地的土炼厂彻底破坏，地面遗迹消失。台体建筑形式、材料、结构、形制、尺寸等不详。

20世纪80年代，沈阳市文物普查时发现该烽火台，地表散布绳纹瓦、陶片等遗物。

采集到3件板瓦残片，编号为晓仁镜西大台子烽火台：1~3（参见图七六）。

上马东山烽火台（210112353201040003）

该烽火台位于高坎镇上马村东北0.8千米的东山上。高程97米。东北距晓仁镜西大台子烽火台5千米，西南距中马北山烽火台1.2千米，南距沈通线公路（S104）1千米、沈吉铁路线1.1千米，北距沈吉高速公路（G1212）1千米。南侧有浑河。

烽火台整体保存差，现为土丘。台体上杂草丛生，外围被耕地破坏。台体土筑而成，建筑结构不详。台体整体呈馒首状，平面呈圆形，剖面呈梯形。台体顶部直径6~6.5、底部直径15~18、高2.5米（参见图七七；彩图七六）。

采集到7件板瓦残片，编号为上马东山烽火台：1~7（参见图七八；彩图七七）。

中马北山烽火台（210112353201040004）

该烽火台位于高坎镇中马村北山台地上。高程84米。东北距上马东山烽火台1.2千米，西南距下马北山烽火台1.1千米。北侧山下有沈吉铁路线、沈通线公路（S104）、沈吉高速公路（G1212）。南濒浑河。

烽火台地面遗迹消失。台体建筑形式、材料、结构、形制、尺寸等不详。

采集到4件陶器、筒瓦残片，编号为中马北山烽火台：1~4（参见图七九；彩图七八）。

下马北山烽火台（210112353201040005）

该烽火台位于高坎镇下马村北部，现万科兰乔圣菲小区四期楼盘北部。高程 115 米。东南距中马北山烽火台 1.1 千米，西南距七间房东山烽火台 1.8 千米。北临沈通线公路（S104），北距沈吉铁路线 1 千米、沈吉高速公路（G1212）1.1 千米。

烽火台整体保存一般，现为土丘。台体顶部建有国家测量设施。台体上杂草丛生，周围堆放有大量的建筑垃圾，西北侧有该小区的配电室。台体土筑而成，建筑结构不详。台体整体呈馒首状，平面呈椭圆形，剖面呈梯形。台体顶部直径 5～6.5、底部直径 8～9.5、高 3 米（参见图八〇）。

采集到 1 件板瓦残片（参见图八一；彩图七九）。

七间房东山烽火台（210112353201040006）

该烽火台位于高坎镇七间房村东 0.2 千米的东山上。高程 88 米。东北距下马北山烽火台 1.8 千米，西南距东陵公园东山烽火台 2.8 千米。东侧山下有东高线公路，西侧山下有沈棋线公路。西南濒临浑河。

烽火台整体保存差，现为低矮的土丘。台体被当地居民取土破坏。台体土筑而成，建筑材料、结构、形制、尺寸等不详。

采集到板瓦、陶器残片 6 件，编号为七间房东山烽火台：1～6（参见图八二；彩图八〇）。

东陵公园东山烽火台（210112353201040007）

该烽火台位于沈阳市东陵公园东 1 千米的东山上。高程 76 米。东北距七间房东山烽火台 2.8 千米。南侧山下有东高线公路，北侧山下有沈棋线公路。南濒浑河。

烽火台整体保存一般。现为土丘。台体西半部被沈张线高压铁塔破坏，东半部被取土建坟破坏。台体表面松树、柞树、杂草丛生。台体土筑而成，建筑结构不详。台体整体呈馒首状，平面呈圆形，剖面呈梯形。台体顶部直径 6～7、底部直径 9～10、高 3～4 米（参见图八三；彩图八一）。

采集到 1 件石锄。完整，呈束腰状，通长 14.5、宽 5.5～8.5、厚 1.2～1.6 厘米（参见图八四）。

（6）皇姑区（参见地图六）

新乐遗址西烽火台（210105353201040001）

该烽火台又名上坎子烽火台，位于龙山路与长江街交汇处、新乐遗址西 0.5 千米的沈阳军区军事医学研究所院内。高程 65 米。东南距东陵区境内的东陵公园东山烽火台 16.3 千米，西北距沈北新区境内的全胜堡烽火台 17 千米。

烽火台地面遗迹消失。台体建筑材料、结构、形制、尺寸等不详。

（7）沈北新区（参见地图六）

全胜堡烽火台（210113353201040001）

该烽火台位于财落镇全胜堡村西 0.8 千米。高程 62 米。东南距新乐遗址西烽火台 17 千米，东 0.3 千米处有京沈线公路（G101）。

烽火台整体保存差，现为低矮的土丘。台体东半部分被当地居民取土破坏。台体顶部建有国家测量点设施。台体整体呈馒首状，平面呈圆形，剖面呈梯形。台体顶部直径3～4、底部直径8～10、高2.5米（参见图八五；彩图八二）。

地表可见灰色绳纹瓦、陶片、钻孔石器、明青砖残块、万历通宝等遗物。

采集到2件板瓦、筒瓦残片，编号为全胜堡烽火台：1、2（参见图八六；彩图八三）。

上述辽东地区的汉代烽火台，在沈阳、抚顺市有些地点与燕秦早期烽燧遗址重合。本节为系统反映汉代烽火台连线的全貌，部分重复介绍了上节已著录的燕秦早期地点，而在遗迹和遗物内容上侧重在汉代。

2. 辽西地区汉长城烽火台（烽燧）及保存现状

（1）凌海市（地图一〇）

辽西地区凌海市等锦州北部的汉代烽火台，与辽西长城线南北距离较远，多属于腹里传烽火台性质。

荒山堡烽火台（210781353201040001）

该烽火台位于白台子乡荒山堡村历家窝堡北山上。高程125米。北0.3千米处有输电铁塔，东北0.1千米处为土沟，西1.5千米处有大凌河及通往义县公路。西北与鸽子洞烽火台遥遥相望。

台体土筑而成，整体保存差。台体结构不详，形制不完整。台体平面呈圆形，剖面呈梯形，顶部直径10、底部直径30、高3米。台体断面可见夯层，夯层厚15～20厘米（图一九二）。台体及周围地表遗物丰富，均为泥质灰陶器物残片（图一九三）。

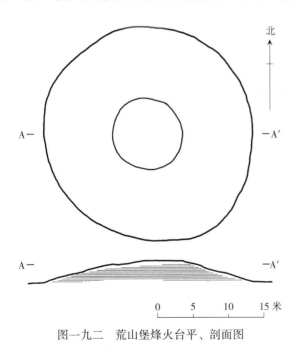

图一九二　荒山堡烽火台平、剖面图

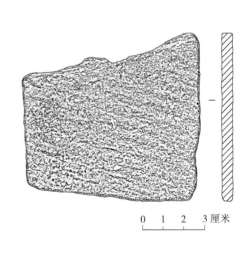

图一九三　荒山堡烽火台遗物图（陶器残片）

孙家峪烽火台（210781353201040002）

该烽火台位于白台子乡孙家峪南山山顶耕地中。高程45米。北距孙家峪屯50米，西南

50 米处有石场，西北 0.2 千米处有凌海至义县公路，北 3 千米处为枣章烽火台。

台体土筑而成，整体保存较好。台体结构清晰，形制基本完整。台体北部及东部被村民破坏削成直立状。台体平面呈圆形，剖面呈梯形，顶径 5.5、底部直径 15、高 2.5 米（图一九四；彩图一三五）。台体及顶部杂草丛生，南部被开垦成耕地，遗物较丰富，均为泥质灰陶器物残片（图一九五）。另据当地村民杨长华介绍，此处曾挖出铁剑、弩机等器物。

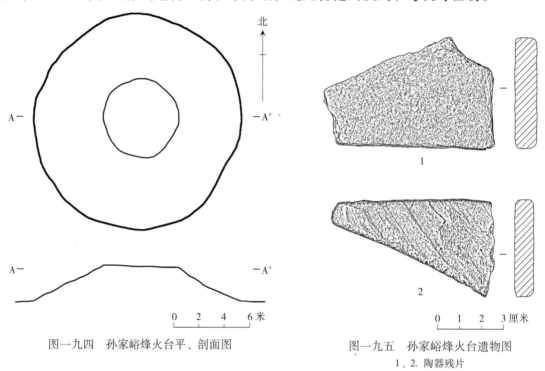

图一九四　孙家峪烽火台平、剖面图

图一九五　孙家峪烽火台遗物图
1、2. 陶器残片

鸽子洞烽火台（210781353201040003）

该烽火台位于白台子乡孙家峪村鸽子洞屯西北山老墩台耕地中。高程 100 米。东南 0.2 千米处为鸽子洞屯，东距凌海至义县公路 0.3 千米，西及西北侧坡下为杨树林及大凌河河滩地，北侧坡下为季节性河流。东南与荒山堡烽火台遥望，东北与孙家峪烽火台相望。

台体夯土筑造而成，整体保存较差。台体结构不清楚，形制不完整，仅存底部夯土部分。台体平面呈圆形，顶部直径 6、底部直径 11 米，北侧高 2.5、南侧高 1.5 米（图一九六；彩图一三六）。台体及顶部杂草丛生，周围地表遗物丰富，有泥质灰陶和泥质红陶器物残片。

城隍峪烽火台（210781353201040004）

该烽火台位于白台子乡城隍峪村西 0.1 千米。高程 75 米。东 0.1 千米处为城隍峪屯，西 0.2 千米处有村级土路、0.5 千米处有红大线（凌海至义县）公路，南 1.5 千米处为枣章烽火台，东北有兴隆峪烽火台、回兰庄烽火台。

台体土筑而成，整体保存较好，仅西侧有一处人为破坏。台体结构清晰，形制基本完整。台体平面呈圆形，顶部直径 6.9、底部直径 25.5、高 4 米（图一九七；彩图一三七）。台体及周围耕地中遗物较丰富，均为泥质灰陶残片。断面上未见有夯层。

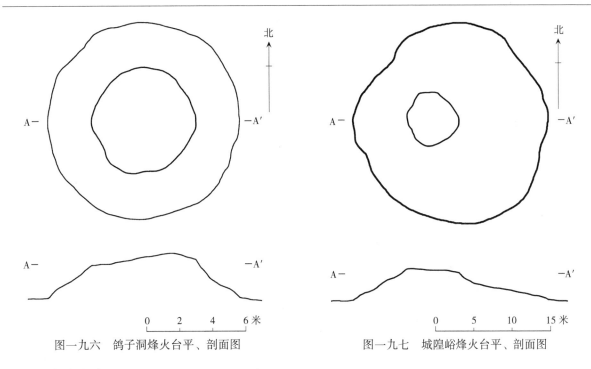

图一九六　鸽子洞烽火台平、剖面图　　　　图一九七　城隍峪烽火台平、剖面图

枣章烽火台（210781353201040005）

该烽火台位于白台子乡枣章东南0.3千米山上。高程202米。西距枣章0.3千米，北侧坡下为山沟，南侧坡下为季节河，西2千米处为大凌河道，北1.5千米处为城隍峪烽火台，东北有回兰庄烽火台，西南有鸽子洞烽火台和荒山堡烽火台。

台体土筑而成，因地势较高受到破坏较轻，保存较好。台体平面呈圆形，剖面呈梯形，顶部直径5、底部直径15、高3米（图一九八）。调查过程中发现此处有部分泥质灰陶片及板瓦残片。

杜山咀烽火台（210781353201040006）

该烽火台位于白台子乡杜山咀村东0.2千米的山上。高程63米。西0.2千米处为杜山咀屯及公路，东北有水冲沟，西南距城隍峪烽火台1.5千米，东南与兴隆峪烽火台相望，东北有欢喜岭烽火台。

台体土筑而成，保存较差。台体平面呈圆形，剖面呈梯形，顶部直径8.8、底部直径13、高1.5~2米（图一九九）。台体及周围50米范围内的耕地中散落有丰富的遗物，多为泥质灰陶器物残片和绳纹瓦。

欢喜岭烽火台（210781353201040007）

该烽火台位于白台子乡欢喜岭屯东南0.2千米。高程72米。西2.5千米处为大凌河河道，南坡下为山沟，北0.4千米处为红大线公路，西南1.5千米处有杜山咀烽火台，西北与刘山咀烽火台相对，东南与兴隆峪烽火台相对。

台体土筑而成，整体保存较差。台体形制被破坏，结构不详。台体东侧底部因当地村民开荒而被挖断。现在依据地表遗迹可判断出台体平面呈圆形，剖面呈梯形，由于处于耕地中，耕种破坏较为严重，台体顶部直径4、底部直径13、高3米。东侧断面上可见夯层，

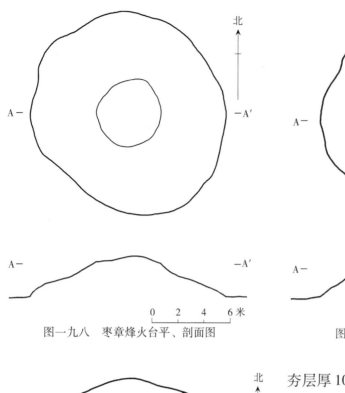

图一九八　枣章烽火台平、剖面图

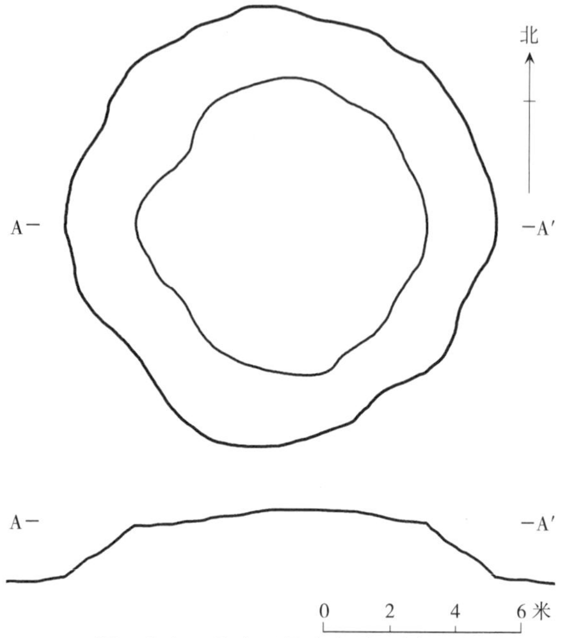

图一九九　杜山咀烽火台平、剖面图

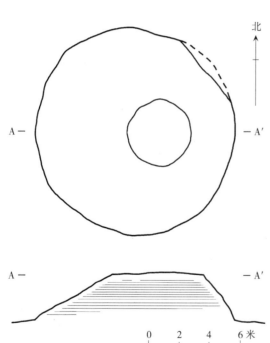

图二〇〇　欢喜岭烽火台平、剖面图

夯层厚10～20厘米。台体及周围开荒地中遗物丰富，有板瓦、筒瓦及泥质灰陶器物残片等（图二〇〇）。

刘山咀烽火台（210781353201040008）

该烽火台位于白台子乡三角村刘山咀屯南0.1千米。高程48米。东、北两侧为沟，北距刘山咀屯50米，村中有村级土路，西南距杜山咀烽火台1千米，东南与欢喜岭烽火台相对。

台体土筑而成，整体保存较差。台体中间被村民取石挖掘成深坑，仅存边缘。根据地表遗迹可判断，台体平面呈圆形，底部直径13、高0.5米，顶部不存。调查过程中，在此处耕地中发现有丰富的遗物散落。采集到的标本有泥质灰陶器物残片、建筑用瓦残片等。

兴隆峪烽火台（210781353201040009）

该烽火台位于白台子乡兴隆村兴隆屯东南0.3千米。东0.2千米处为回兰至高峰公路，北侧有荒地屯及红大线公路。东南0.9千米处为回兰庄烽火台，西北有杜山咀烽火台和欢喜岭烽火台。

台体夯土筑成，整体保存较差，由于被破坏严重，仅存部分台体。台体平面呈圆形，底部南侧12.5、东侧9米。调查过程中发现，台体及周围的耕地中有较丰富的遗物散落。主要为泥质灰陶器物残片、板瓦残片等（彩图一三八）。

回兰庄烽火台（210781353201040010）

该烽火台位于白台子乡回兰庄村东北 0.2 千米。东距 710 县级公路 0.1 千米，西南侧为山沟，北距达子岭 1 千米，西北距兴隆峪烽火台 0.9 千米，西南隔山梁有枣章烽火台、城隍峪烽火台。

台体土筑而成，受耕种等因素的影响，保存差，全部坍塌，仅存部分夯土。台体平面呈不规则形，底部南北长 9、东西长 7.5 米，高 2.5 米。台体因当地村民耕种、开荒破坏严重，形制结构不详。周围耕地中可见少量遗物，采集到的标本有泥质灰陶器物残片等。

五台烽火台（210781353201040011）

该烽火台位于三台子乡五台村北山之上。高程 89 米。西侧坡下 0.5 千米处有村民修的土路，东距 102 国道 1 千米，东南距五台村 1 千米，东北 3.6 千米处为四台子烽火台。

台体夯筑而成，保存较差。台体被植物覆盖。台体平面呈圆形，南侧底部长 9、东侧底部长 6.5 米，高 0.5 ~ 1.5 米（彩图一三九）。台体上及周围的耕地中散落有少量红色夹砂陶器残片和泥质灰陶器物残片。

四台子烽火台（210781353201040012）

该烽火台位于三台子乡四台子村李尚奎家院内西南角。高程 23 米。四周均为民宅，西南 3.6 千米处为五台烽火台。

烽火台因村民取土盖房等生产生活活动破坏，地表遗迹消失。台体建筑性质、材料形状、大小荡然无存，地表遗物较少，只采集到极少数的残砖。

（2）北镇市（参见地图一〇）

头台烽火台（210782353201040001）

该烽火台位于间阳镇魏家岭村头台屯北的耕地中。高程 15 米。由于村民的破坏地表遗迹消失，北侧有金属冶炼厂，东侧有间阳至北镇公路，东北 1.2 千米处为王二台烽火台。

台体用沙砾土筑成，保存较差。从现场情况看，台体结构不详，形制不完整，地表遗迹已消失。但据当地百姓介绍，此处原为大土包，后因村民不断取土被挖成平地，而且在周围耕地中存有大量遗物，但较零碎，多为灰色陶器残片。

王二台子烽火台（210782353201040002）

该烽火台位于间阳镇王二村南 0.8 千米的耕地中。高程 28 米。东 0.2 千米处有间阳至北镇公路，南 30 米处有田间土路，西南距头台烽火台 1.2 千米。

台体用黄沙土筑成，保存较差。台体平面呈圆形，顶部直径 6.5、底部直径 13、高 3 米（图二〇一；彩图一四〇）。台体及顶部生长茂密的野生枣刺荆条，台体上及周围耕地中暴露遗物较丰富，有绳纹瓦残片及灰陶器物残片。

大亮甲烽火台（210782353201040003）

该烽火台位于廖屯乡大亮甲屯西北 0.2 千米的耕地中。高程 40 米。西 0.2 千米处有村级公路，南 50 米处有村民墓地，西北 0.5 千米处有黑鱼河，南 0.3 千米处有大亮甲至沈屯村级土路。

台体土筑而成，保存较好，台体结构清晰，形制完整。台体顶部有一个盗洞，洞口长

1.9、宽 0.8 米，洞深直到台体底部。台体平面大致呈椭圆形，顶东西长 8.8、南北长 5.5 米，底部东西长 30、南北长 22 米，中心位置高 5 米（图二〇二；彩图一四一）。台体上野草丛生，周围遗物丰富，有红色、灰色陶器残片，另外还可见到沟纹砖，说明此处在战国、汉代、辽代都曾有人类生活或活动。

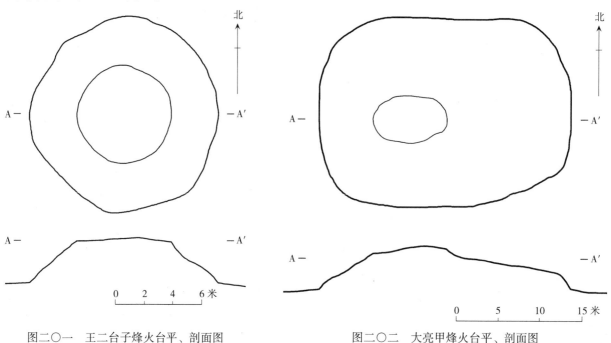

图二〇一 王二台子烽火台平、剖面图　　　　　图二〇二 大亮甲烽火台平、剖面图

（3）黑山县（参见地图一〇）

年家烽火台（210726353201040001）

该烽火台位于段家乡蛇山子村东 0.2 千米的山顶上。高程 82 米。西北 0.5 千米处有公路，西侧坡下有村民所建的生态园，西南 0.3 千米处为年家屯，西北 0.8 千米处有蛇山子烽火台。

台体用沙砾土夯筑而成，外包砌青砖，整体保存较好。台体结构清晰，形制完整。台体西北侧因挖掘被毁，中间暴露出大量绳纹砖，顶部被野生植物覆盖。台体平面呈圆形，顶部直径 11、底部直径 45、高 5 米（图二〇三）。台体西北侧可见文化堆积，厚 2.5 米，地表散落遗物丰富，有泥质灰陶器物残片及绳纹砖、瓦等。明代沿用。

蛇山子烽火台（20107263532010400002）

该烽火台位于段家乡蛇山子村西 0.1 千米的观音寺后。高程 26 米。西 0.5 千米处有村级公路，西距 305 国道 1 千米。西侧为季节河，北 0.2 千米处有村民大棚区。台体建在汉代遗址之上，东南距荒山堡烽火台 5 千米，东距欢喜岭烽火台 5 千米，东南 0.8 千米处有年家烽火台。

台体用沙砾土夯筑而成，外包砌青砖，整体保存较差。台体结构不清晰，形制不完整。台体南侧因修庙被毁，中间被破坏分成两部分，顶部凹凸不平。台体大部分倒塌，青砖脱落在周围，现只残留部分夯土。台体上生长有野生植物。台体平面呈不规则形，底部南北长 21、东西长 10.5 米，高 3 米，夯层 15～20 厘米（图二〇四；彩图一四二）。台体上及周围地表杂草丛生，散落遗物丰富，有泥质灰陶器物残片及绳纹瓦。

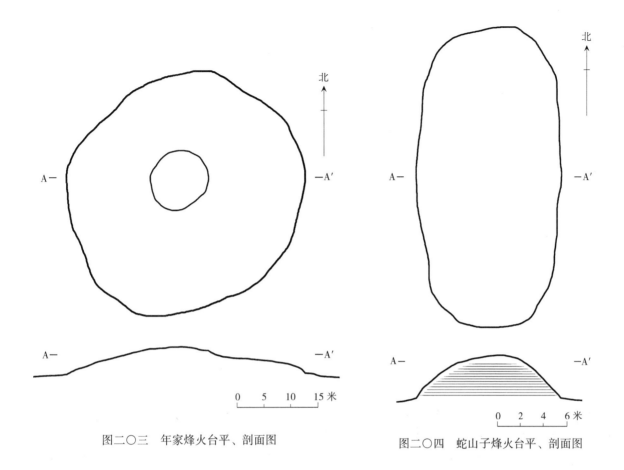

图二○三　年家烽火台平、剖面图　　　　　图二○四　蛇山子烽火台平、剖面图

（4）义县（参见地图一○）

东后台烽火台（210727353201040001）

该烽火台位于白庙子乡东后台村颜家屯东南0.1千米的小山顶部。高程84米。西南距东后台村0.5千米，西0.5千米处有村级公路，西距305国道1千米。西北及北侧有季节性河流，东侧山脚下为大凌河故道，东南距荒山堡烽火台5千米，东距欢喜岭烽火台5千米，西北1.2千米处有白庙子烽火台。

台体用夹有石粒的沙砾土夯筑而成，整体保存较差。台体平面呈圆形，顶部直径7、底部直径17、高3米（图二○五；彩图一四三）。台体上及周围地表杂草丛生，散落有少量遗物，有泥质灰陶器物残片。

白庙子烽火台（210727353201040002）

该烽火台位于白庙子乡白庙子村东北0.3千米的山包上。高程71米。西南距白庙子村0.3千米，西南50米处有村民住宅，西距白（庙子）聚（粮屯）公路0.15千米，南侧为公路，东南1.2千米处有东后台烽火台。

台体用夹有石粒的沙砾土夯筑而成，整体保存较差。台体平面呈圆形，顶部直径10、底部直径45、高12米（图二○六）。台体上及周围地表杂草丛生，散落有较少遗物，有泥质灰陶器物残片。

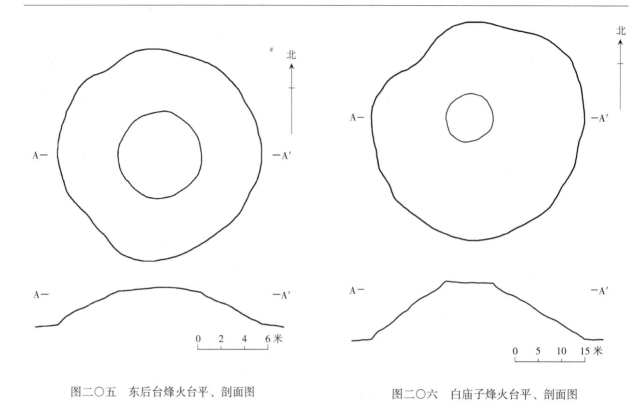

图二〇五　东后台烽火台平、剖面图　　　　　　图二〇六　白庙子烽火台平、剖面图

（5）建平县（参见地图七）

辽西建平县的汉代烽火台，在汉代辽东障塞中具有代表性，而且是保存最好的段落之一。

新店烽火台（211322353201040001）

该烽火台位于万寿镇老西店村新店屯西0.1千米山坡上。高程443米。建三线公路从新店屯内穿过，屯东侧有一条牤牛河的支流。西侧有一条上山的小路通过，西南距季家店烽火台0.4千米。

台体土筑而成，保存差，呈圆丘状。台体平面呈圆形，直径15、高2.3米。台体顶部有一个盗洞，长1、宽0.8、深2米。盗洞的断面可看到台体是用掺有碎石粒的黄土与红土相杂筑成，断面上未见夯层（图二〇七）。

季家店烽火台（211322353201040002）

该烽火台位于万寿镇老西店村季家店屯西0.3千米山坡上。高程448米。建三线公路从季家店屯内穿过，屯东侧有一条牤牛河的支流。东北距新店烽火台0.4千米。

台体依自然山包而建，土筑而成，保存差，呈圆丘状。台体平面呈圆形，直径16、高2.6米。西侧耕地将台体占用一部分，两个盗洞呈东西向将台体破坏。台体顶部有两个盗洞，且底部相通，东侧盗洞长10、宽1.2、深2.6米，西侧盗洞长2、宽1.2、深2米。盗洞的断面可看到台体是用掺有碎石粒的黄土与红土筑成，断面上未见有夯层。台体顶部见有散落堆积的石块，是否有建筑不详（图二〇八；彩图一四四）。

采集到汉代板瓦和器皿残片（彩图一四五）。

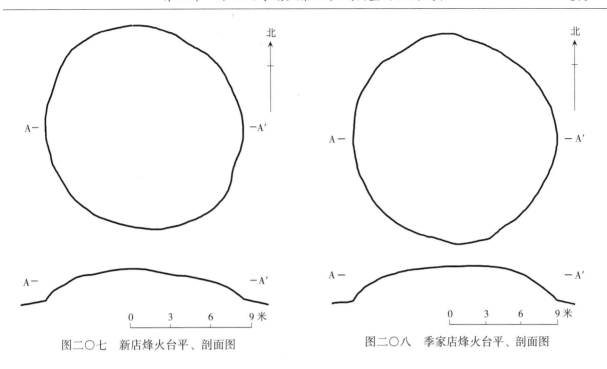

图二〇七　新店烽火台平、剖面图

图二〇八　季家店烽火台平、剖面图

小桃吐烽火台（211322353201040003）

该烽火台位于榆树林子镇小桃吐屯东南0.4千米的敖包山山顶上。高程560米。老宽线公路从敖包山东南通过，公路东侧有一条季节性河流。东南侧有一座中国移动传送设备线杆。西南距榆树林子城址2.5千米。

台体依自然山包而建，土筑而成，保存差，呈圆丘状。台体平面呈圆形，直径14、高1.4米（图二〇九；彩图一四六）。有两圈育林坑将台体破坏。台体西侧坡上有一个盗洞，长1.5、宽1、深2米。台体顶部有一个圆形大坑已回填，直径4、深1米，土质疏松，应为盗洞，坑内有一个上刻"Ⅲ补\1958年"字样的水泥标桩已下陷。从盗洞的断面可看到台体是用掺有碎石粒的黄土与红土相杂筑成，断面上未有夯层。台体所处的山坡上采集有汉代的陶器残片（图二一〇；彩图一四七）。

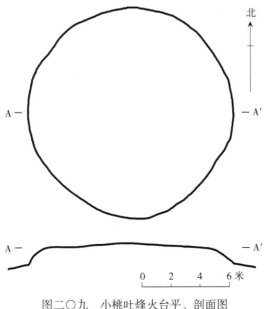

图二〇九　小桃吐烽火台平、剖面图

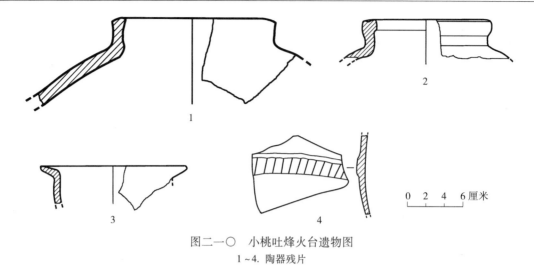

图二一〇　小桃吐烽火台遗物图
1~4. 陶器残片

北窑烽火台（211322353201040004）

该烽火台位于榆树林子镇郝家杖子村北窑屯东北0.3千米的山坡耕地中。高程552米。建土线公路从西南通过，南侧山坡下有一条季节性河流。

台体土筑而成，保存差。由于台体处于耕地中，受耕种的影响，被破坏成东西长、南北窄，接近长条形，南北长5、东西长10、高1米，南北两侧被开辟为东西向垄的耕地，形成断坎，坎高0.8米，断面上未见有夯层（图二一一）。

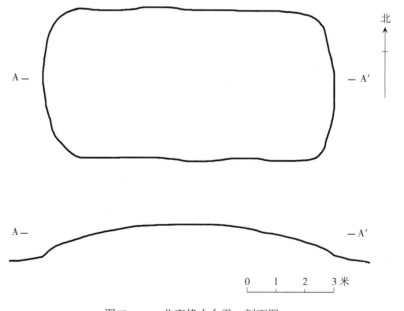

图二一一　北窑烽火台平、剖面图

大西营子烽火台（211322353201040005）

该烽火台位于榆树林子镇大西营子屯东30米的耕地中。高程506米。老宽线公路从东南通过，公路边有一条季节性河流。西30、南50米处即为村民住宅及院墙，院墙边种植有杨树等树木。西北侧和东侧各有一条进村的村路，路边有一座水井房。东距省级文物保护单位榆

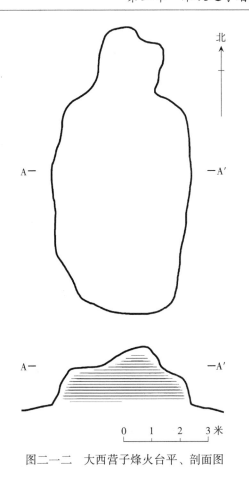

树林子城址 0.32 千米。

台体土筑而成，保存差。由于台体处于耕地中，受耕种及取土的影响，被破坏成南北略长、东西略窄的近长条形，不很规则，南北长 10、东西长 5、高 2 米。台体东西两侧被开辟为耕地，因取土形成断坎，断面上见有清晰的夯层，夯层厚 0.1 米（图二一二；彩图一四八）。台体上有高 1.4 米的夯土，据村民讲这是借助台体修筑水渠时所遗留。采集到的遗物有汉代的陶器残片（图二一三；彩图一四九）。

图二一二　大西营子烽火台平、剖面图

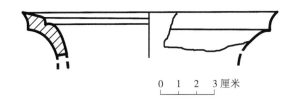

图二一三　大西营子烽火台遗物图（陶器残片）

榆树林子烽火台（211322353201040006）

该烽火台位于榆树林子镇政府东北 2 千米的耕地中，处在两条公路的夹角内。高程 540 米。老宽线公路从东南通过，建土线公路从西侧通过，东北距大西营子烽火台 1.4 千米。

台体土筑而成，保存差。由于台体处于耕地中，四周台脚均被耕种破坏，被破坏成南北略长、东西略窄的近长方形，南北长 11、东西长 9、南侧高 1.7、北侧高 1.5 米，东西两侧较南北两侧略缓（图二一四；彩图一五○）。台脚坡面上未发现夯层。台体顶部散落有石块，是否有建筑不详。

北营子烽火台（211322353201040007）

该烽火台位于榆树林子镇北营子屯北 0.5 千米的耕地中。高程 542 米。建土线公路从耕地西侧通过，东北距北窑烽火台 2 千米，东南距榆树林子城址 2.8 千米。

台体土筑而成，保存差。由于台体处于耕地中，耕种破坏较为严重，被破坏成东西略长、南北略窄的长条形，南北长 5、东西长 7 米，西侧保存较东侧略高，高 0.5 米（图二一五）；东侧坡缓且长。西侧断面上未发现夯层。台体顶部散落有碎石块，是否有建筑不详。

疙瘩窝铺烽火台（211322353201040008）

该烽火台位于榆树林子镇房身村疙瘩窝铺屯西 0.6 千米的耕地中。高程 581 米。建土线公路从耕地西侧通过，南侧为一条乡级公路，东侧断崖下为一条季节性河流，公路边有一座中国移动通信塔。东南距北窑烽火台 2.6 千米，南距北营子烽火台 2.9 千米。

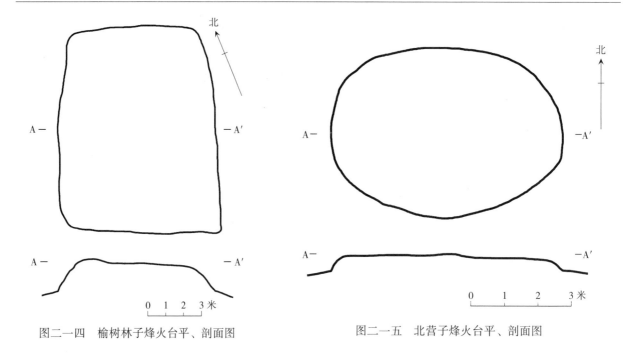

图二一四　榆树林子烽火台平、剖面图　　　　　图二一五　北营子烽火台平、剖面图

台体土筑而成，保存差。台体西侧因耕种和取土形成断坎，坎高2米，断坎上见有明显的夯层，夯层厚0.1~0.15米。台体顶部被推平为耕地，使顶部与东侧断崖高度持平，东侧被冲毁一部分。从保存的台体及耕地中散落的夯土来看，台体原应呈圆形。现存台体南北略长、东西略窄，南北长11、东西长6米。

房身烽火台（211322353201040009）

该烽火台位于榆树林子镇房身村西北20米的耕地中。高程600米。建土线公路从西侧住宅边通过，西30、南30、东南3米处均为村民住宅及大棚，东南距疙瘩窝铺烽火台1.3千米。

台体夯土筑成，保存较好。台体平面圆形，顶部较平，顶部直径4、底部直径15、高3米。台体东南侧被破坏一部分，长5、宽3、深2米，因取土形成一个断崖，有生活垃圾。台体其余三面保存较为完好。断崖上可见清晰的夯层，夯层厚0.15米。北侧因耕种原因较其他三面略矮（图二一六；彩图一五一）。

采集到汉代泥质灰陶板瓦和器皿残片（彩图一五二）。

大石佛沟1号烽火台（211322353201040010）

该烽火台位于榆树林子镇大石佛沟村南1.5千米、建土线27.7千米路西侧耕地内。高程668米。建土线公路从东侧15米处南北向通过，路的东侧有一条季节性河流。西北部有一座现代坟墓，东南距房身烽火台3.5千米。

台体土筑而成，受耕种等因素的影响，保存差，全部坍塌。台体平面呈东西略长、南北略窄的近圆形，南北长13、东西长18米，台体中心位置最高，高2米（图二一七）。现代坟附近及台体顶部有许多石块散落，顶部是否有建筑不详。一棵较大的榆树长在台体顶部。

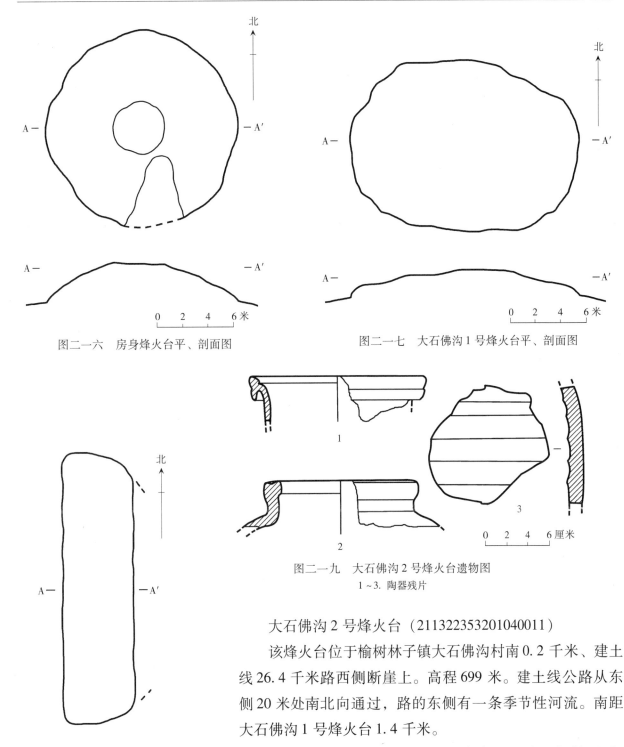

图二一六　房身烽火台平、剖面图

图二一七　大石佛沟1号烽火台平、剖面图

图二一九　大石佛沟2号烽火台遗物图
1～3. 陶器残片

图二一八　大石佛沟2号
烽火台平、剖面图

大石佛沟2号烽火台（211322353201040011）

该烽火台位于榆树林子镇大石佛沟村南0.2千米、建土线26.4千米路西侧断崖上。高程699米。建土线公路从东侧20米处南北向通过，路的东侧有一条季节性河流。南距大石佛沟1号烽火台1.4千米。

台体土筑而成，保存较差，全部坍塌。从现场情况看，台体平面原应呈圆形，因受耕种、取土等因素影响，现平面大致呈南北长、东西窄的长条形，南北长15、东西长4米，东侧被修建公路取土破坏形成断崖，断崖高3、顶部高1.5米（图二一八）。断崖上未见有夯土。台体顶部耕地中及东侧断崖下均发现汉代的陶器残片（图二一九；彩图一五三）。

大石佛沟 3 号烽火台（211322353201040012）

该烽火台位于榆树林子镇大石佛沟村东侧、建土线公路边。高程 718 米。路的东侧有一条季节性河流。北侧为一条进村的小路，南距大石佛沟 2 号烽火台 0.68 千米。

台体土筑而成，保存差，全部坍塌。台体平面大致呈圆形，直径 8、中心位置高 1.3 米（图二二〇）。北侧紧靠小路处用石块垒筑成护坡。西侧与西南侧均为村民住宅，几棵高大的杨树长在台体上。

大石佛沟 4 号烽火台（211322353201040013）

该烽火台位于榆树林子镇大石佛沟村北侧 1 千米的自然山包上。高程 787 米。东侧和北侧坡下 24.5 千米处即为建土线公路，路的东侧有一条季节性河流。南距大石佛沟 3 号烽火台 1.2 千米。

台体用夹杂有大量碎石粒的黄沙土筑成，保存一般，呈圆丘状。台体平面大致呈圆形，直径 24、中心位置高 3 米。台体顶部被村民挖出一个圆形锅底状大坑，直径 4、深 0.4 米，坑内有许多石块及烧尽的木柴等，其用途不明（图二二一；彩图一五四）。台体坡上挖掘有环绕山包的大量育林坑，顶部坑内的断面及育林坑内均未见有夯土。台体上及周围发现汉代的陶器残片（图二二二）。

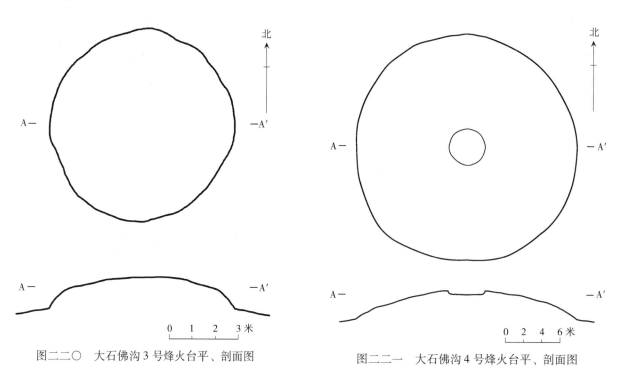

图二二〇　大石佛沟 3 号烽火台平、剖面图　　　　　图二二一　大石佛沟 4 号烽火台平、剖面图

青山 1 号烽火台（211322353201040014）

该烽火台位于张家营子镇青山村南侧 2.5 千米的石碑梁上的自然山包上。高程 868 米。建土线公路从东侧的山坡上翻山而过，西北侧建有一座气象用观测铁塔，东南距大石佛沟 4 号烽火台 0.91 千米。

台体用夹杂有大量碎石粒的黄沙土筑成，保存较好。台体四周坡上挖掘有环绕山包的一

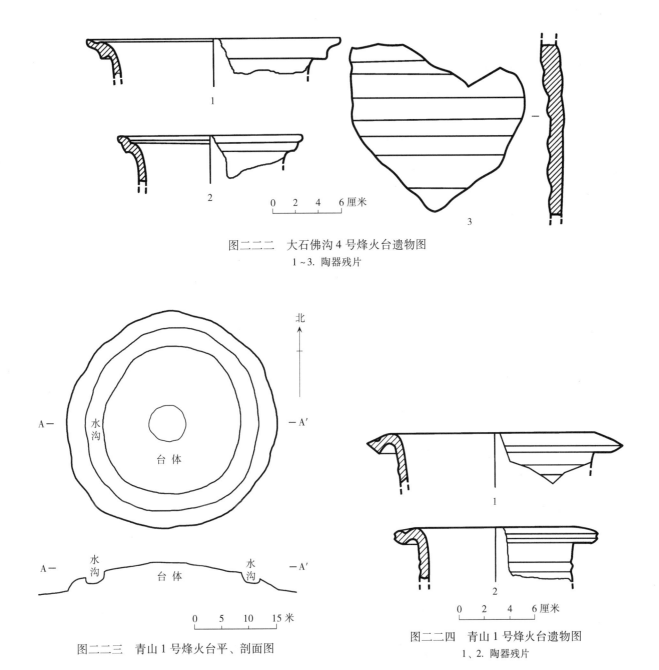

图二二二　大石佛沟 4 号烽火台遗物图
1~3. 陶器残片

图二二三　青山 1 号烽火台平、剖面图

图二二四　青山 1 号烽火台遗物图
1、2. 陶器残片

周防水沟，沟宽 2、深 0.6 米。沟内的断坎上未见有夯土。台体平面大致呈圆形，顶部直径 4、底部直径 23、中心位置高 3 米（图二二三；彩图一五五）。防水沟内及气象塔拉线坑内均发现有汉代陶器残片（图二二四；彩图一五六）。

青山 2 号烽火台（211322353201040015）

该烽火台位于张家营子镇青山村南侧 1.8 千米的山梁上。高程 830 米。建土线公路从西侧与北侧的山坡绕过，北侧坡上有一座现代坟墓，南距青山 1 号烽火台 0.53 千米。南侧与青山长城 1 段墙体相连，北侧与青山长城 2 段墙体相连。

台体土筑而成，保存较好，未见有被破坏的痕迹。台体平面大致呈圆形，顶部直径 4、底部直径 26、中心位置高 4.7 米（图二二五）。

青山 3 号烽火台（211322353201040016）

该烽火台位于张家营子镇青山村西南 1.8 千米的草帽山山顶上。高程 856 米。建土线公路从东侧山坡下通过，东南距青山 2 号烽火台 2 千米。

台体土石混筑而成，全部坍塌，保存差，呈圆丘状。台体平面大致呈圆形，底部直径 20、中心位置高 1.4 米（图二二六）。台体西北部有两个坑，长 1.5、宽 1、深 2 米。因挖坑扰乱，台体上散落有大量的石块。坑的断面上未见有夯土，土石混杂一起，断面上还有烧土、灰土及陶片等（图二二七）。围绕台体四周的山坡上用石块砌筑有 4 周护坡墙，每层护坡墙高 4、坡台面宽 4 米，因多年雨水冲刷，护坡多处坍塌毁坏。山顶及山坡上采集有夏家店下层文化的陶器残片。

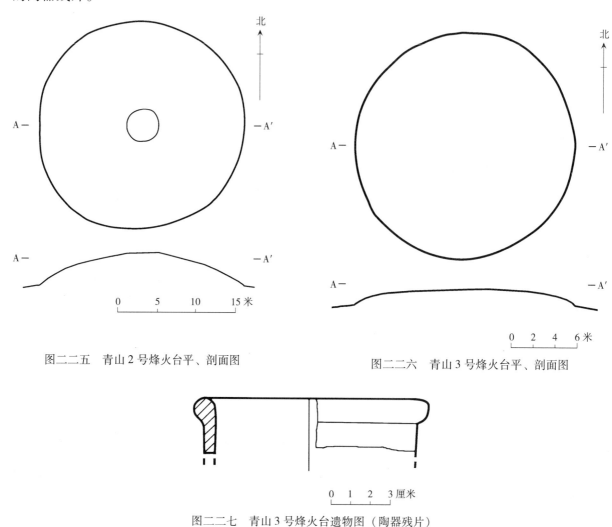

图二二五　青山 2 号烽火台平、剖面图

图二二六　青山 3 号烽火台平、剖面图

图二二七　青山 3 号烽火台遗物图（陶器残片）

东山 1 号烽火台（211322353201040017）

该烽火台位于张家营子镇七官营子村东山屯南 50 米的冲沟南沿耕地内。高程 724 米。建土线公路从西南侧山坡下通过。北 20 米处有一条冲沟，沟的北沿即为村民住宅。西南约 10 米处有一座现代坟墓，东南距青山 3 号烽火台 4.3 千米。

台体土筑而成，保存较好，坍塌后形成圆丘状的堆积。台体平面大致呈圆形，顶部直径4、底部直径26、中心位置高4.4米（图二二八；彩图一五七）。东侧台脚被耕种破坏，形成一个高0.6米的坎，坎上未发现夯土痕迹。台体顶部原有一个盗洞，已回填。

东山2号烽火台（211322353201040018）

该烽火台位于张家营子镇七官营子村东山屯北0.5千米山坡上的杏树林中。高程723米。建土线公路从西南侧山坡下通过。东侧和南侧紧临一条上山的土路，南距东山1号烽火台0.68千米。

台体用夹有石粒的黄沙土夯筑而成，保存较好，坍塌后形成圆丘状的堆积。台体平面大致呈圆形，底部直径18、中心位置高2.8米（图二二九；彩图一五八）。台体顶部有一个盗洞，长2、宽1、深3.5米。盗洞的断面及东侧台脚的坎上均见有明显的夯层，夯层厚0.1~0.15米。

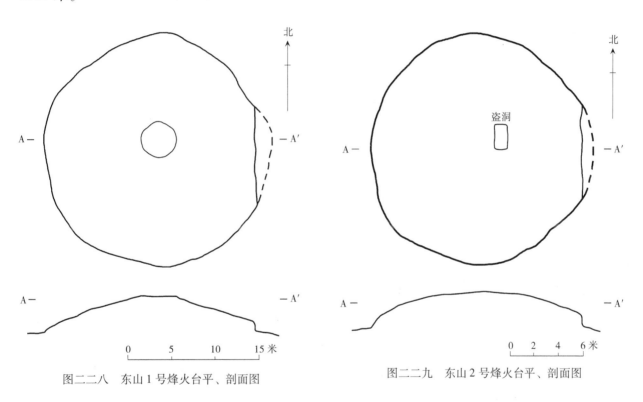

图二二八　东山1号烽火台平、剖面图　　　图二二九　东山2号烽火台平、剖面图

前苏州营子1号烽火台（211322353201040019）

该烽火台位于张家营子镇七官营子村前苏州营子屯东0.3千米的山坡耕地中。高程677米。建土线公路从西南侧通过。西30米处有一条上山的土路，东南距东山2号烽火台1.4千米。

台体用夹有石粒的黄沙土夯筑而成，保存较好，坍塌后形成圆丘状的堆积。台体平面大致呈圆形，顶部直径5、底部直径23、中心位置高2.9米（图二三〇；彩图一五九）。台脚均被耕地破坏，形成高0.3~0.6米的断坎。采集到汉代板瓦和器皿残片（彩图一六〇）。

前苏州营子2号烽火台（211322353201040020）

该烽火台位于张家营子镇七官营子村前苏州营子屯东0.3千米的山坡耕地中。高程675

米。建土线公路从西南侧通过。东50米处有一条上山的土路，东南距前苏州营子1号烽火台90米。

台体用夹有石粒的黄沙土夯筑而成，保存较好，坍塌后形成圆丘状的堆积。台体平面大致呈圆形，顶部直径4.5、底部直径26、中心位置高4.1米（图二三一；彩图一六一）。台脚被耕地破坏，形成高0.3～0.6米的断坎。台体顶部原有盗洞，已回填。

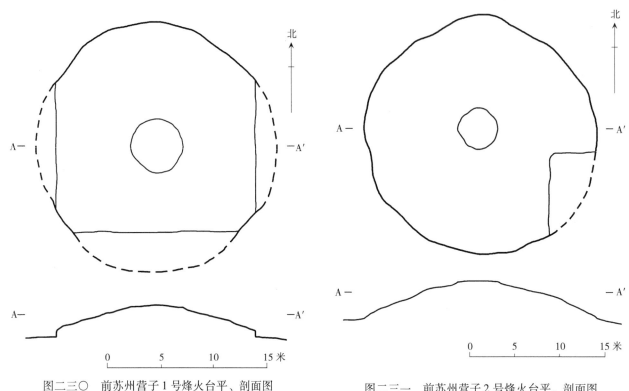

图二三〇　前苏州营子1号烽火台平、剖面图　　　　图二三一　前苏州营子2号烽火台平、剖面图

张家营子1号烽火台（211322353201040021）

该烽火台位于张家营子镇镇政府东北1.4千米北山东侧的山坡上。高程699米。建土线公路从南侧通过，东南距前苏州营子2号烽火台1.3千米，西南距张家营子城址1.6千米。

台体用夹有石粒的黄沙土夯筑而成，整体保存较好，坍塌后形成圆丘状的堆积。台体平面大致呈圆形，底部直径19、顶部直径5、中心位置高2.6米（图二三二）。台体顶部较平，原有2个盗洞，已回填。

张家营子2号烽火台（211322353201040022）

该烽火台位于张家营子镇镇政府东北1千米北山山顶的自然山包上。高程716米。建三线公路从西侧山坡下通过。北30米处有一座中国移动通信铁塔和机房，东南距张家营子1号烽火台0.85千米，南距张家营子城址1.6千米。

台体为土筑，整体保存较差，坍塌后形成圆丘状的堆积。台体平面大致呈圆形，底部直径16、顶部直径12、中心位置高1.6米（图二三三）。有一座废弃的通信用水泥砖房和房前院落完全坐落在台体之上，房前屋后散落着大量的砖、石、水泥块等建筑垃圾。

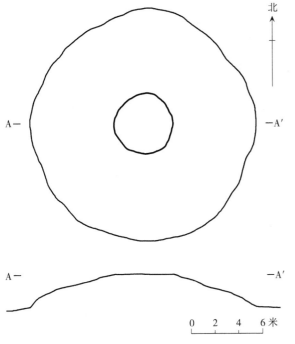

图二三二　张家营子1号烽火台平、剖面图

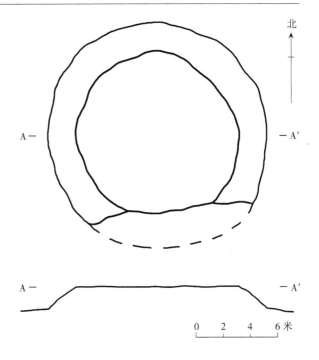

图二三三　张家营子2号烽火台平、剖面图

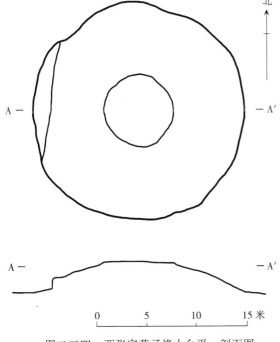

图二三四　西张家营子烽火台平、剖面图

西张家营子烽火台（211322353201040023）

该烽火台位于张家营子镇西张家营子屯北0.5千米的耕地内。高程644米。西张家营子屯南为海棠河，建三线公路从东侧北山西坡通过，南30米处有张家营子镇至奎德素镇公路，东距张家营子2号烽火台1.7千米，东南距张家营子城址2.1千米。

台体用黄沙土夯筑而成，整体保存一般，坍塌后形成圆丘状的堆积。台体平面大致呈圆形，底部直径21、顶部直径7、中心位置高3米（图二三四；彩图一六二）。西侧土路占据了台体西侧一部分，形成高1米的断坎，坎上生长有几棵小杨树。台体顶部中心位置有一根国家点水泥标桩和一根刻有"军测Ⅱ.1965.7"字样的标桩。台体所处地表采集到汉代灰陶残片（图二三五；彩图一六三）。

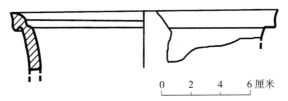

图二三五　西张家营子烽火台遗物图（陶器残片）

上七家 1 号烽火台（211322353201040024）

该烽火台位于张家营子镇上七家屯北 50 米的耕地内。高程 633 米。上七家屯南即为海棠河，北 0.1 千米处有张家营子镇至奎德素镇公路，东侧有一条进村的土路，东北距西张家营子烽火台 1.3 千米，东南距张家营子城址 3 千米。

现存台体为原来台体的西北侧坡，保留较小。台体原来被村民用做果林地后废弃，因进行耕种和取土将台体破坏。断面上可以清晰地看到夯层，夯层厚 0.1～0.15 米。台体用夹有沙子的黄土、黑土夯筑而成，整体保存差。台体平面原呈圆形，现存台体呈东北—西南向的长条状，残长 12 米，南侧高 1.6、北侧高 2、中间位置高 3.1 米（彩图一六四）。

上七家 2 号烽火台（211322353201040025）

该烽火台位于张家营子镇上七家屯西北 0.8 千米的耕地内。高程 635 米。上七家屯南即为海棠河，北 50 米处有张家营子镇至奎德素镇公路，东 0.1 千米处有蔬菜大棚，西侧有一条季节性河流。南、北台脚被辟为耕地。东南距上七家 1 号烽火台 0.93 千米。

台体用夹有沙子的黄土夯筑而成，整体保存较好。台体平面呈圆形，底部直径 30、顶部直径 5、中心位置高 4.4 米。台体西部被挖掉推平用作场院使用，形成的断坎高 1.1 米，东部被取土破坏。四周断面可清晰看到夯层，夯层厚 0.07～0.15 米（图二三六；彩图一六五）。采集到汉代板瓦和器皿残片（彩图一六六）。

孟家窝铺 1 号烽火台（211322353201040026）

该烽火台位于张家营子镇海棠村孟家窝铺屯东北 0.5 千米的山坡耕地内。高程 638 米。孟家窝铺屯南即为张家营子镇至奎德素镇公路和海棠河。东侧有一条上山的小路通过，路边有一条冲沟，西侧梯田将台脚破坏出一个断坎，东南距上七家 2 号烽火台 2.1 千米。

台体用夹有沙子的黄土筑成，整体保存较好。台体平面呈圆形，底部直径 20、中心位置高 2.2 米（图二三七）。梯田坎的断面上未发现夯层。采集到汉代板瓦残片（彩图一六七）。

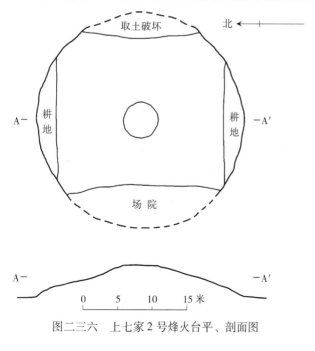

图二三六　上七家 2 号烽火台平、剖面图

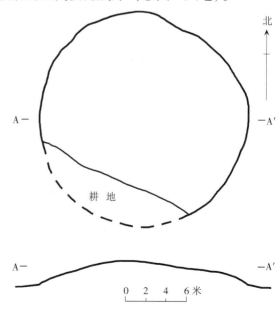

图二三七　孟家窝铺 1 号烽火台平、剖面图

孟家窝铺 2 号烽火台（211322353201040027）

该烽火台位于张家营子镇海棠村孟家窝铺屯北 0.2 千米的山坡耕地内。高程 642 米。孟家窝铺屯南即为张家营子镇至奎德素镇公路和海棠河。东 30 米处有一条冲沟，东南距孟家窝铺 1 号烽火台 0.23 千米。

台体处在梯田坝埂上，南半部已被推平作为耕地使用，仅存北半部。台体用黄土筑成，整体保存差。台体平面呈圆形，底部直径 20、中心位置高 1.2 米。梯田坎的断面上未发现夯层（图二三八）。

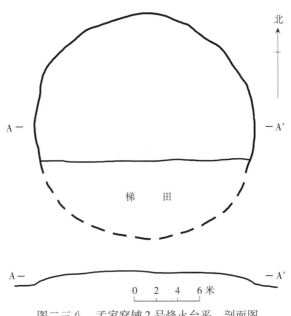

图二三八　孟家窝铺 2 号烽火台平、剖面图

孟家窝铺 3 号烽火台（211322353201040028）

该烽火台位于张家营子镇海棠村孟家窝铺屯西北 0.8 千米的山坡上。高程 652 米。孟家窝铺屯南即为海棠河，张家营子镇至奎德素镇公路在南侧山坡下通过，有一条乡级公路从东侧通过，东南距孟家窝铺 2 号烽火台 0.73 千米。

台体处于自然山包上，由于被采石坑破坏，仅存东西长、南北窄的长条状，整体保存差。从形成的断面上看，台体用夹杂有碎石的黄土夯筑而成，夯层明显，夯层厚 0.07～0.15 米。台体平面原呈圆形，现呈东西长、南北窄的长条状，南北长 2、东西长 20、中心位置高 3 米。台体所处地表采集到汉代陶器残片（图二三九）。

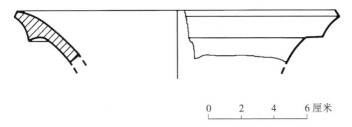

图二三九　孟家窝铺 3 号烽火台遗物图（陶器残片）

徐家沟 1 号烽火台（211322353201040029）

该烽火台位于张家营子镇海棠村徐家沟屯东南 0.8 千米的山坡耕地内。高程 630 米。南侧山坡下即为张家营子镇至奎德素镇公路，路南为海棠河。西南侧耕地中有几座现代坟墓，南侧有一条田间的小路，东南距孟家窝铺 3 号烽火台 0.53 千米。

台体处于一片耕地内，耕种的地垄将台体上部全部占据，形成一个漫土丘。调查时，村民讲曾有人将台体盗掘，挖至六七米深，后来村民种地时将盗洞回填。从现场调查情况看，台体用夹有碎石粒的黄土筑成，整体保存差。台体平面呈圆形，直径 20、中心位置高 1.5 米（图二四〇）。台体所处地表采集到汉代陶器残片（图二四一；彩图一六八）。

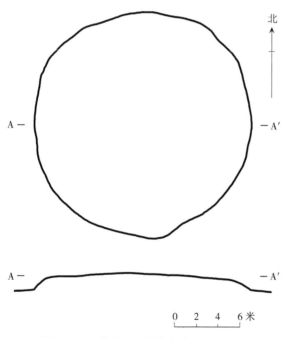

图二四〇　徐家沟 1 号烽火台平、剖面图

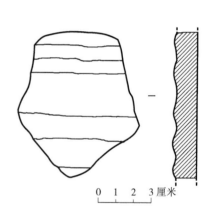

图二四一　徐家沟 1 号烽火台遗物图（陶器残片）

徐家沟 2 号烽火台（211322353201040030）

该烽火台位于张家营子镇海棠村徐家沟屯南 0.6 千米的山坡耕地内。高程 633 米。南侧山坡下即为张家营子镇至奎德素镇公路，路南为海棠河。南侧耕地中有一座现代坟墓，东南距徐家沟 1 号烽火台 0.62 千米。

台体用夹有碎石粒的黄土筑成，整体保存较好。台体平面呈圆形，直径 18、中心位置高 2.2 米。台脚位置被耕地破坏形成断坎，坎高 0.5～1 米，断坎上未见有夯层（图二四二）。台体所处地表采集到汉代陶器残片（图二四三）。

徐家沟 3 号烽火台（211322353201040031）

该烽火台位于张家营子镇海棠村徐家沟屯西南 0.8 千米的山坡松林内。高程 638 米。南侧山坡下张家营子镇至奎德素镇公路从海棠村北侧通过，村南为海棠河。东南距徐家沟 2 号烽火台 0.64 千米。

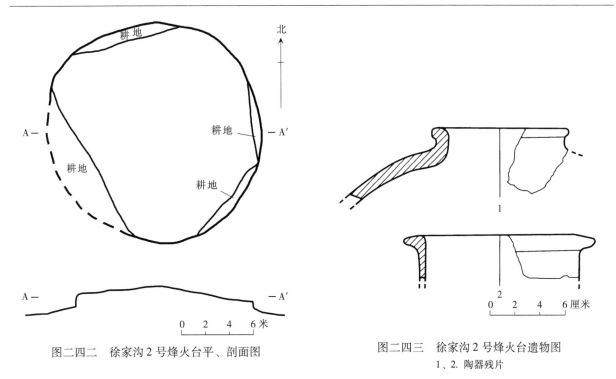

图二四二 徐家沟2号烽火台平、剖面图　　　　图二四三 徐家沟2号烽火台遗物图
　　　　　　　　　　　　　　　　　　　　　　　　　　　　1、2. 陶器残片

　　台体处于松林内，有几棵松树长在台体上，四周有数座现代坟墓。山坡上有大量的育林坑和挡水坝埂。台体在坝埂边缘上，南半部被破坏，仅存北半部，形成东西略长、南北略窄的长条状。台体用夹有碎石粒的黄土筑成，整体保存差。台体平面原呈圆形，南北长8、东西长13米，南侧高1.5、北侧高0.7米（图二四四）。台体所处地表采集到汉代陶器和板瓦残片（图二四五）。

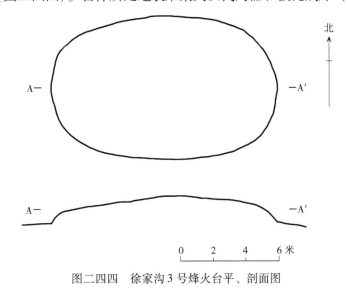

图二四四 徐家沟3号烽火台平、剖面图

南山烽火台（211322353201040032）
　　该烽火台位于张家营子镇姚家窝铺村南山屯西南1千米的山坡松林内。高程635米。南侧山坡下张家营子镇至奎德素镇公路从海棠村北侧通过，村南为海棠河。东南侧紧贴台体边缘有一条防火道通过。东南距徐家沟3号烽火台0.63千米。
　　台体用黄土筑成，整体保存好。台体平面呈圆形，底部直径27、顶部直径5、中心位置高

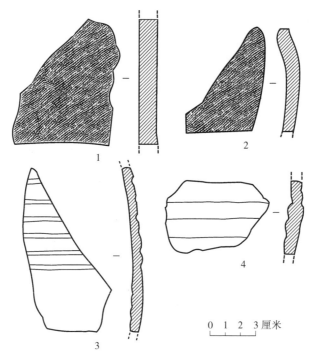

图二四五　徐家沟3号烽火台遗物图
1、2. 板瓦残片　3、4. 陶器残片

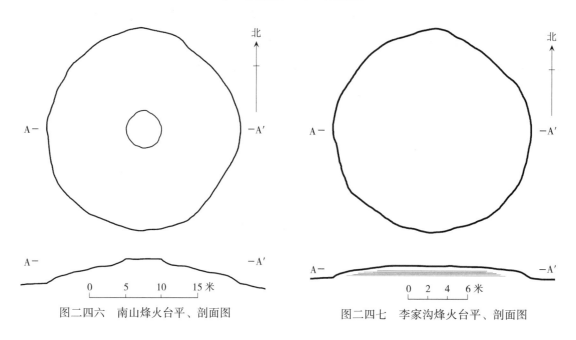

图二四六　南山烽火台平、剖面图　　　　　图二四七　李家沟烽火台平、剖面图

3.3 米（图二四六）。

李家沟烽火台（211322353201040033）

该烽火台位于张家营子镇姚家窝铺村李家沟屯西南0.2千米的山坡上。高程629米。南侧山坡下张家营子镇至奎德素镇公路从海棠村北侧通过，村南为海棠河。东南距南山烽火台0.8千米。

台体用夹有碎石粒的黄土夯筑而成，整体保存差。台体平面为圆形，底部直径20、中心位置高1.2米。台体顶部并排有两个盗洞，大小相当，呈长方形，长2、宽1、深3米。断面上夯层清晰，夯层厚0.1～0.15米。台脚被破坏，形成一个高0.6米的断坎（图二四七）。

高家洼1号烽火台（211322353201040034）

该烽火台位于奎德素镇大窝铺村高家洼屯东0.1千米的耕地内。高程648米。张家营子镇至奎德素镇公路从海棠村北侧通过，村南为海棠河。东侧有几座现代坟墓，坟边有一条田间小路通过。东南距李家沟烽火台730米。

台体用黄土筑成，整体保存较好，断面上未发现夯层。台体平面呈圆形，底部直径28、顶部直径5、中心位置高3.5米（图二四八；彩图一六九）。

高家洼2号烽火台（211322353201040035）

该烽火台位于奎德素镇大窝铺村高家洼西北0.3千米的山梁松林内。高程670米。小（敖汉旗小河沿）叶（柏寿）线公路从西侧坡下村庄内通过。东南距高家洼1号烽火台0.7千米。东南连接高家洼长城1段墙体，西北连接高家洼长城2段墙体，高家洼2段墙体北侧15～40米处为高家洼长城3段墙体。

台体用夹有碎石粒的黄土筑成，整体保存好。台体平面呈圆形，底部直径26、顶部直径5、中心位置高3.1米（图二四九），采集到汉代板瓦残片（彩图一七〇）。

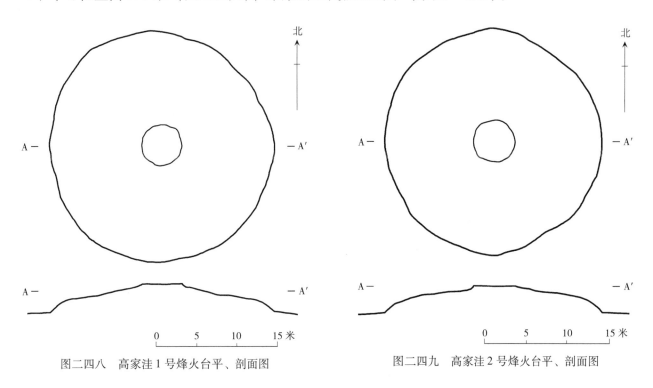

图二四八　高家洼1号烽火台平、剖面图　　　　　图二四九　高家洼2号烽火台平、剖面图

油房地1号烽火台（211322353201040036）

该烽火台位于奎德素镇大窝铺村油房地屯东南1.5千米的山坡耕地内。高程624米。小（敖汉旗小河沿）叶（柏寿）线公路从西北侧坡下村庄内通过，东南距高家洼2号烽火台0.93千米。

台体用夹有碎石粒的黄土筑成，整体保存较差，呈漫土丘状。台体平面呈圆形，底部直径20、中心位置高1.5米（图二五〇）。地表采集到汉代陶器残片（图二五一；彩图一七一）。

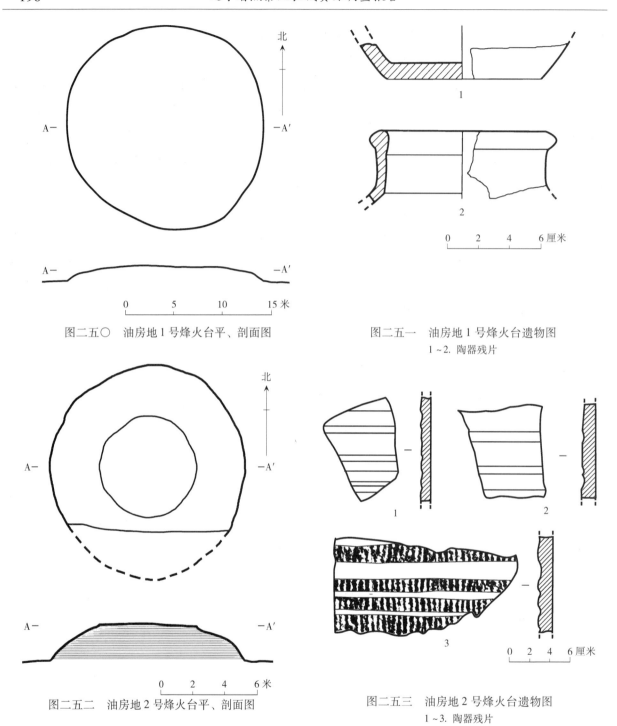

图二五〇　油房地 1 号烽火台平、剖面图

图二五一　油房地 1 号烽火台遗物图
1~2. 陶器残片

图二五二　油房地 2 号烽火台平、剖面图

图二五三　油房地 2 号烽火台遗物图
1~3. 陶器残片

油房地 2 号烽火台（211322353201040037）

　　该烽火台位于奎德素镇大窝铺村油房地屯内村民赵青才家后院内。高程 607 米。北 10 米处有小（敖汉旗小河沿）叶（柏寿）线公路，东南距油房地 1 号烽火台 1.9 千米。

　　台体用夹有碎石粒的黄土夯筑而成，整体保存差。台体平面呈圆形，底部直径 12、顶部直径 6、中心位置高 2.2 米（图二五二；彩图一七二）。台体东、南、西三面均为住宅。台体北侧与东侧保持坡状，南侧被取土破坏形成垂直的断面，村民在断面上又挖出约 4 米宽作为柴棚。西侧新建的砖房将台体占用一部分。断面上可以清晰地看到夯层，夯层厚 0.07~0.1

米。地表采集到汉代陶器残片（图二五三）。

油房地 3 号烽火台（211322353201040038）

该烽火台位于奎德素镇大窝铺村油房地屯西北 1 千米的山坡耕地内。高程 637 米。小（敖汉旗小河沿）叶（柏寿）线公路从东南侧山坡下通过。东 15 米处有一条田间小路，东南距油房地 2 号烽火台 0.94 千米。

台体用夹有碎石粒的黄土筑成，整体保存较差。台体被开垦为耕地，呈馒头状。台体平面呈圆形，底部直径 24、中心位置高 2.2 米（图二五四）。西侧台脚被耕地推掉形成断坎，坎高 1 米，断面上未看到夯层。地表采集到汉代陶器残片等遗物（图二五五；彩图一七三）。

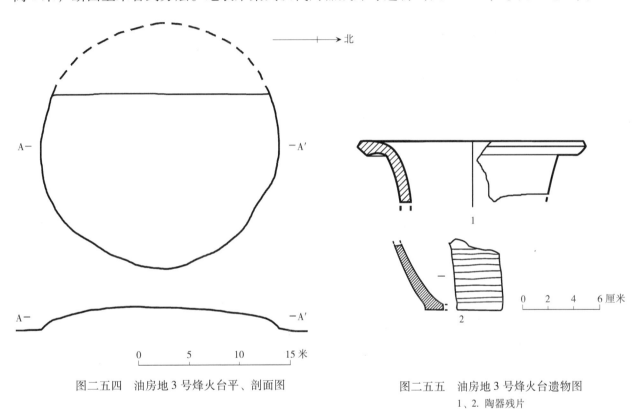

图二五四　油房地 3 号烽火台平、剖面图　　　图二五五　油房地 3 号烽火台遗物图
　　　　　　　　　　　　　　　　　　　　　　　　　　　　1、2. 陶器残片

大窝铺烽火台（211322353201040039）

该烽火台位于奎德素镇大窝铺村西北 0.5 千米山顶的自然山包上。高程 717 米。东南侧坡下为小新线公路，西南距岳家洼烽火台 1.1 千米，西距程家湾子烽火台 1.5 千米。

台体用夹有石粒的黄土筑成，整体保存差。台体平面呈圆形，顶部较平缓，底部直径 10、中心位置高 0.5 米（图二五六）。台体南侧原有一个现代建筑，已废弃，残留有水泥墙体与红砖等物。台体顶部中心位置有一个水泥桩和小沟。地表采集到汉代陶器残片等遗物（图二五七）。

岳家洼烽火台（211322353201040040）

该烽火台位于奎德素镇大三家村岳家洼屯东南 0.5 千米的山坡耕地内。高程 643 米。小（敖汉旗小河沿）叶（柏寿）线公路从东南通过。东南距油房地 3 号烽火台 0.54 千米。

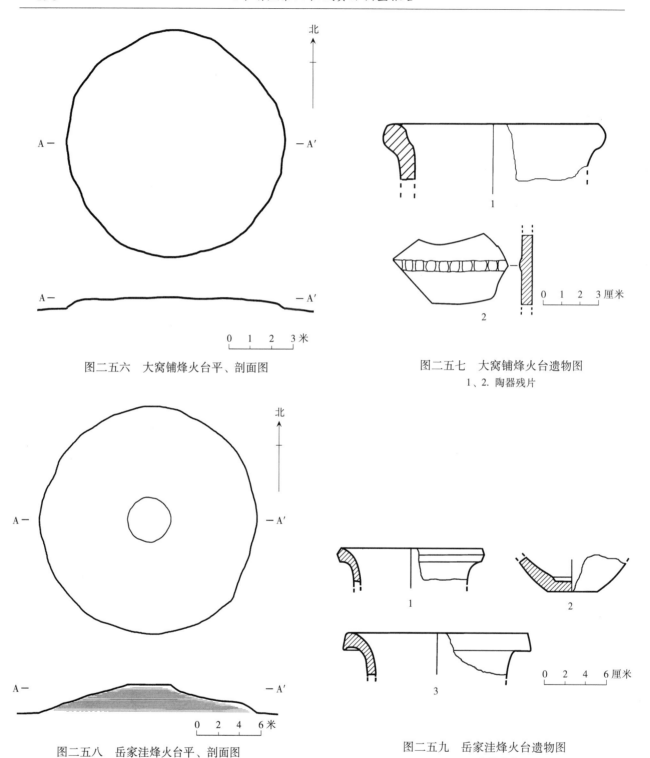

图二五六　大窝铺烽火台平、剖面图

图二五七　大窝铺烽火台遗物图
1、2. 陶器残片

图二五八　岳家洼烽火台平、剖面图

图二五九　岳家洼烽火台遗物图
1~3. 陶器残片

　　台体用夹有碎石粒的黄土夯筑而成，整体保存一般。台体平面呈圆形，底部直径20、顶部直径4、中心位置高2.5米（图二五八）。台体北、东、西三面为耕地，延伸至台体坡上，南侧为冲沟和大片的松林。台体顶部中心位置有一个盗洞，长1、宽0.6、深3.1米。从盗洞断面上可以看到清晰的夯层，夯层厚0.1~0.15米。地表采集到汉代陶器残片等遗物（图二五九；彩图一七四）。

程家湾子烽火台（211322353201040041）

该烽火台位于奎德素镇大三家村程家湾子屯东南0.8千米的山坡耕地内。高程616米。东南距岳家洼烽火台1.2千米。

台体用夹有碎石粒的黄土筑成，整体保存一般，呈土丘状。台体平面呈圆形，底部直径23、中心位置高2.5米（图二六〇）。台体顶部被辟为耕地，东侧坡上有一个盗洞。

东五家烽火台（211322353201040042）

该烽火台位于奎德素镇大三家村东五家屯东0.2千米的山坡耕地内。高程622米。北侧有一条田间小路从被破坏的台体上通过，东南距程家湾子烽火台2.3千米。

台体用夹有碎石粒的黄土夯筑而成，整体保存差。台体平面呈圆形，底部直径20米。因耕种与取土破坏，台体损毁严重，仅存长4、上宽0.8、下宽1.5、高1.5米的长条状。台体断面上见有清晰的夯层，夯层厚0.1~0.15米（彩图一七五）。台体周围的耕地上采集有汉代的陶器残片（彩图一七六）。

西五家烽火台（211322353201040043）

该烽火台位于奎德素镇大三家村西五家屯西北0.7千米的山顶上。高程649米。东南侧坡下为奎德素镇至八家农场公路，南侧有几座现代坟墓，东侧距东五家烽火台1.8千米，东北距哈塘沟1号烽火台1.7千米。

台体用碎石筑成，整体保存差。台体坍塌，石块散落四周。台体平面呈圆形，底部直径8、南侧高0.5、北侧高0.3米（图二六一）。台体东南侧遗留有村民焚烧香纸、鞭炮等灰烬及酒瓶等物。

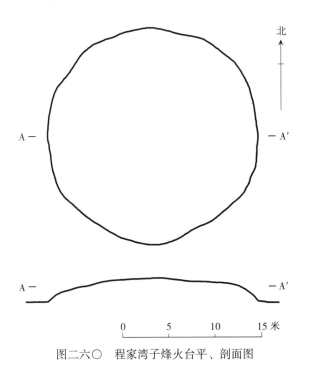

图二六〇　程家湾子烽火台平、剖面图

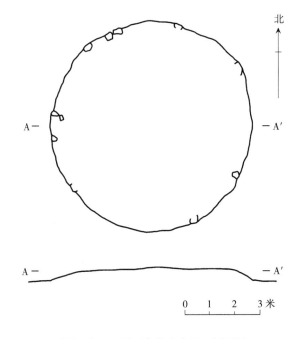

图二六一　西五家烽火台平、剖面图

哈塘沟 1 号烽火台（211322353201040044）

该烽火台位于奎德素镇大三家村哈塘沟屯东南 0.2 千米的山坡耕地内。高程 626 米。西侧坡下为一条冲沟，沟西侧为奎德素镇至八家农场的公路。东南距东五家烽火台 1.5 千米。

台体处在一条东南—西北向的梯田坝埂上，用夹有碎石粒的黄土夯筑而成，整体保存较差。台体平面呈圆形，底部直径 23、顶部直径 4、中心位置高 2.8 米。台体在坝埂下保存较好，坝埂上破坏较严重，存一个高 1 米的断坎，断面上可清晰地看到夯层，夯层厚 0.1～0.15 米。断坎上有一个未完全回填的盗洞（图二六二；彩图一七七）。采集到汉代筒瓦和板瓦残片（彩图一七八）。

哈塘沟 2 号烽火台（211322353201040045）

该烽火台位于奎德素镇大三家村哈塘沟屯北 0.8 千米的山坡上。高程 655 米。西侧坡下为一条冲沟，沟西侧为奎德素镇至八家农场的公路，东南距哈塘沟 1 号烽火台 1.6 千米。

台体处于一块东南—西北向的梯田坡下，用夹有碎石粒的黄土夯筑而成。台体平面呈圆形，底部直径 15、顶部直径 3、中心位置高 1.3 米（图二六三）。坡下保存较好，梯田上被推平作为耕地使用。北侧坡上有一个盗洞，长 1、宽 0.6、深 2.6 米，盗洞的断面上可清晰地看到夯层，夯层厚 0.1 米。地表采集到汉代陶器残片（图二六四）。

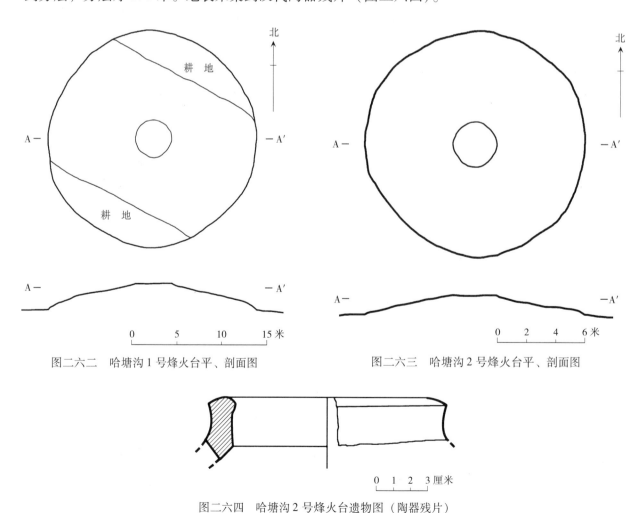

图二六二　哈塘沟 1 号烽火台平、剖面图　　　　　图二六三　哈塘沟 2 号烽火台平、剖面图

图二六四　哈塘沟 2 号烽火台遗物图（陶器残片）

哈塘沟 3 号烽火台（211322353201040046）

该烽火台位于奎德素镇大三家村哈塘沟屯北 1 千米的一个独立的山脊上。高程 733 米。东侧坡下奎德素镇至八家农场公路从哈塘沟屯通过。东南距哈塘沟 1 号烽火台 1.9 千米，东北距哈塘沟 2 号烽火台 1.3 千米。

台体用碎石筑成，整体保存差。台体坍塌，石块散落四周。台体平面呈圆形，底部直径 5、高 0.3 米（图二六五）。整个山坡上挖掘有大量的育林坑，东南侧有一个采石后废弃的坑。山坡上还有一道石筑的墙体痕迹，仅见基础，宽约 1 米，是否与烽火台有关有待确定。

哈塘沟 4 号烽火台（211322353201040047）

该烽火台位于奎德素镇大三家村哈塘沟屯西南 1.2 千米的山坡上。高程 765 米。奎德素镇至八家农场公路从东侧的哈塘沟屯通过。东北距哈塘沟 3 号烽火台 0.41 千米，东距哈塘沟 1 号烽火台 2 千米。

台体用碎石筑成，整体保存较差。台体坍塌，石块散落四周。台体平面呈圆形，底部直径 8、高 1.4 米（图二六六；彩图一七九）。

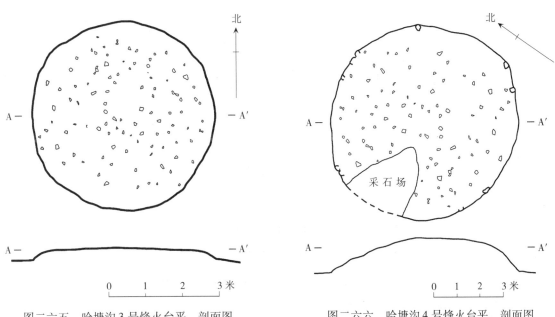

图二六五　哈塘沟 3 号烽火台平、剖面图　　　　图二六六　哈塘沟 4 号烽火台平、剖面图

龙台号烽火台（211322353201040048）

该烽火台位于八家农场平房村龙台号屯西北 1 千米的山坡上。高程 631 米。山坡下为奎德素镇至八家农场的公路。东南距哈塘沟 2 号烽火台 2.4 千米。

台体处于一个东南—西北向的梯田坡下，用夹有碎石粒的黄土夯筑而成，保存较好。台体平面呈圆形，底部直径 22、顶部直径 4、中心位置高 2.2 米（图二六七；彩图一八〇）。东侧有一处取土场将台体破坏，断面上未见到夯层。地表采集到汉代陶器残片（图二六八）。

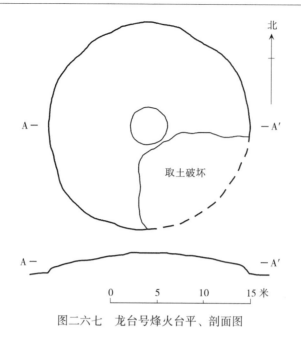

图二六七　龙台号烽火台平、剖面图

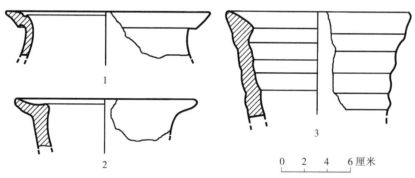

图二六八　龙台号烽火台遗物图
1~3. 陶器残片

四家子烽火台（211322353201040049）

该烽火台位于八家农场平房村四家子屯东南 50 米的山坡耕地内。高程 610 米。西南侧山坡下为奎德素镇至八家农场的公路，东南距龙台号烽火台 0.66 千米。

台体用夹有石粒的黄土筑成，保存差。台体平面呈圆形，底部直径 18、中心位置高 1.2 米（图二六九）。台体完全被辟为耕地。

机房沟烽火台（211322353201040050）

该烽火台位于八家农场平房村机房沟屯北 0.5 千米的山坡耕地内，高程 590 米。南侧坡下为一条季节性河流，奎德素镇至八家农场的公路从河谷内通过。有一条田间小路从台体的东侧与北侧绕过，东南距四家子烽火台 1.1 千米。

台体用夹有石粒的黄土夯筑而成，整体保存较好。台体平面呈圆形，底部直径 26、顶部直径 5、中心位置高 3.8 米（图二七〇；彩图一八一）。南侧有一处取土场将台边破坏形成一个高 1 米的断坎，断面上夯层明显，夯层厚 0.1~0.15 米。台体周围的耕地中采集有汉代的陶器残片（图二七一）。

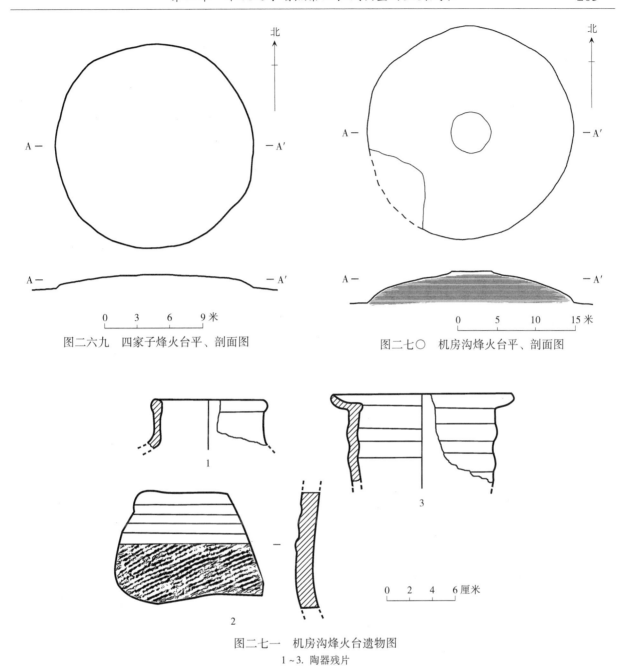

图二六九 四家子烽火台平、剖面图

图二七〇 机房沟烽火台平、剖面图

图二七一 机房沟烽火台遗物图
1~3. 陶器残片

姚戴沟烽火台（211322353201040051）

该烽火台位于八家农场平房村姚戴沟屯南0.5千米的山坡上。高程585米。南侧坡下为一条季节性河流，奎德素镇至八家农场的公路从河谷内通过。南4米处有一条田间小路东西向通过，东南距机房沟烽火台1.6千米。

台体用夹有石粒的黄土与红土夯筑而成，整体保存差。台体平面原呈圆形，现存西北部，南北长12、东西长12、断面高1.2米。台体所在位置被一处房场及院落占据，现已废弃。院墙借助台体作为基础，并将台体破坏形成直角的断面，断面上夯层明显，夯层厚0.1米。

平房 1 号烽火台（211322353201040052）

该烽火台位于八家农场平房村东 0.5 千米的山坡上。高程 572 米。南侧坡下为一条季节性河流，奎德素镇至八家农场的公路从河谷内通过。东南距姚戴沟烽火台 0.54 千米。

台体用夹有石粒的黄土筑成，整体保存较好。台体平面呈圆形，底部直径 19、顶部直径 3、中心位置高 2.7 米（图二七二）。

平房 2 号烽火台（211322353201040053）

该烽火台位于八家农场平房村东南 2 千米的平房山山顶上。高程 731 米。奎德素镇至八家农场公路从北侧河谷内通过。东南距丛家窝铺烽火台 1.8 千米，东北距机房沟烽火台 1.8 千米。

台体土筑而成，受风雨侵蚀严重，整体保存较差。台体平面呈圆形，底部直径 12.5、顶部直径 3.8、坡下高 2.2、坡顶高 1 米（图二七三）。台体下围绕整个山顶砌筑有一圈护坡，砌石最高 1 米，个别地方借助自然岩石。台体顶部有一个国家点标桩和一个盗洞。

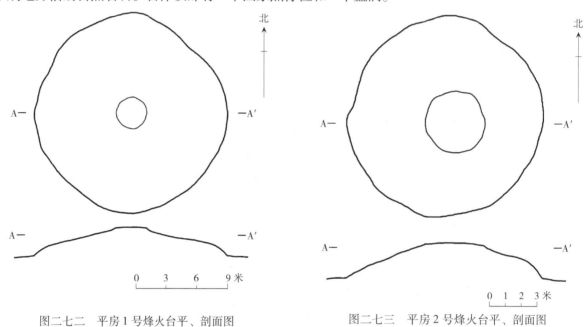

图二七二　平房 1 号烽火台平、剖面图　　　　　图二七三　平房 2 号烽火台平、剖面图

平房 3 号烽火台（211322353201040054）

该烽火台位于八家农场平房村西南 2 千米的山坡上。高程 656 米。奎德素镇至八家农场公路从东北坡下通过。东南距平房 2 号烽火台 2.1 千米，东北距平房 1 号烽火台 2.7 千米。

台体石筑而成，整体保存差。台体平面略呈圆形，南北略长，东西略窄，直径 5、高 0.4 米（图二七四）。台体周围采集有石刀、石斧以及红山文化时期的陶片等遗物。

两间房烽火台（211322353201040055）

该烽火台位于奎德素镇大三家村两间房屯东 0.5 千米的山坡上。高程 695 米。奎德素镇至八家农场公路从东侧通过。南侧有一条上山的小路，东南距哈塘沟 4 号烽火台 0.64 千米，东距哈塘沟 3 号烽火台 0.72 千米。

台体依山势而建，西侧略高，东侧略低。台体土筑而成，整体保存一般。台体平面略呈椭圆形，南北长 14、东西长 13 米，西侧最高 1.4 米（图二七五）。

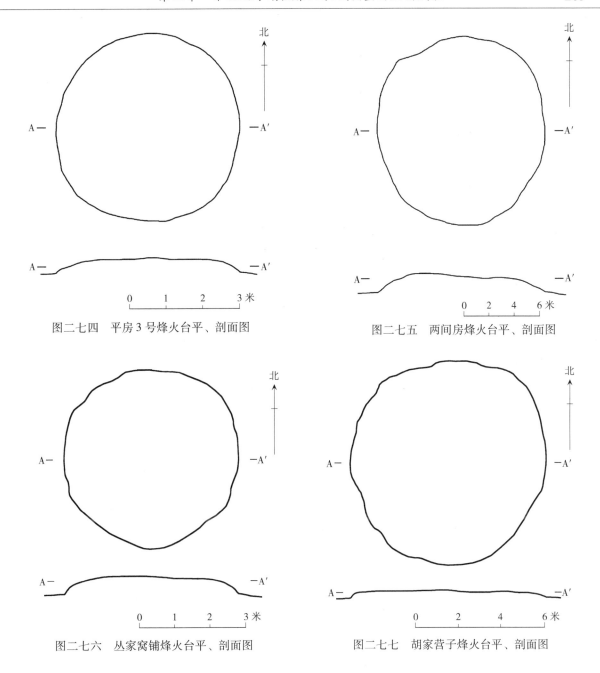

图二七四　平房 3 号烽火台平、剖面图

图二七五　两间房烽火台平、剖面图

图二七六　丛家窝铺烽火台平、剖面图

图二七七　胡家营子烽火台平、剖面图

丛家窝铺烽火台（211322353201040056）

该烽火台位于八家农场石匠沟村丛家窝铺屯东北 1 千米的山顶上。高程 716 米。奎德素镇至八家农场公路从东侧山坡下通过。东南距两间房烽火台 2.4 千米，东北距龙台号烽火台 2.3 千米。

台体土筑而成，受风雨侵蚀严重，整体保存差。台体平面略呈圆形，直径 5、高 0.5 米（图二七六）。南 1 米处有一座水泥砌筑的碑及碑座，碑字无存。

胡家营子烽火台（211322353201040057）

该烽火台位于八家农场山根村胡家营子屯西南 0.8 千米的山坡上。高程 618 米。西 1.2 千米处为小（敖汉旗小河沿）叶（柏寿）线公路，路西即为老哈河。东北距平房 3 号烽火台 3.5 千米。

台体土筑而成，整体保存差，台体平面略呈圆形，直径 9、高 0.7 米（图二七七）。台体顶部中心位置有一个盗洞，长1.2、宽0.6米，深不详。台体周围散落有红山文化时期的陶片等遗物。

丛家湾1号烽火台（211322353201040058）

该烽火台位于八家农场房身村丛家湾东0.5千米的山坡树林中。高程522米。北侧坡下为小（敖汉旗小河沿）叶（柏寿）线公路，西3千米处为老哈河，南侧有一条小路，东南距平房1号烽火台4.2千米。

台体是用夹有石粒的黄土筑成，整体保存较好。台体平面呈圆形，底部直径17、顶部直径3、中心位置高3米（图二七八；彩图一八二）。

丛家湾2号烽火台（211322353201040059）

该烽火台位于八家农场房身村丛家湾屯西0.2千米的耕地内。高程510米。小（敖汉旗小河沿）叶（柏寿）线公路从西侧通过，公路西侧为老哈河。东距丛家湾1号烽火台1.6千米，南距王爷地烽火台1.2千米。

台体用黄沙土堆筑而成，整体保存差。台体东侧有一条冲沟，西侧环绕台体有一条浇地的水沟。台体平面略呈长椭圆形，南北长15、东西长20、最高2米（图二七九；彩图一八三）。台体四周有断坎，坎高0.6～1米，断坎上未发现夯土与夯层。

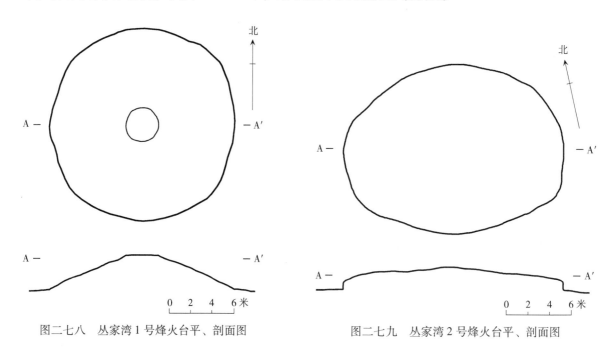

图二七八　丛家湾1号烽火台平、剖面图　　　　图二七九　丛家湾2号烽火台平、剖面图

小五家烽火台（211322353201040060）

该烽火台位于八家农场房身村小五家屯南0.02千米耕地边。高程627米。小（敖汉旗小河沿）叶（柏寿）线公路从东侧通过，西侧为老哈河。东距丛家湾2号烽火台0.9千米。

台体用沙土堆筑而成，整体保存差。台体仅存南半部，南北长20、东西长30米，最高3.5米。台体北侧被村民取土形成一个断坎，坎高3米，使台体的北半部几乎全部消失。现存台体东侧与西侧被村民用树枝等围起作为牛圈和堆放柴草的场地。北侧的断坎上未发现夯土与夯层。

王爷地烽火台（211322353201040061）

该烽火台位于八家农场房身村王爷地屯东侧0.1千米的山坡上。高程555米。小（敖汉旗小河沿）叶（柏寿）线公路从西侧通过，公路西侧为老哈河。南距山根3号烽火台1.4千米，东北距丛家湾1号烽火台2千米。

台体土筑而成，整体保存一般。台体平面呈圆形，底部直径9、高1.3米（图二八〇）。台体南侧有一个坑，坑壁及散落的土中见有夏家店下层文化时期和战国、汉代的陶器残片等遗物（图二八一）。

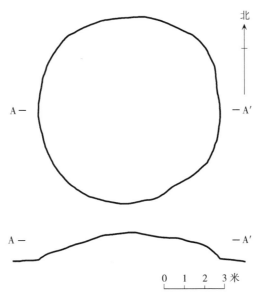

图二八〇　王爷地烽火台平、剖面图

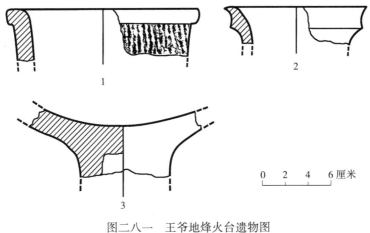

图二八一　王爷地烽火台遗物图
1~3. 陶器残片

山根1号烽火台（211322353201040062）

该烽火台位于八家农场山根村南1.2千米、小（敖汉旗小河沿）叶（柏寿）线公路79.7千米处路东侧的山坡上。高程553米。公路西侧为老哈河，东距胡家营子烽火台1.1千米。

台体用夹有碎石粒的黄土筑成，整体保存一般，北坡比南坡略缓且长。台体平面略呈圆形，底部直径24、顶部直径6、高3.5米（图二八二；彩图一八四）。台体顶部中心位置有3个盗坑，将顶部破坏，坑壁坍塌，未见有夯层，坑内散落有石块，推测原台体上应有建筑。台体周围耕地上散落有大量战国、汉代时期的陶器残片等遗物（图二八三）。

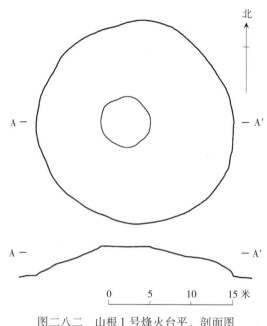

图二八二　山根1号烽火台平、剖面图

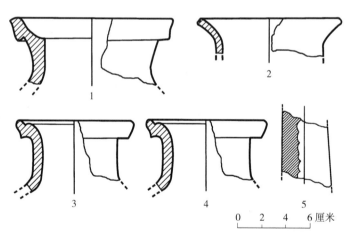

图二八三　山根1号烽火台遗物图

1～5. 陶器残片

山根2号烽火台（211322353201040063）

该烽火台位于八家农场山根村东侧0.1千米自然山包上。高程545米。小（敖汉旗小河沿）叶（柏寿）线公路从山根村内穿过，公路西侧为老哈河。南距山根1号烽火台2千米，东南距胡家营子烽火台1.9千米。

台体石筑而成，整体保存较差。台体呈南北长、东西窄的长条形，南侧较北侧缓且长，南北长20、东西长12米，顶部边长6米，最高1.8米。台体四周砌有石筑墙体，为一座平面大致呈正方形的夏家店下层文化时期石城址。

山根 3 号烽火台（211322353201040064）

该烽火台位于八家农场山根村东侧 0.3 千米的山坡上。高程 579 米。小（敖汉旗小河沿）叶（柏寿）线公路从山根村内穿过，公路西侧为老哈河。南侧为一条深沟，沟沿上有一条上山的小路通过。西南距山根 2 号烽火台 0.33 千米。

台体土筑而成，整体保存较差。台体平面呈圆形，顶部较平，底部直径 15、顶部直径 9.4、高 1.7 米。台体东、西两侧被取土破坏，断面上未发现夯土。

五　汉长城调查资料数据统计及分析

（一）汉长城本体数据统计及分析

经调查辽宁省汉代长城现存墙体长 1034 米（表九）。从材质上看，辽西丘陵地区的人工修建的墙体多为土墙，约占墙体总长的 67.8%；其次是石墙，约占墙体总长的 32.2%。未见山险和河险等（表一〇）。

表九　辽宁省汉长城墙体长度统计表　　　　　（单位：米）

地市	县（区）	长城主线	合计	总计	现存墙体	合计	总计
朝阳市	建平县	1034	1034	1034	1034	1034	1034

表一〇　辽宁省汉长城墙体保存状况统计表　　　　　（单位：米）

保存状况 墙体类别	较好	一般	较差	差	消失	合计
土墙	701	0	0	0	0	701
石墙	218	115	0	0	0	333
山险墙	0	0	0	0	0	0
山险	0	0	0	0	0	0
河险	0	0	0	0	0	0
消失	0	0	0	0	0	0
合计	919	115	0	0	0	1034

辽西汉代长城墙体分布在较矮的山顶上，地势相对平缓，交通方便，水源充足，是村民居住、生产、生活的理想地带，也是墙体被破坏乃至消失的主要原因。从保存状况看，整体保存差，相比较而言，土墙保存较好、石墙保存较差。土墙采用逐层夯筑的方式，质地坚硬，结构合理，能长时间经受住自然因素的影响；石墙多用毛石干垒而成，因长年的雨水冲刷和风雨侵蚀，砌石坍塌，保存较好的很少。

（二）汉长城关堡（障城）数据统计及分析

1. 辽东地区汉长城关堡（障城）数据统计及分析

经调查，在辽东地区的汉长城关堡共5座。其中沈阳市的上伯官城址为东汉末至魏晋时期，青桩子城址始建于战国燕时期，秦、汉沿用。其余3座始建于汉代。从分布上看，这些城址均位于汉长城主线以内，是长城沿线重要的支撑点。从选址上看，这些城址均选址于地域开阔的河谷、河流左岸的临河台地上（表一一）。

表一一　辽东地区汉长城关堡（障城）统计表

名称	平面形状	周长（米）	面积（平方米）	现存门址	现存角楼	现存马面	历史设施	修建年代	保存状况
白旗汉城遗址	矩形	800	40000	0	0	0	不详	汉	差
永陵南城址	矩形	604	22576	0	0	0	不详	汉	较好
东洲城址	矩形	800	40000	0	0	0	不详	汉	差
劳动公园城址	矩形	800	40000	0	0	0	不详	汉	差
青桩子城址	矩形	1600	160000	1	0	0	不详	战国、秦、汉	一般

从地表迹象、以往的工作和此次调查上看，这些城址均呈正方形，除青桩子城址外，规模都不大，边长约200米。关于城墙材质，通过以往的工作和此次调查上看，这些城址为土墙。从已经做过考古发掘工作的新宾永陵南城址的城墙结构看，这些城址墙体的构筑方式可能采用夯筑方式。

关于地表遗物，通过以往的工作和此次调查上看，这些城址都有板瓦、筒瓦或瓦当等建筑构件。可以确定，在这些古城内有高等级的建筑存在。特别是在永陵南城址出土过"千秋万岁"瓦当，还出土过鸟篆字体的"千秋万岁"瓦当和四界格莲花纹瓦当。在青桩子城址周围还分布有汉代墓群。

2. 辽西地区汉长城关堡（障城）数据统计及分析

从建筑形制上看，两座城址均为夯土筑成，平面均呈长方形。其中，榆树林子城为战国时期筑成，汉代沿用（表一二）。城址内历史设施均不详。

表一二　辽西地区汉长城关堡（障城）统计表

名称	平面形状	周长（米）	面积（平方米）	现存门址	现存角楼	现存马面	主要历史设施	修建年代	保存状况
榆树林子城	长方形	460	13000	0	0	0	不详	战国，汉代沿用	较差
张家营子城	长方形	540	18000	0	0	0	不详	汉	较差

从保存状况看，两座城址均保存较差，原因是城址所在的位置地势平坦、交通便利、水源充足，是村民居住、生产生活的理想地带，也是造成城址被破坏的重要因素。

（三）汉长城单体建筑（烽燧）数据统计及分析

1. 辽东地区长城单体建筑（烽燧）数据统计及分析

调查发现辽东段汉长城烽火台共51座，现存的共40座，均为土筑而成。现存的烽火台约占总数的78.43%（表一三）。

表一三　辽东地区汉长城烽火台形制和保存状况统计表　　　　（单位：座）

形制／保存状况	圆形	不规则形	不详	合计
较好	15	0	0	15
一般	12	0	0	12
较差	10	1	0	11
差	0	1	1	2
消失	0	0	11	11
合计	37	2	12	51

从建筑形制看，辽东段汉长城烽火台以圆形为主，共37座，约占烽火台总数的72.55%；不规则形的2座，约占烽火台总数的3.92%；由于保存原因，不能通过地面调查判明形制的共12座，约占烽火台总数的23.53%。

从保存现状看，辽东段汉长城烽火台保存较好的共15座，约占烽火台总数的29.41%；保存一般的共12座，约占烽火台总数的23.53%；保存较差的共11座，约占烽火台总数的21.57%；保存差的共2座，约占烽火台总数的3.92%；地面遗迹消失的共11座，约占烽火台总数的21.57%。

保存较好和一般的烽火台多位于险峻的高山之上，植被繁茂，人迹罕至；保存较差的烽火台所处的地势较低，临近交通线、居民区，当地居民生产、生活活动的破坏作用更明显。地面遗迹消失的烽火台是在修建公路、旅游景点、通信设施时被破坏。

2. 辽西地区长城单体建筑（烽燧）数据统计及分析

从建筑形制看，辽西地区汉长城烽火台以圆形为主，共79座，约占总数的95.2%；由于保存原因，不能通过地面调查判明形制的共4座，约占总数的4.8%（表一四）。

从材质看，辽西地区汉长城烽火台以土筑为主，共76座，约占总数的92%，其次是石筑，共5座，约占总数的6%，砖筑（明沿用）2座，约占总数的2%。

从保存状况看，辽西地区汉长城烽火台保存较好的共20座，约占烽火台总数的24%；保存一般的共10座，约占烽火台总数的12%；保存较差的20座，约占烽火台总数的24%；保存差的31座，约占烽火台总数的37%；地面遗迹消失的2座，约占烽火台总数的3%（表一五）。

表一四　辽西地区汉长城烽火台材质和形制统计表　　　　（单位：座）

材质 形质	土	石	砖	总计
圆形	73	5	1	79
矩形	0	0	0	0
不规则形	0	0	0	0
不详	3	0	1	4
总计	76	5	2	83

表一五　辽西地区汉长城烽火台保存状况统计表

材质 保存状况	土	石	砖	总计
较好	19	0	1	20
一般	10	0	0	10
较差	18	2	0	20
差	27	3	1	31
消失	2	0	0	2
合计	76	5	2	83

保存较好的烽火台多位于险峻的高山之上，植被繁茂，人迹罕至；保存差的烽火台所处位置临近交通线、居民区，当地居民生产、生活活动对遗迹保存的影响较大。地面遗迹消失的烽火台，多因自然破坏、长年农业生产水土流失和近年修建通信设施、城市建筑、工厂、电力设施时被毁坏。

六　燕秦汉长城保护与管理状况的分析

1988年，辽宁省人民政府将燕秦时期的张家营子城址、榆树林城址、汉代霍家地遗址公布为第四批省级文物保护单位。2000年，辽宁省人民政府将达拉甲城址公布为第五批省级文物保护单位。2001年，国务院将建平燕长城遗址公布为第五批全国重点文物保护单位。2004年，辽宁省人民政府将汉代列燧公布为第六批省级文物保护单位。

由于以往文物工作和学术上的认识问题，辽宁省其他地区的战国（燕）、秦长城遗存均未被列入文物保护单位。这些文物保护单位的"四有"情况和其他长城遗址的保护情况为：

1. 保护机构

依照《中华人民共和国文物保护法》，战国（燕）、秦长城遗存都实行文物部门属地管理，尚未设置单独的专门保护管理机构。

2. 保护标志

建平燕长城遗址、霍家地遗址、达拉甲城址、张家营子城址、榆树林城址、汉代列燧设立了保护标志碑。其他长城遗迹尚未设立保护标志。

3. 保护范围及建设控制地带

建平燕长城遗址、霍家地遗址、达拉甲城址、张家营子城址、榆树林城址、汉代列燧划定了保护范围及建设控制地带，其他长城遗迹尚未划定。

4. 记录档案

尚未编制，此次长城调查结束之后，所有的战国（燕）秦汉长城遗存将按照国家要求和标准建立专题档案。

通过此次调查，发现各地文物部门普遍存在经费少、人手少的问题，保护工作十分困难。过去各地文物部门对长城在本地区的存在状况了解不清，以及文物部门管理权限有限、监管不严等原因，也造成对长城的保护不够。还有对保护长城文化遗产重要价值的宣传力度不够，群众的文物保护意识淡薄，从而也影响了长城保护工作。

七　与早期长城有关的其他重要考古发现辑录

此次长城资源调查，由于受调查范围和时间的限制等原因，尚有部分以往考古发现中证明可能与辽宁省燕秦汉长城有关的重要遗迹和遗物，没能全部反映在调查材料中。本节择选此次调查以外的考古发现遗迹和时代明确、并有代表性的史迹；或在此次调查中虽略有涉及，但由于时间变迁和遗存变化，缺乏早年调查时的重要遗迹和遗物发现。择其重要者补充增录作为分析研究的参考。

（一）辽东地区

辽河以东地区此次长城调查以外的历年考古发现，主要是在沈阳、抚顺、本溪、宽甸市县境内，与长城经由有关的遗址和文物出土地。经勘查，应补充以下有明确遗迹和遗物发现的主要地点，自西而东有：

全胜堡城址

该遗址位于沈北新区财落乡全胜堡村西南 1 千米。经第二次全国文物普查和此次长城调查发现，与本报告著录的全胜堡烽火台相邻还有一处重要古城址，其东西长 500、南北长 400 米，总面积 20 万平方米，文化层厚 0.7 米[①]，出土过战国和汉代陶片，其性质与全胜堡烽燧相同，应是今沈阳、铁岭市之间燕秦汉长城障塞内的重要边县或屯戍重镇。

邱台遗址

该遗址位于铁岭市新台子镇沈阳、铁岭市界河万泉河北岸，南临全胜堡城址和烽火台。

---

① 李晓钟：《沈阳地区战国秦汉考古初步研究》，《沈阳市考古文集》第一辑，北京科学出版社，2007 年，第 231 页。

其面积 90000 平方米，自第二次全国文物普查以来，经铁岭市考古工作者调查，发现有战国时期的半圆形瓦当、绳纹陶器和上千枚战国燕刀币及西汉五铢。故邱台遗址亦应是燕秦汉辽东长城障塞线上的又一重要屯戍城址[①]。

铁岭南懿路镇遗址

该遗址位于铁岭市与沈阳市交界处，在懿路镇南万泉河水库旁明墩台遗址下出土有战国和汉代货币。其方位与邱台遗址东、西相接，应是燕秦汉障塞上的又一重要烽燧址（后为明代沿用）。

铁岭南阿吉镇红山嘴遗址和陈平烽火台

这 2 处遗址都地处铁岭西南的长城沿线，系近年第三次全国文物普查发现。两者都发现有早期夹砂红褐陶的鼎足和战国、汉代陶片。特别在陈平烽火台明代夯土台体水冲沟的断面上（下层），发现有战国和汉代的泥质灰陶片，并有燕刀币窖藏发现[②]。这在燕秦汉辽河以东障塞遗址的考古发现中意义重大。它与沈、抚市等地的类似发现证明（如全胜堡明烽火台下亦有汉陶片），在辽东有些地区，燕秦汉早期长城障塞与明边墙遗迹可能存在某些交叉和继承关系。

沈阳农业大学后山遗址

该遗址位于东陵区沈阳农业大学（原农学院）后山上。1981 年第二次全国文物普查发现后调查确认，地表有新石器时代和青铜时代遗物，并有战国和西汉时期的灰绳纹板瓦和陶片。此次调查时已毁坏严重，遗迹遗物罕见。这是浑河沿岸辽东燕秦汉长城障塞，在秦开"却胡"后，于早期土著民族文化基础上形成的戍边地证明之一。

沈阳市东陵区青桩子古城

该遗址是浑河南岸一处重要古城址。20 世纪 80 年代，被作为上伯官屯古城的附属遗址发现。2013 年 4 月，在其遗址地修公路地基时，被发现暴露出丰富的文化堆积。后经试掘，在地表 0.5 米以下的文化层中，发现战国和汉代城墙址，城址纵横近 400 米。同时出土战国和西汉时期的绳纹板瓦、筒瓦和大量陶片及秦汉半两钱等。联系其周围牤牛河沿岸，早年出土有秦始皇"廿六年"刻款的陶量和抚顺李石寨出土"相邦吕不韦铜矛"等，均与这一规模较大的古城址有关。证明该地早于其西上伯官屯汉魏古城。其时代和性质很可能与燕秦长城内辽东郡"中部都尉"的屯戍重镇有关[③]。

近年，在第三次全国文物普查和长城资源调查中，在抚顺市望花区李石寨至抚顺县海浪乡的拉古河和沙河之间，发现了沿拉古河东，由抚顺东南延向本溪太子河流域的诸多烽火台（烽燧址）。除本报告著录者外，尚有以下本溪威宁营等重要遗址地。这些烽燧址的一个重要特征，是在燕秦汉早期遗址上有被明代重新利用的叠压关系，在考察辽东地区燕秦汉长城与明边墙关系中意义突出。而由抚顺李石寨和东洲小甲邦分途以东，沿浑河、苏子河东延，则有汉代烽燧址连线。其中除本报告记录的烽火台以外，还有以下 2 处汉代重要城址。

---

① 国家文物局主编：《中国文物地图集·辽宁分册》（下），西安地图出版社，2009 年，第 94 页。
② 国家文物局主编：《中国文物地图集·辽宁分册》（下），西安地图出版社，2009 年，第 94 页。
③ 王绵厚：《沈抚交界处"青桩子"古城的新发现及其考古学意义》，《东北史地》2014 年第 1 期。

新宾满族自治县白旗堡汉城

该遗址位于新宾满族自治县城东红升乡白旗堡村。此次长城调查时，因其遗址早已被夷平，故补充其部分早期调查资料。1985 年 6 月，辽宁省博物馆王绵厚、孙力与抚顺市博物馆徐家国曾临该城址调查。在当时白旗大队（红升村）西北的苏子河南岸耕地上，尚保存有一处南北长约 60、东西长约 80 米的高土台，其余边缘被平整农田所破坏。访当地村民称其地为"罗锅地"，当时遗址台地可辨高出四周 1～1.5 米。现场采集有早期灰绳纹板瓦、筒瓦残片和绳纹陶片，并有少许辽金时期瓷片。同行调查的徐家国先生介绍，1978 年当地旱田改造为水田时平整土地，在地表 1 米多处发现有大量灰绳纹板瓦、筒瓦和云纹瓦当以及汉代的五铢钱，还有柱础石等，遗物多存于抚顺市博物馆。当时徐家国即出示该城址早年出土的西汉卷云纹瓦当照片一张。从该城址所处的地理位置、布局规模和出土的建筑材料等条件看，调查者初步认为此处应是苏子河流域一处重要戍边城址，后来应为由"第二玄菟郡"，沿苏子河古道，通向集安、通化等高句丽腹地的交通重镇（即北道上的"帻沟娄城"①）。2001 年春，辽宁省长城学会几人再次调查时，其高台地已被夷平，仅见稻田中有少量陶片。

红升遗址

该遗址位于今新宾满族自治县白旗堡汉城东约 3 千米的红升水库西侧。面积约 4000 平方米。出土有战国和汉代的夹砂红褐陶和灰陶鼎足、豆柄和陶器口沿等，为玄菟郡的又一戍边遗址之一。其东延即接吉林省通化市的汉墩台址。

本溪市溪湖区的两处窖藏

这两处窖藏，一处在张其寨农场上翻身村，一处在黄木村。前者发现于 1981 年，后者发现于 1997 年。两地都有战国时期（燕秦）的刀币和布币出土。说明溪湖区乃燕秦古长城戍边、屯守的重要地区，与辽东已勘定的燕秦和汉初长城经由主线相合。

本溪威宁营遗址（城址）

该遗址是燕秦汉辽东障塞，由抚顺市海浪乡延向新宾满族自治县境的汉代烽火台在拉古河分途后，沿拉古河东南进入本溪县境的最重要遗址地之一。位于本溪市明山区高台子镇南威宁营村西南，20 世纪 70 年代被发现。1980 年夏，辽宁省博物馆研究室王绵厚等人，为修订《辽宁史迹资料》，赴抚顺、本溪市等地调查史迹。在调查本溪湖后，当地人介绍本溪湖东有明边墙"威宁营堡"。后经实地勘查，该遗址西去本溪湖约 5 千米，其东、西、北三面为山地，中间地势较平坦，为太子河冲积平原，东西长约 5 千米。明威宁营城址，即坐落在太子河西北岸。在太子河与其支流沙河之间尚有边长约 300 米的明代堡城，地表散有明青花瓷片。而调查中现场更意外的发现，是在明边堡东南不远方向的太子河西北岸又有一处早期遗址。当时仅从地表看，既有夹砂红褐陶和绳纹灰陶片及板瓦残片，又有灰陶细绳纹加弦纹的陶罐、陶盆残片等（彩图一八五、一八六）。寻访当地老乡说，以前遗址处出土过铜刀（燕刀币）。从其时代特征看，特别是战国乳丁纹半瓦当的发现，应是从

---

① 王绵厚：《西汉时期的玄菟郡"帻沟娄城"与高句丽的南北二道》，《东北史地》2008 年第 5 期。

战国到西汉时燕秦辽东长城障塞上的一处遗址或屯戍城址（障城）。与近处的明代边堡遗物明显不同。

对这一早期遗址，此次长城调查未列入调查范围，后经复查补入。综观该遗址（或城址）的方位以及早年发现的重要遗迹、遗物，其位置正处在辽东燕秦汉长城障塞线上的太子河沿岸，太子河（古大梁水）上游亦经由此地入塞，所以其在辽东燕秦汉长城上的地位十分重要。2009 年《中国文物地图集·辽宁分册》，初步定其为在"（战国、汉）遗址上建有明代城址"[1]。实际上应是早期长城戍边城址或烽燧遗址，后来被明代沿用过。它在早期长城的太子河段的位置，具有坐标意义。

本溪怪石洞遗址

该遗址位于本溪市溪湖区的怪石洞。20 世纪 90 年代，在洞内发现青铜时代的夹砂红褐陶和石斧、石刀，又有战国和西汉的铁戈、铁削等兵器。联系其与威宁营等相近的早期障塞近边位置，可能在燕秦汉戍边时被屯兵利用过。

本溪大浓湖窖藏

该遗址位于本溪市明山区卧龙乡大浓湖村。1980 年一次出土战国时期布币 200 多斤。其地点与威宁营遗址东西相望，同在卧龙河南岸的古长城线上。应为又一处戍边窖藏遗址。

本溪通江峪和谢家崴子遗址

该遗址位于本溪县小市镇通江峪村，与本溪谢家崴子水洞隔太子河相望。据 1961 年辽宁省博物馆孙守道等调查，出土有汉代绳纹陶片和铁镬等，为一处长城戍边或屯田遗址。

本溪碱厂堡遗址

该遗址位于本溪县碱厂镇碱厂村今印刷厂南。旧有明代"碱厂堡城址"。在明代城址下，发现过战国和汉代遗物，因未做过专门调查，情况不详。但分析其在燕秦汉障塞上的位置，应与上述威宁营堡性质相同。

九龙口遗址

该遗址位于本溪县碱厂镇九龙口村。与有战国文物发现的九龙山城相近。1978 年出土有战国和汉代的铁镬和绳纹陶片。其地正在南太子河沿岸，由本溪去往宽甸北的古长城线上。其遗址性质当与长城屯戍有关。

宽甸县拐磨子沟关隘址

该遗址位于宽甸满族自治县双山子镇拐磨子村，现存一道东西墙体，长 200 米。"墙体底宽 6 米，顶宽 2 米，存高 3 米……基础部分为人工打制的石块垒砌，其上为土筑。"[18] 原调查者认为是明代关隘址，但并无明代考古遗物证明，而且与一般明长城结构不尽相同。特别是拐磨子沟，地处已勘定的明宽甸六堡烽火台以北约 10 余千米，远离明代六堡的边墙线。其东侧又有战国和汉代遗物出土的牛毛坞镇古障塞遗址。西连的本溪碱厂堡，亦为有遗物出土的燕秦汉早期障塞上的一处关隘址。在燕秦汉古障塞线上，三者应具有相同的功能和性质。

---

① 国家文物局主编：《中国文物地图集·辽宁分册》（下）西安地图出版社，2009 年，第 142 页。

双山子镇黎明村窖藏址

该遗址位于宽甸满族自治县双山子镇黎明村甸房后山融洞。1994 年 6 月，一次即出土有窖藏战国燕刀币 200 多枚。其地处瑗河上游辽东古长城线上。而窖藏址不同于一般慌乱中不经意丢弃的兵器等，具有人为特意埋藏的目的性。其地与上条拐磨子关隘相邻处，亦有相同的燕刀币出土。两者都应是当时戍边的长城兵士屯营戍守此地的明确的标志性遗址。

高台堡窖藏址

该遗址位于宽甸满族自治县灌水镇高台堡西 50 米。1977 年 12 月，在地下 20 厘米窖藏处发现 2 公斤多燕刀币①。它与上条黎明村窖藏和 1974 年发现的东临太平哨乡小挂房战国窖藏等，无一例外的均出土有燕国货币。其东西横向，正处于由宽甸北境穿过牛毛生河，沿北股河过半拉江，延向鸭绿江西岸的古长城线上。上述诸窖藏遗址比较有规律的分布在长城沿线，其在燕秦古长城线上的屯戍遗迹性质十分鲜明。

白菜地遗址

该遗址位于宽甸满族自治县大西岔乡白菜地村"黄家大院"，为一处呈西北—东南向的石墙基址。发现于第二次全国文物普查，在近年第三次全国文物普查和长城资源调查时，又曾两次实地调查，2013 年 4 月，辽宁省长城调查项目组，又一次组织复查。其现存墙体为石块砌筑而成，横跨小溪谷口的一段两侧尚存约 300 余米，其上行段尚存 100 余米。近年，经张福有等再次调查，在其西北上行 800 米处山上，更发现有早期烽火台遗址②。其残段面向鸭绿江的方向，翻过一座山梁，约 3 千米即抵达鸭绿江西岸。江对面即为大宁江上游昌城江地区，即所谓朝鲜半岛的大宁江长城地带。历次调查这一段墙体遗物罕见，只出土过金代铁锹。但其墙体和烽燧址均位于明边墙以北，附近西临又有上述多处燕秦早期遗址和窖藏发现，而地理位置又正对大宁江长城。故有理由勘定为鸭绿江右岸，燕秦汉早期辽东障塞上的重要建筑遗迹。

刘家堡城址

该遗址位于凤城市大梨树村刘家堡子屯（地图一一）。城址地处河谷平地之上，地势平坦。城址现为耕地，地表散布着大量的绳纹灰瓦残块。1995 年，辽宁省考古研究所曾对遗址进行小规模发掘，开掘探沟 21 条，共发现房址 3 处，出土了大量战国、西汉时期的遗物，包括卷云纹瓦当等建筑构件、铜镞、铁铤铜族、铁镰等金属器具和陶罐、陶豆、陶盆、陶缸等生活陶器。该城址经多年调查及考古发掘，虽没有发现与城址有关的城防结构、墙垣、门址，但根据出土遗物的丰富程度和规格、品级，结合史料记载，推定该地为西汉辽东郡东部都尉所在地武次县治。

瑗河尖古城址

该遗址位于丹东市振安区九连城镇上尖村（参见地图一一）。城址现处于耕地之中，地势平坦，城址内地表散布大量的绳纹瓦片，未见其他与城址有关的遗存。20 世纪 60 年代，该城址还

①　《文物资料丛刊》（第三辑），文物出版社，1999 年。

②　张福有、孙仁杰等：《高句丽古城考鉴》，2014 年。

存部分东墙。1979 年，出土一件带文字的瓦当，中间有圆形的凸起，周围有左旋读隶书"安平乐未央"5 字，每两个字之间有两条竖线相隔。1981 年，又出土一件大型陶罐，口沿上刻楷书体"安平城"字样。根据出土遗物和文献考证，叆河尖古城为汉辽东郡西安平县治所在地。

（二）辽西地区

辽西地区与燕秦汉早期长城有关的史迹，除此次调查著录的墙体、烽火台、城址、屯营址和相关遗存外，主要是一些与早期长城障塞经由和屯戍相关的古城址或戍营地遗址。经第二次和第三次全国文物普查以来和历年专题调查发现，辽西地区与早期长城有关的遗迹、遗物地点，尚应补充主要有如下各处。

西胡素台土城子城址

该遗址位于建平县三家子乡西胡素台子村土城子西南 0.25 千米，1981 年被发现。城址平面呈正方形，城墙夯土筑成，城垣轮廓清晰可辨，边长 300 余米。1975 年，当地居民在北墙附近断层处发现有西汉"安乐未央"瓦当，当为城址内较重要的建筑址遗物。从其城址位置和规模看，应为靠近辽西北部障塞的一处重要障城或县城。

召都巴西土城子遗址

该遗址位于朝阳市龙城区召都八镇西土城子村。地处由朝阳西北出"大青山关隘"，早期辽西长城边塞的古交通道上。发现于 20 世纪 80 年代的第二次文物普查[①]。文化层厚 1～1.5 米，采集有灰陶粗绳纹板瓦、筒瓦和陶瓮、陶罐以及绳纹红陶片，其下层有夏家店下层文化的陶片。

大庙镇土城子城址

该遗址位于朝阳市西北大庙镇卧佛沟村土城子屯北，第二次全国文物普查时发现。现存城址平面略呈不规则的长方形，南北长 130、东西长 95 米。城墙夯土筑成，夯层厚 8～10 厘米。现存城基（南部）高出地表约 1.5 米。其南边有一门址，宽 6 米[②]。1984 年秋，辽宁省博物馆王绵厚和朝阳市博物馆邓宝学曾赴该地考古调查。当时即采集有战国至汉代的灰绳纹板瓦、筒瓦，以及有绳纹和素面的灰陶瓮、壶、罐、盆等残片。地表尚散布有辽代布纹瓦等。确认该城址虽规模较小，但四至清晰，现存城址夯筑城墙遗迹、遗物时代明确，四角尚存有角台遗迹。从采集的板瓦和筒瓦看，城址内当年应有相当规模的建筑址。调查后次年，王绵厚在中国考古年会第六次年会上，提交《考古学所见两汉之际辽西郡县的变迁与边塞内徙》一文。曾考证其城址和以下介绍的大青山"马迷水山城"，同为"通向汉代辽西边塞的戍边城。"[③] 因观其位置正在上述大庙土城之西，同为出朝阳西北大青山隘口的古长城关隘处和交通冲要。城址南门下临由朝阳、边杖子、大庙通向大青山关口的河谷古今交通要路。其西南过大青山古隘口，即与调查发现的建平县境内的老虎山河流域汉长城烽燧线相接。其北面则

---

① 王绵厚：《秦汉东北史》，辽宁人民出版社，1994 年，第 49 页。
② 国家文物局主编：《中国文物地图集·辽宁分册》（下），西安地图出版社，2009 年，第 443 页。
③ 中国考古学会编：《中国考古学会第六次年会论文集》，文物出版社，1990 年。

为敖汉旗境内的燕秦古长城线。2013 年 11 月 12 日，辽宁省文物局组织郭大顺、姜念思、王绵厚、田立坤、尚晓波、付兴胜等再次复查，确认其方位，并进一步勘定，应为早期辽西长城燕秦汉障塞上的重要戍边障堠城址或长城戍边道上的交通重镇。

土城子城址

该遗址与上条土城遗址同在朝阳市大庙镇卧佛沟村土城子村。前者在村北，后者在村南 0.2 千米。现存城址呈近正方形，南北长 70、东西长 80 米，略小于村北的古城址。其夯土城墙高约 3 米，夯层厚 6～8 厘米①。从地表采集物看，多为汉代的绳纹板瓦、筒瓦和灰陶瓮、罐、盆、豆等遗物。其性质和功能应与上条遗址相同，两者或有时代早、晚使用差别。即该城址可能稍晚于大庙镇土城子。

大青山城址

该遗址位于朝阳市大庙镇西北马迷水村西 2.5 千米大青山南麓，有南、北相对的 2 座小城。

南城平面呈长方形，南北长 120、东西长 70 米；北城平面呈近正方形，南北长 40、东西长 35 米。两座城都为石筑城墙，其南城尚存城墙四角遗迹。从两城址采集的绳纹砖、沟纹砖和陶瓷片看，《中国文物地图集》考定其为唐代至辽代古城②。而从其明显为扼守"大青山关隘"的一处关隘城堡看，其在唐代以前的燕秦汉早期长城障塞戍边中，亦应具有重要关城作用。

上新丘城址

该遗址位于阜新蒙古族自治县化石戈乡上新丘屯南 0.1 千米。现存城址土石混筑而成，具有战国古城的显著特征。城址平面呈长方形，南北长 112、东西长 85 米，城墙残高 0.5 米。遗址内采集有灰陶细绳纹的战国至汉代陶罐腹片和夏家店下层文化的陶片，战国城址建在青铜文化遗址上，在辽西地区亦具有普遍性③。从其位于阜新地区早期长城沿线和城址的规模、出土文物时代特征看，应是辽西燕秦汉长城上的障堠城址之一。

北沟西城址

该遗址位于阜新蒙古族自治县紫都台乡南昌营子村北沟屯西 0.8 千米。与上条新丘城址筑法和性质相同，并同处东西相连的古长城线上④。城址平面略呈长方形，南北长 112、东西长 85 米，高 1～1.5 米。几乎与上新丘古城规制相同。出土文物亦是具有战国（燕）时期特点的夹砂红褐陶或灰褐陶鱼骨盆残片等，并有早期夏家店下层文化的陶片。其性质同为辽西早期长城线上的障城遗址。

张吉营子城址

该遗址位于阜新蒙古族自治县大五家子乡张吉营子村南 0.5 千米。城址用土石垒筑而成，平面呈长方形。此城址与长城关系密切的是，北城墙与东西向的燕秦汉长城走向一致并成为一体，南、西、东三面城墙保存明显。现存南墙 65 米，显然为傍临长城障塞的戍守小障城。

① 国家文物局主编：《中国文物地图集·辽宁分册》（下），西安地图出版社，2009 年，第 445 页。
② 国家文物局主编：《中国文物地图集·辽宁分册》（下），西安地图出版社，2009 年，第 445 页。
③ 辽宁省长城学会编：《辽宁长城》（五），2006 年内部刊本。
④ 辽宁省长城学会编：《辽宁长城》（五），2006 年内部刊本。

其出土文物与长城遗迹同为战国燕秦和西汉时代，其结构在辽西长城的墙体与障堠关系和戍边防御体系中，具有典型意义。

后窝堡屯南城址

该遗址位于阜新蒙古族自治县大五家子乡的大家生村后窝堡屯南 0.5 千米。城址平面呈近正方形，南北长 105、东西长 110 米。与上述张吉子城址构筑和出土文物时代特征相同，唯规模稍大①。应是长城线上又一座独立的障城之一。

叶茂台城西地遗址

该遗址位于法库县南叶茂台镇石桩村西北 2.5 千米马鞍山南坡和东坡，又称马鞍山遗址②。其东即有辽代马鞍山城址，故称城西地。在这一时代连续较长的遗址中，历年在几处纵横数百米的遗址中，出土有青铜时代的夹砂红褐陶和战国时期的泥质灰陶豆及陶纺轮等。其时空范围应在战国燕"秦开却胡"的北部边塞线上。而且其东南即与下条新民北境，战国前后的"公主屯后山"城址衔接。时空上具有与燕秦汉辽东早期障塞相关的性质③。

公主屯后山遗址

该遗址是辽河以西、燕秦汉长城障塞东过辽河以前最重要的一处遗址。遗址位于今新民市北公主屯后山，发现于 20 世纪中叶，以往没有与辽东障塞联系。1980 年第二次全国文物普查，在遗址开掘探方 2 个，发现夯土城墙一段。1983 年，王绵厚、李健才、薛作标等实地调查，发现其下部为"高台山文化"的晚期，上部则有战国和汉代遗存。1984 年，沈阳市考古人员李晓钟等进一步勘查，发现在纵横 200～300 米的战国和汉城址内，有两处建筑遗址和遗物④。联系其地处长城线上，而又建于公主屯后山的特殊位置，应是辽河西岸与早期长城有关的重要屯戍城址。

乌尔汉遗址

该遗址位于新民市东北辽河干流西岸，今 101 国道的乌尔汉渡口 1 千米南矮山丘台地，控扼辽河渡口形势险要。第二次全国文物普查时，沈阳市李晓钟等已发现有青铜时代和隋唐（高句丽）时期陶片。2012～2013 年，又经王绵厚、李晓钟、张福有、肖景全等二次调查，确认应为从青铜时代延至隋唐时期的重要遗址。其性质应与公主屯后山相当。

上述补充考古发现，只选择了遗迹和遗物地点和时代明确的重要地点，尚不包括收集的传闻遗物出土地和远离长城线的其他零星发现。

① 国家文物局主编：《中国文物地图集·辽宁分册》（下），西安地图出版社，2009 年，第 259 页。
② 国家文物局主编：《中国文物地图集·辽宁分册》（下），西安地图出版社，2009 年，第 44 页。
③ 周向永：《铁岭的考古与历史》，辽海出版社，2010 年，第 94 页。
④ 李晓钟：《沈阳地区战国秦汉考古初步研究》，《沈阳市考古文集（第一辑）》，科学出版社，2007 年，第 231 页。

第四章　结论与分析

此次辽宁省燕秦汉长城资源调查，由于是全面调查，涉及的市、县较多，调查范围广泛，获取资料在种类和数量上，较以往任何一次专题调查都相对丰富，同时将20世纪中叶以来历次考古调查的相关材料也补充进来，所以有条件对燕秦汉早期长城的相关历史、考古问题，在梳理考古资料的基础上，结合相关文献记载进行进一步研究。本章拟从五个方面，对辽宁地区燕秦汉早期长城的调查成果及其相关问题，仅就目前的认识，进行综合分析。

一　此次长城资源调查与历次调查成果的比较

此次调查，是在国家文物局统一部署下的系统全面调查，跟以往调查比较，在调查范围、调查的深度和广度、调查成果的获取和整理方面有很大的差别。归纳起来主要有以下几点。

其一，调查范围较为广阔和深入。以往只是针对某一个地区开展的专题调查，或针对《中国文物地图集》等出版需要开展的局部零星调查。对于遗迹的认定标准、成果的归纳都没有明确的统一规范。此次调查，以国家相关规范为标准，对全省范围内的燕秦汉长城进行了全面调查。共调查了全省长城经由的10余个市、20余个县区。调查确认了辽宁境内的燕秦长城现存墙体107290米，遗迹涉及点500余千米；敌台、哨所、烽火台（烽燧址）等单体建筑67座，障城关堡19座，相关遗存9处。确认辽宁省境内的汉长城现存墙体1034米，另外还有障城关堡30余座、烽火台134座。同时还有一批其他相关考古发现。在调查的数量和覆盖面上，超过了以往任何一次专题调查。

其二，调查的组织领导和准备工作较为充分。作为国家统一组织的文化遗产保护工程，从2007年制定《辽宁省长城资源调查工作方案》，并在同年组织全省长城调查业务培训班。到2009年3月正式启动长城野外调查，至2010年底调查基本结束。先后组建6支调查队，总计有40余人参与调查，其规模和时间都超过了以往任何一次专题调查。

其三，调查手段和获取资料信息有较大改善。此次长城调查，除采用传统的考古调查方法外，更运用GPS等先进设备的技术手段，使调查资料的获取更加准确、快捷。调查资料的统计分析，亦按照国家文物局的统一标准规范。调查数据涉及长城墙体及烽火台（烽燧址）、关堡城址、关隘等单体建筑，以及相关遗迹和重点文物标本。同时注重了长城经由的地理、地貌和历史环境，以及长城保护管理状况的记录。这就使此次长城调查，在调查的深度和广度及获取资料全面系统性上超过了以前的局部专题调查。此次长城调查报告的编写，也同时考虑到兼顾调查资料的系统、完备和历史回顾，以及调查数据统计和研究分析的结合。并重点补充了此次调查未获取的但与早期长城有关，自第二次全国文物普查以来辽宁省的重要考古发现资料，体现了本次长城资源调查和科学研究的前后连续性。

二　此次长城资源调查的主要业务收获

此次长城资源调查，为长城遗产保护的长远规划制定提供了重要的第一手资料。除此以外，从对辽宁省燕秦汉长城史迹的保护、研究和文化传承的综合业务工作上看，还有如下主要收获。

（一）进一步明确了辽宁省燕秦汉长城的总体分布及相互关系

通过实地调查，明确了辽宁省境内战国（燕）、秦、汉三个时期长城遗存的地域分布和相互关系。

早期长城在辽宁省的总体地域分布

燕秦早期长城和有关遗迹，自鸭绿江西岸由东而西，经调查主要分布在今宽甸县，本溪市明山区、本溪县，抚顺市抚顺县、望花区、顺城区，沈阳市东陵区、皇姑区、沈北新区，铁岭新台子和新民市、阜新市阜新蒙古族自治县，朝阳市北票市、建平县6个市10余个县（市、区）。

汉长城有关遗迹主要分布在丹东市振安区、凤城市，抚顺市抚顺县、新宾满族自治县、东洲区、新抚区、顺城区，沈阳市东陵区、皇姑区、沈北新区，阜新市阜新蒙古族自治县，锦州市黑山县、凌海市、北镇市、义县，朝阳市建平县6个市16个县（市、区）。

燕秦长城与汉代长城的相互关系

在辽西地区，秦代沿用了战国（燕北）长城，其分布和走向基本一致。在阜新和北票交界的牤牛河以西，辽西燕秦长城则连接内蒙古赤峰、敖汉的燕北长城内、外两线；其北线的建平县杀子梁长城，与敖汉旗赵宝沟长城相接。在牤牛河以东，燕秦汉长城在阜新蒙古族自治县化石戈乡东行后，从此次调查看似有合并的趋向。由阜新市再东延向新民北和沈北、抚顺等境。

在辽东地区，燕秦长城和"汉兴，复修辽东故塞"的早期长城基本走向一致。至汉昭帝以后内迁的辽东"第二玄菟郡"汉代长城墩台，则由抚顺市高湾农场、东洲一带烽火台，与燕秦早期障塞分途，然后汉长城沿浑河和苏子河以北，过新宾县旺清门以东孤脚山烽火台，向东延向吉林省通化市与吉林省境内的汉代烽燧相接（详见第四节）。这一辽东地区燕秦长城与汉代长城遗迹关系的推定，为这次调查的重要认识。

辽西地区的汉代长城，除建平县发现了明确的单独墩台连线外，其他地区应多沿用了战国（燕）、秦长城。而辽东至抚顺、新宾一线的汉长城，应始筑于汉昭帝以后，澄清了过去认为筑于汉武帝时。除少数继承了燕秦部分段落外，过抚顺沿浑河、苏子河以东部分，则与吉林省通化市相衔接，止于鸭绿江岸。

（二）对辽西与内蒙古赤峰地区燕秦汉长城接点的认定

此次长城调查中，辽宁省辽西朝阳市、阜新市境内的燕秦长城和汉长城，与内蒙古自治区的长城对接点，共涉及辽宁省建平县、北票市、阜新蒙古族自治县和内蒙古自治区的赤峰市、喀喇沁旗、敖汉旗、奈曼旗、库伦旗等。双方调查人员在调查中认定有7处对接地点：

①朝阳市建平县热水种畜场马家湾长城，隔老哈河与内蒙古赤峰市元宝山区美丽河镇冷水塘村黑山头，燕北内线长城对接点。

②朝阳市建平县太平庄水文站（老官地水文站）隔老哈河与内蒙古赤峰市元宝山区美丽河镇青山村山湾子屯城子山，燕北内线长城北水关障址对接点。

③朝阳市建平县北二十家子镇城家沟村南杀子梁长城，与内蒙古赤峰市敖汉旗新惠镇扎赛营子村赵官沟西北梁（杀子梁），燕北内线长城对接点。

④朝阳市北票市北塔子乡房身村干沟村民组东，与内蒙古自治区敖汉旗宝国吐乡大范杖子村，燕北内线长城对接点。

⑤阜新市阜新县于寺镇套尺营子村西，与内蒙古自治区奈曼旗善宝营子村东南对接点。

⑥阜新市阜新县平安地镇八家子村，与内蒙古自治区库伦旗龙王庙子乡库里吐村，燕北外线长城对接点。

⑦朝阳市建平县八家农场小五家村南，与内蒙古自治区赤峰市喀喇沁旗乃林镇甸子村南，汉长城墩台对接点。

以上7处对接点辽宁省长城资源调查项目办公室与内蒙古自治区长城资源调查项目办公室进行了多次沟通，并于2010年7月5~7日，由国家文物局长城资源调查项目办公室和辽宁省、内蒙古自治区长城资源调查项目办公室联合组成专家组，对两省区的长城节点进行了现场对接认定，在赤峰市汇总对接情况，此次对接工作邀请了国家长城资源调查项目组专家赴现场进行指导。在充分讨论和分析的基础上，两省区共同形成了《辽宁省和内蒙古自治区关于确定早期长城资源调查两省（自治区）交界段专家考察论证纪要》。对7处对接点中的第1、2、3、4、7对接点作出了肯定意见，对第5、6对接点作出了否定意见。认定了辽西地区现存燕北内长城，与赤峰地区的主要对接点，朝阳市建平县汉长城墩台与赤峰市喀喇沁旗乃林镇甸子汉长城的衔接处。

（三）进一步确认了辽东地区燕秦长城的史迹分布与汉长城走向的关系

1. 辽东地区战国燕秦和汉初"辽东故塞"的走向问题，是国内外学术界颇有争议的问题。此次长城调查，虽然未发现明确的长城墙体，但依据与长城有关的其他遗迹，基本明确了燕秦汉早期长城和汉初辽东故塞的走向，是在辽河以东的新民市和沈北地区和铁岭南，东指东陵区和抚顺市西南部，直至抚顺市和本溪市交界处，沿浑河南支流小沙河和拉古河向东南延伸，过抚顺海浪后，连接本溪市的威宁营和碱厂堡一线。再向东，在宽甸县北境灌水、双山子、牛毛坞、大西岔一线，直至鸭绿江西岸，都发现有与早期长城有关遗迹。由此还可推测，燕秦早期长城过鸭绿江后，按文献记载应与朝鲜半岛大宁江长城相接。

2. 辽东汉长城的墩台（本报告称为"烽火台"）的分布，应属汉昭帝时内迁的西汉"第二玄菟郡"的烽燧线。后者过沈阳东陵东山烽火台后，则在沈、抚交界的李石寨和东洲一带，继续沿浑河北岸东行，在抚顺高湾农场烽火台以东，经抚顺市过章党进入新宾县境。然后沿苏子河流域的"第二玄菟郡"北缘，延向新宾县旺清门东孤脚山墩台。其东与吉林省通化市境内的汉代墩台线连接。据2008年8月，长城资源调查项目组荣大为、杨招军，在辽宁省文物专家组王绵厚、姜念思和陈山等陪同下现场调查，辽宁新宾县境的汉代墩台，过旺清门东"孤脚山墩台"后，即与后来吉林省文物局等调查的，通化地区已确认的"十二座烽火台"相连接①。这是此次辽宁省长城资源调查，对辽东燕秦汉早期长城的基本走向，与汉长城走向关系，以及与吉林境内汉长城关系的最新考古发现和认识。其具体史迹地点和最新考古发现，一并见于本章报告的相关章节。

（四）对燕秦汉长城墙体、烽燧等结构和功能的新认识

通过此次长城资源调查，结合以往历年的专题调查和第二次全国文物普查的考古发现，可对辽宁地区燕秦汉长城障塞防御体系的主体（墙体），以及附设的障城和烽燧（本报告统计中统称烽火台）三类遗址的结构、特点，进行重点分析和重新认识。鉴于早期文献记载中对燕秦汉长城的记述，多称为"烽燧""亭障""障堠"等，故本节分析用语多采用"烽燧"和"障城"等。对其他相关遗存，因发现数量较少且分散，则予省略。鉴于燕秦和汉代长城遗迹，除根据出土文物判定其时代差别外，在结构特征上由于大部分破坏严重，在建筑形式类型上差别不大。故本报告的分析中，仅重在分析长城墙体、障城、烽燧三大类型的结构。

1. 长城墙体

调查所见的长城墙体遗迹，集中发现于辽西地区。总的可分为土筑（含土石混筑）和石筑两种，而以土筑为主，同时辅以山险和河险。

（1）土筑墙体

从现存遗迹看，土筑墙体又可分为夯土筑、土石混筑和叠（堆）筑三种。其中以夯土筑最具代表性。如辽宁省建平县北二十家子乡与内蒙古自治区敖汉旗赵宝沟长城交界处的一段，"以黄沙土层层夯筑而成"，一般夯层约10厘米。与同时代的障城，如朝阳县大庙乡土城子的夯层亦多在8~10厘米基本相同（汉墩台夯层亦有厚达15厘米以上者）。其基本筑法是，奠

---

① 《吉林省大遗址保护的实践与探索》，《中国文物报》2013年11月22日。

定基槽后，在长城外侧挖壕取土向内测叠筑或夯筑。所以在土筑长城的湮灭、夷平地段，多有较连贯的条形黑土带。应是当时挖沟取土后留下的壕堑遗迹。类似的早期长城构造，在西北地区的甘肃等境内的战国和秦长城遗迹中亦有发现。如甘肃临洮县山神庙牟家嘴村一段土垄式长城遗迹，"村头东南 50 米台地边沿有一段壕沟，位于长城外侧，应为壕堑"。在少数特殊的地势，如同县窑店镇境内的一段长城，因外侧为断崖立壁，内测为壕沟，即在内侧取土①。其基本的原则是因地制宜。在辽宁地区的长城调查中，因所有墙体上部均塌毁严重，所以墙体上的建筑形制均不可考。

而叠筑和堆筑的地段与夯土的区别，只是有无夯层遗迹，其他在取土做法等并无区别。其共同的特点是就地取土、随地取材，所以各层土质并不统一，沙土杂质间驳。这与石筑墙体的就地取材异曲同工。

在有些地方因地势和取材的需要，亦有石墙和土墙间错的地段。如建平县九间房长城（1 ~ 9 段），即间有以花岗岩自然石块垒砌的石墙，又衔接有以黄沙土夯筑的土墙相结合的墙体结构。同样反映了早期长城因地、因材制宜的构筑特点。

（2）石筑墙体

石筑墙体多存在于山地，大体可分为两类。其一以就地取材的板石叠压逐层砌筑，其二以石块或碎石垒筑。两者的共同做法是多以山体的自然基岩为基础，一般先砌基石。如调查的国家文物保护单位建平县烧锅营子长城段，保留较好的段落 1025 米。以自然山体基岩为基础，底部有 0.4 ~ 0.6 米的基石，其上部以规整的花岗岩石块错缝砌筑，外侧为石墙，内部填以土石，墙体略有收分。现存墙体基宽 2.1、上宽 1.6 米。而阜新县鸡冠山的一段石筑长城，则以当地的片状玄武岩石块为主叠筑。其他筑法基本与烧锅营子长城相同。上述长城墙体上一定距离，原应有敌台一类建筑，但调查未见遗迹。

上述所举 2 处保存较好的石筑墙体具有一定代表性。而大部分调查的石筑墙体毁坏严重，较少见到明显墙基、墙体结构和收分。通常在地表留存略高于四周散布的石基或碎石堆积带。如经复查的阜新蒙古族自治县八家子乡六家子北山（半截山）上的长城，即保留这种石墙基石和石块。现存此类石墙结构的遗迹差别，主要是筑墙石材有片石、自然石和毛石的不同，内填土石则有沙石土和山皮土等。所有石料均不经加工是共同特征，纯石块干垒的墙体较少。墙体上的原建筑亦基本无存。

（3）山险和河险

山险和河险，是指无墙体和烽燧障塞，利用山险和河险为屏障的段落，严格讲不属于人工障塞。但因其多与人工障塞连属，并且多有人工修筑的关隘配属，故可视为长城障塞的整体。其最大特点是以地利为胜、"因险制塞"。如《史记·匈奴列传》记载，长城之"障塞亭燧"多有"边山险、堑溪谷"。指的就是这类山险段。其代表性的段落是建平县小五家子长城

---

① 甘肃省文物局、甘肃省文物考古研究所：《临洮战国秦长城、山丹汉明长城调查报告》，甘肃人民出版社，2007 年，第 7 页。

河险段，以蹦河为险。建平县热水乡马家屯西山下长城，则兼有山险和河险并用。山下即老哈河谷道，过老哈河右岸，即内蒙古自治区赤峰市美丽河乡冷水塘村黑山头长城。在两山之间，利用了部分老哈河断崖的河险。

2. 烽燧遗址

烽燧遗址，即前引《汉书·匈奴传》："建塞徼，起亭燧，筑外城，设屯戍亭候，修烽燧。"这里"亭燧"亦即"烽燧"。是此次长城调查中发现最多的单体建筑址，在报告中称为烽火台。实际上包括亭、燧两种建筑，其功能相近。在燕秦汉三个时期的长城体系中连续修筑，有的连续使用，个别又被明代烽火台重修沿用。其形制结构可分为土筑和石筑两种，而以土筑为主。

（1）土筑烽燧

土筑烽燧址在辽东、辽西地区都有发现，是现存烽火台中保存数量最多的类型。其一般结构是，以夯筑土台为主体（少量堆筑），平面多呈圆形，现存多剖面呈梯形，整体呈馒首状。典型者如辽宁、吉林两省交界处今新宾满族自治县旺清门东北 1 千米处孤脚山烽燧址，位于苏子河北岸孤脚山上，东距通化市豹圈沟南山烽火台 3.3 千米。台体土筑而成，呈馒首状，平面呈圆形，剖面呈梯形，顶部直径 2.7、底部直径 12.7、高 3 米，台体外有封闭式的圆形环壕。再如辽西地区，黑山县段家子乡蛇山子烽火台，现存台体用沙土夯筑而成，外包青砖（明沿用），但地表散布汉代的灰绳纹瓦片和陶片，应是汉代早期夯筑烽燧台址，被明代包砌青砖的烽火台沿用的一例。有的汉代烽燧址，如建平县万寿镇老西店村李家屯烽燧址，在夯土台体的顶部散布有石块，或为当时的屯营建筑一类遗迹（发现个例很少）。在这一类烽燧址上残留的板瓦等建筑构件十分重要，它证明当时在较大型烽燧台址上都应有戍营建筑。经实地调查过的抚顺地区的汉墩台，就有在坍塌的烽燧址上残存板瓦片。印证于许慎《说文解字》："亭，民所安定也，亭有楼。"该"亭"亦应包括长城"亭燧"。此为长城结构之需关注之处。

（2）石筑烽燧

石筑烽燧址发现数量较少。有代表性者，如阜新县紫都台乡北昌营子 2 号烽火台和化石戈乡西杖房烽火台。两者都靠近长城墙体，是长城本体戍边烽火台性质。其中西杖房烽燧址，台体石筑而成，位于城址东墙内侧中部，整体保存差。台体顶部及四周散布大量碎石块，以玄武岩为主。台体现存平面略呈椭圆形，南北长 7.1、东西长 6.1、东侧高 1.4、西侧高 0.3、中心高 1 米。这种烽燧址与墙体的距离近，在结构和用材上与长城本体结构亦相同。

（3）对长城烽燧结构和分布规律的四点分析

其一，少量烽燧址外有环壕或石围墙遗迹。前者如新宾孤脚山烽燧址，在台体外侧有环形围壕；后者如建平张家营子青山 3 号烽燧址，"在台体四周山坡上，围绕山坡用石块筑有四周护坡墙，高约 4 米"。这种围壕或围墙，尽管由于多数破坏严重已不存，其形式和规模可能稍有不同，抑或不一定每个台体都必备。但从其遗迹与台体的关系看，显然是一体的屯营性质。其中不乏具有少量屯营兵士临时戍营的功能。类似的墩台周围有围墙结构，在上举甘肃临洮新添镇文昌阁墩台亦有发现，其"四周有城障（矮墙），顶部原有小屋，城障大致呈正方形，边长 28 米，残 1～1.45 米"①。这种圆形或正方形的围障，在后来的明边墙防御体系的墩台中亦有类似建筑结构。应是历代相沿的长城戍边建筑形式之一。

其二，少量台体上部有石块等遗迹。此类遗迹如围壕等一样，保存极少，很难进行规范分析。但参照后代长城结构功能看，较大型的烽火台顶部，应都有供屯戍士兵驻营的巡查、举烟建筑设施。从保存较好的西北部早期长城遗址和出土简牍看，燕秦汉早期长城烽燧上，亦应大多有这类建筑设施。如上述甘肃文昌阁墩台上的"小屋"一类建筑，主要是屯戍的兵士居住。有的甚至 2 座墩台相邻并存，一为专门驻戍瞭守，一为燃放薪火。

其三，烽燧所在位置与长城墙体和山川地理的关系。调查所见长城烽燧址与墙体和山川的关系，主要有三种情况。一是基本与墙体平行的关系。其在烽燧中应占多数。最典型的如建平县境内的汉代烽火台，基本呈东西横线，有规律的形成障塞线。二是在长城内的郡县腹地的烽燧址，多有控制关隘险要和路台性质。以锦州境内的烽燧址为代表，此次调查共发现19 座（并不是全部），基本呈西南—东北走向，但并不如建平县境内沿长城走向排列，而是有错落分布，呈现出辽西"腹里"郡县区，不同地理地貌传烽需要的专用性。三是在无墙体的山川交错地带，以辽东地区的浑河和苏子河沿岸为例，烽燧址的分布在河两岸都有遗存，但以河北岸为主。此次勘查有明确遗迹的烽燧址，沿浑河、苏子河北岸分布的约有 35 座，而沿河南岸分布的不到 10 座（不含吉林省通化市）。分析其分布情况，河北岸分布的烽燧址主要起障塞作用，河南岸分布的烽燧址主要是内迁的辽东"第二玄菟郡"境内的传烽性质（详见下节防御体系分析）。

其四，燕秦汉烽燧和障城被后代（主要是明代）沿用的遗存。此次长城调查有一个值得关注的现象，是燕秦汉早期长城的某些烽燧址和障城，被后代沿用过，最典型者如本溪威宁营遗址，这种现象在甘肃临洮等地区也有发现。其中在腹地锦州和辽东地区都有发现。最典型的如沈阳北全胜堡烽燧址和铁岭南陈平烽燧址，都有明代遗物与战国汉遗物并存现象。陈平烽火台址更有两者地层叠压关系。而早在 1980 年作者亲自调查的本溪威宁营遗址，其明代边堡在燕秦汉遗址上，遗迹更清晰。另外，抚顺高尔山山城西北角，"将军峰"等地的汉代烽火台，也有被高句丽山城的烽火台利用重修的遗迹，在辽宁新宾和吉林通化地区亦都有发现。这些都为考察湮灭较严重的燕秦汉早期长城遗迹及其走向，提供了以往文献记载不可代替的重要考古学信息。

障城，一称城障。《史记·匈奴列传》，"汉使光禄徐自为出五原塞数百里，远者千余里。筑城障、列亭至庐朐。"注云："障，小城。"② 此类城障，从辽宁地区和相关省区的早期长城调查看，是长城屯戍体系中集中的屯营地。从调查所见，其规模大体可分为三类。

其一，是"都尉"镇城以下，守备大段长城区域的较大型城址。这类障城长宽大多在 200 米以上，有的规模甚至超过县城。如阜新县喇嘛寺镇套尺营子城址，平面呈长方形，南北长

① 甘肃省文物局、甘肃省文物考古研究所：《临洮战国秦长城、山丹汉明长城调查报告》，甘肃人民出版社，2007 年，第 22 页。

② （西汉）司马迁：《史记》卷一一〇《匈奴列传》，中华书局，2006 年。

320、东西长 360 米，周长 1360 米；建平县北二十家子镇小五家子城址，南北长 240、东西长 220 米，周长 920 米。

其二，规模纵横在 100~200 米的中型障城。多为交通、山隘和关要处的屯守城障。典型者如朝阳县大庙乡土城子。夯筑在由大庙河北出大青山关隘的长城出塞交通古道上，南北长 130、东西长 95 米。城内有屯营建筑遗存的板瓦和筒瓦。再如阜新高林台城址，平面呈正方形，边长 170 米，周长 680 米，城址内同样遗存有战国和汉代建筑遗物和陶片。

其三，为沿长城边线的屯戍小障城。这类小城多纵横在百米以内的几十米方圆，往往距墙体或墩台不远，有的直接连筑在墙体或烽燧墙体上，有更贴近前沿戍守的功能。在辽宁和其他省区的长城调查中，这样的小障城发现数量都较多。如阜新化残片西杖子城址，周长 300 米，直接与墙体相连。小障城是长城防御体系中，直接统领夜举火、昼举烟的墩台，是最前沿的屯营建筑设施（与烽燧配合）。

（五）锦州等地与长城有关的障燧遗址的新发现

此次锦州地区早期长城调查主要的成果，是发现了一批汉代重要烽燧（烽火台），填补了锦州汉代长城的历史，使得汉代长城在锦州地区的分布状况进一步明了。此次汉代长城调查活动中，锦州地区共发现汉代烽火台 19 座，分布在锦州市辖域内的 4 个县（市）6 个乡镇中。并且经过调查得知，这些烽火台不是零散分布，而是有定向性的序列分布。这些汉代烽火台在锦州地区从凌海市白台子乡开始，沿西南—东北走向一直延伸到北镇、黑山境内。并且，在调查过程中，发现这些烽火台的分布呈犬牙状交错分布，这种情况的合理解释，就是避免了在当时使用烽火台的时候出现被遮挡而无法传递信息。锦州地区是汉代辽西郡和辽东郡交会地带，这些烽燧址有的远离长城线，应属与长城屯戍有关的腹里接火台或关隘、路台性质。它们的发现对研究汉代当地的郡县戍守的军事、交通、通讯都具有非常重要的意义。并对其他地区尚未确认或已湮灭的燕秦汉郡县烽燧布局，亦具有启示意义。

特别值得一提的是，在此次调查中还发现一个问题，就是这 19 座烽火台，不是锦州市汉代烽火台的全貌，恰恰相反，这只是锦州市汉代烽火台中的一小部分，其余的大部分烽火台是在漫长的历史空间中被破坏消失了。这一点在具体的调查中也得到了证实。在北镇的廖屯乡大亮甲烽火台与黑山段家乡的年家烽火台之间近百里的距离内地表未见一座烽火台，使得这两个地区中间出现了烽燧系列的空缺，但是在走访调查的过程中发现，在这范围内的村子与自然屯中有很多以台子命名的，如窟窿台、双台子、于台、陈台等。而且这些村屯的排列与锦州市其他县区的烽火台的排列规律一致，这就反映出这些地方原来是应该建有连贯烽火台的，只是被破坏消失而已。

三　对辽东地区燕秦汉长城史迹分布
与"大宁江长城"关系的再认定

辽东地区的燕秦汉早期长城，以此次长城资源调查并参证以往调查资料，均罕见墙体。加之辽东山地，山高林密、川谷纵横，所以也是此次长城调查相对获取材料较少地区。但对辽东地区燕秦汉早期长城的研究，却是国内外关注的问题。故本报告的第三章调查材料中，已将此次调查与历年考古调查的资料，分列统计以作比较补充。本节则将此次调查与历年考古调查的史迹通盘进行比较分析，目的是勾勒出辽东早期长城的基本走向，并探索与朝鲜大宁江长城的关系。为了系统了解辽东地区燕秦汉早期长城史迹的分布状况，现将辽河以东考古遗迹明确，并与燕秦汉辽东长城经由线路有关的代表性重要地点将历年调查与此次调查发现作综合比较简列如下，并作重点分析。

沈阳市沈北新区全胜堡城址和烽燧址

两处遗址位于今沈北新区财落乡全胜堡村西南 1 千米。从第二次全国文物普查到此次长城调查都发现，该地存在一处重要古城址。据沈阳市考古工作者调查，城址南北长约 4000、东西长约 5000 米，文化层厚 0.7 米。附近尚保留一座较完整的烽燧址。其上部发现有明万历时铜钱，而下部为战国和汉代基址，出土战国和汉代灰绳纹陶片等。其城址的性质，据《水经注》等记载，可能与靠近辽东燕秦汉长城边塞的内"望平"等县城有关。

铁岭市邱台遗址和懿路烽燧址

两处遗址位于今铁岭南沈、铁交界处的万泉河流域。邱台遗址在万泉河北岸，烽燧址在懿路镇南万泉河水库旁。两者的关系与全胜堡城址和全胜堡烽燧址相同，都是长城戍营地与烽火台的连属关系。在两处遗址中亦都发现了战国和汉代的陶片及燕国刀币。在早期烽燧址上亦有被明代沿用的遗迹[①]。

铁岭市阿吉镇陈平烽燧址

该遗址位于铁岭西南阿吉镇陈平村，为近年第三次全国文物普查期间发现。在现存明代烽火台的冲沟断面（下层），发现有战国和汉代的泥质灰陶片，附近还有燕刀币窖藏。是有明确叠压关系的早期辽东燕秦汉长城烽燧址，被明代烽火台沿用的又一典型例证。

沈阳农业大学后山遗址

该遗址位于东陵区农业大学（原农学院）后山上。1981 年第二次全国文物普查发现。20世纪 80～90 年代经实地调查，当时在青铜文化遗址上，散布有战国和汉代灰绳纹板瓦和陶片。应为燕秦汉辽东障塞由沈北蒲河流域，东南进入浑河北岸的重要屯营地建筑址之一。其东 2 千米即有重要的东陵东山烽火台；再东 10 余千米即为浑河南青桩子古城。

沈阳市东陵区青桩子古城

该遗址位于东陵区上伯官屯以东 0.5 千米牤牛河东岸的沈、抚交界处。2013 年 4 月 4

---

① 周向永、许超：《铁岭的考古与历史》，辽海出版社，2010 年，第 92 页。

日，在其遗址处挖公路地基时，在地表 0.5 米以下，现场被发现暴露出重要的战国和汉代文化层。后经沈阳市考古所试掘，发现有战国至汉代的城墙基址和大量灰绳纹板瓦、陶片和秦汉半两钱等，并有晚期（废置后）的砖室墓。筑城土层中夹杂有更早的夹砂红褐陶片。其城址的规模，初步勘查纵横在 350~400 米。联系其东临李石寨浑河边，曾出土的秦相吕不韦铜矛等，该地应为辽东燕秦汉长城线内的重要屯成镇城（或即辽东郡中部都尉治）①。

抚顺高湾农场烽燧址

该遗址位于抚顺市顺城区高湾农场西山上。经 20 世纪 90 年代至此次调查，在战国和汉烽火台基础上，烽燧亦为明代沿用。地表汉代灰绳纹陶片丰富。由该处烽燧址往东南，过浑河燕秦长城烽燧线沿拉古河延向抚顺县和本溪地区。而汉代辽东烽燧线继续沿浑河北，延向抚顺东和新宾地区。

抚顺蔡家烽燧址

该遗址位于望花区李石寨镇蔡家村东北。西北距高湾西山烽燧 9 千米，东距拉古河 2 千米，为沈阳、抚顺市交界处以东，燕秦长城障塞与汉长城线，沿拉古河分途的重要烽燧之一。烽燧建在青铜时代（含战国）遗址上，发现有夹砂红褐陶。

拉古乡西台山烽燧址

该遗址位于拉古乡刘山村西 1 千米的西台山上。东临拉古河，为燕秦汉早期长城沿拉古河，东南进入本溪境与汉烽燧分途的重要烽燧址之一。

海浪乡窝棚沟烽燧址

该遗址位于抚顺海浪乡上海浪村南 0.5 千米的台地上。地处拉古乡和海浪乡东南，进入本溪市明山区和本溪县的古长城地带，其东临明边墙马根单堡（今马郡单堡）。而在拉古河和小沙河之间，近年长城调查，分布在窝棚沟烽燧南北，有早期烽燧址多座，遗迹明确的 6 座。多处烽燧址在燕秦汉遗址上，有明代遗物。是辽东早期长城障塞，由抚顺浑河、拉古河、沙河流域，进入本溪市太子流域的重要史迹遗存。

本溪溪湖区的两处窖藏

两处窖藏在本书第三章第七节"与早期长城有关的其他重要考古发现辑录"中已经介绍。这是燕秦长城经由本溪境内，有明确战国燕刀币和布币窖藏的重要屯营地点。其南行即到达威宁营遗址。

本溪威宁营遗址

该遗址位于本溪市明山区威宁营西南太子河北岸。是燕秦汉长城，由抚顺市海浪地区的拉古河流域东南进入本溪太子河流域重要地标性遗址。1980 年 8 月，辽宁省博物馆研究室王绵厚等人，为修订《辽宁史记资料》，曾赴本溪威宁营一带考古调查。在威宁营村西南明代威宁营堡城址南侧，位于太子河和南支流小沙河之间还发现有一重要汉代（可早到战国）遗址；

① 王绵厚：《沈抚交界处"青桩子"古城的新发现及考古学意义》，《东北史地》2014 年第 1 期。

遗址西距本溪湖约 5 千米，东、西、北三面为山地，只有面向太子河的中间地带地势较平坦，属太子河冲积平原。遗址在太子河西北岸，从当时的现场地表看，分布面积至少有几千平方米。散存有绳纹板瓦和灰陶细绳纹加弦纹的陶罐、陶盆残片等，其时代可到战国晚期至汉代。当时寻访威宁营当地老乡说，此地以前翻地时还发现过小铜刀（燕刀币）。其后《辽宁省文物地图集》，根据第二次全国文物普查资料，定为"明威宁营堡建在汉代遗址上"[①]。

根据早年发现的文物史迹，这一有重要的战国（燕刀币）和汉代建筑遗物的遗址，不应是一般的战国和汉代遗址。它与明边堡同处一地的考古发现，证明此处当为明边墙，继承了早期长城的屯戍地（障城遗址）。而且从《水经注》等记载看，有"大梁水（今太子河）北出塞外"[②]。威宁营遗址所在地正地处太子河上游进入"辽东故塞"的节点上。因为辽东早期燕秦汉障塞遗迹罕见，所以在太子河上游的威宁营遗址具有明确的战国和汉代遗迹、遗物，与明边堡共存的遗迹现象，在辽东燕秦汉早期长城障塞的经由方位上，具有指向性的地标意义[③]。

本溪湖怪石洞遗址

该遗址位于本溪市溪湖区怪石洞。20 世纪 90 年代，在洞内发现青铜时代的石斧、石刀和夹砂红褐陶片。又有战国至西汉时代的铁刀、铁削等铁器出土。其东临威宁营遗址，亦应为早期长城戍边的戍营地之一。

本溪碱厂堡遗址

该遗址位于本溪县碱厂堡镇碱厂村现印刷厂南。在明代边墙碱厂堡遗址下，有战国和汉代遗物发现，与威宁营堡性质相同。其北距本溪石墙沟长城段约 2 千米，应为明长城继承了早期长城上的又一戍营地。

九龙山山城

该遗址位于本溪县碱厂堡镇黄家堡村东北 1 千米太子河上游的小山上。现存城址周长 314 米，从出土的后金时期青花瓷片看，可能为明末清初的戍堡。但早年在其下部采集有战国和汉代的泥质绳纹灰陶片和陶豆等。2013 年 4 月，为确认其时代再次复查，在南墙下亦有夹砂红褐陶片发现。证明后期城址至少应建筑在早期（战国、汉甚至更早）的遗址上。其北不远即太子河北岸山上，即为古长城线。或是古"大梁水（太子河）"上游，进入辽东燕秦汉边塞的又一重要戍营城堡（障城）。在九龙山城附近，又有九龙村战国燕刀币窖藏。同样证明了该地为早期长城经由的可靠性。

宽甸县灌水镇寺院遗址

该遗址位于宽甸县灌水镇寺院和岔沟两村之间。丹东市第三次文物普查发现一段山脊上石墙。虽无遗物但墙体筑法古老，又不在明边墙线上，其东北不远即有双山子战国燕刀币窖藏。两处都地处今宽甸县北境，牛毛河上游燕秦古长城经由线上，推测亦应与

① 国家文物局主编：《中国文物地图集·辽宁分册》（下），西安地图出版社，2009 年，第 143 页。
② 王国维校：《水经注校》卷一四《小辽水（梁水）》，上海人民出版社，1984 年。
③ 王绵厚：《从〈史记〉中一段释文论及燕秦汉"辽东故塞"诸问题》，《社会科学战线》2014 年第 7 期。

古长城有关。

双山子窖藏

该遗址位于宽甸县双山子乡黎明村后山。与上述寺院遗址相近。早年一次即出土战国燕刀币200余枚。其性质应为燕秦汉长城戍边的屯营地埋藏，其方位亦在辽东古长城线上。

团山遗址

该遗址位于宽甸县东北5千米欢喜岭村地名"团山子"（一称坛山）的小山上。报告记录在早年山上水塔施工时，出土2把战国（燕式）铜戈。2013年4月复查，在遗址内发现有青铜时代夹砂红褐陶片。从战国兵器和早期陶器的遗存，证明团山子遗址亦是一处与辽东燕秦长城屯守有关的重要戍边驻营地之一。

太平哨上河北遗址和李斯戈出土地[①]

两处遗址位于宽甸县太平哨乡西南泡子沿村上河北屯。曾出土有青铜时代的夹砂红褐陶和黑褐陶。在其附近的一段废墙基处，1975年同时发现2件战国铜戈和燕刀币。其中一件戈上刻有"丞相李斯"名款，应为燕秦时期屯戍辽东长城高级将尉的戍边实物遗存。其东南数千米，即有相关一体的"白菜地遗址。"

白菜地遗址

该遗址位于宽甸县大西岔乡白菜地村黄家大院。现存一段跨小溪两山间的石墙，呈西南—东北走向，残存约300米，高2~3米。经第三次全国文物普查和2013年再次复查，确认其西南方向上行，翻过山顶距鸭绿江仅3千米即达鸭绿江西岸。近年调查，其西北行0.8千米，山上还有早期烽燧遗址[②]。其所在位置在宽甸县境明边墙以北，故应属早期燕秦汉的一段辽东障塞遗迹。

上述所列，将近20处与辽东燕秦汉早期长城有关的遗址点，包括此次长城调查和历年考古调查确认的地点。但尚不包括远离长城线南北，如辽宁凤城和吉林集安等地的早期发现。这些发现从与辽东早期障塞有关的角度，归纳有三个特点。

其一，这些遗址点，无论是烽燧、城址、遗址、窖藏，均与辽宁早期长城有关，并有时代明确的遗迹、遗物，有的同时具有多种文化遗存。如青桩子古城周边和威宁营遗址不仅有城址、出土陶器，而且与出土带铭刻的铜器和钱币窖藏等共存。突显其考古价值的实证性和可靠性。

其二，这些遗址地点的横向分布，不是人为的连线，而有着深刻文化内涵的规律。特别是烽燧遗址的排列，与可以确认的带铭刻器物和以燕刀币为特征的货币窖藏地点相邻。而窖藏不可能是随意不慎丢弃的遗物，而是当时长城专门戍营屯守的标志地。这就为罕见墙体的辽东燕秦汉长城走向，提供了以往仅据文献记载不可能确认，而必须依托考古遗迹为证的重要史迹坐标。

① 国家文物局主编：《中国文物地图集·辽宁分册》（下），西安地图出版社，2009年，第183页。

② 张福有、孙仁杰等：《高句丽古城考鉴》，吉林人民出版社，2015年。

其三，从本报告所列的史迹走向看，燕秦汉辽东早期障塞，基本方向为，西起于新民北、法库南，与阜新接界的公主屯一线，过辽河经铁岭南和沈北蒲河流域，南下东陵区和沈、抚交界处。过"青桩子古城"以北，在抚顺高湾烽燧一线，南行过浑河沿拉古河东南行。经本溪威宁营和碱厂堡的太子河支流威宁营河南下，继续沿南太子河东行，经今牛心台、松树台等，经宽甸县灌水、双山子、牛毛坞、大西岔、白菜地，直达鸭绿江西岸。而不是以往认为辽东燕秦早期长城，经由今桓仁县境。因为桓仁、集安不仅没有更多燕秦遗迹发现，而且其所对的鸭绿江南，为秃鲁江流域。其集安、通化境内的墩台址，应是与新宾苏子河墩台连线的汉昭帝后，内迁"玄菟郡"后，向北扩展的"第二玄菟郡"烽燧。只有今宽甸县"白菜地遗址"对面的朝鲜半岛，正是所谓朝鲜半岛"大宁江长城"所经由的大宁江上游昌城江"外侧（北）"地区。亦即《史记·朝鲜列传》所记，"汉兴，复修辽东故塞，至浿水为界"①。此"辽东故塞"，应即指汉初以前的辽东燕秦长城，而"浿水"即今朝鲜清川江。其西支大宁江，应即《汉书·地理志》中所称"沛水"，属燕秦汉辽东郡的最东部边县"番汗县"（今大宁江下游"坛山里"遗址）地境，亦即今"大宁江长城"的经由区。由此可知，今辽东境内的燕秦汉长城障塞遗迹，与朝鲜半岛北部的"大宁江长城"，在当时应同属一个辽东郡属下的"辽东故塞"的障塞防御体系（图二八四）。

四　辽宁省燕秦汉长城障塞的防御体系和屯戍制度

作为军事障塞而存在于历史上的燕秦汉长城，其屯守和戍兵，如同长城的修筑一样，成为历代军国之大计。正如《汉书·匈奴传》所载，至孝武帝时，在复修"辽东故塞"的同时，又"建塞徼，起亭隧，筑外城，设屯戍，以守之"②。而在《汉书·赵充国传》中亦记载："自敦煌至辽东，万一千五百余里，乘塞列燧"。考见于当代考古发现，在辽西和辽东古长城沿线，与障塞相配置，根据不同的防卫要求，设置有外城、障、亭和烽燧（墩台）遗址。这与在甘肃河西走廊发现的"汉长城"一样，在那段"东起兰州河口，西至敦煌以西，绵延1500多千米的防御设施，史书称为'汉塞'……河西汉塞的构成除堑墙、土垒、塞墙、山川险阻外，还筑有一系列障、坞、燧、关，形成了一个完整的防御体系"。同样，在辽西的一段汉长城约200千米的沿线上，不仅在距离三四十里间，既发现守备城堡十余座，而且在沿线也有墩台和障堠遗址发现。这种障堠小城，一般边长30～40米，相距两三千米就有一座。它与发现在居延汉简中所记载的汉长城的候望、烽燧系统的配置相同。如敦煌汉简记有"三燧十三里二百二十步"，则两燧间距大体在2千米稍多。在辽东地区，如上节介绍，虽少见墙体，但在浑河和太子河之间，以及苏子河流域，数里间亦都有燕秦烽燧址和汉代烽火台连线。可见在秦汉时代，西起"临洮至辽东"的"汉塞"都有基本相同的屯戍措置。本节以下各

---

① （西汉）司马迁：《史记》卷一一五《朝鲜列传》，中华书局，1969年，第2485页。
② （东汉）班固：《汉书》卷九四《匈奴传》，上海古籍出版社，1984年。

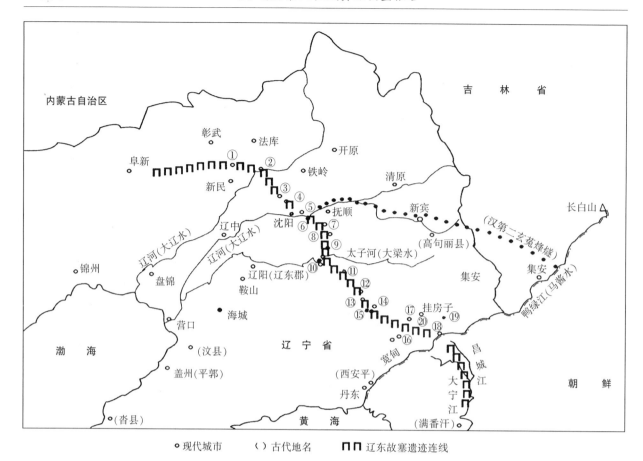

图二八四　辽东地区燕秦汉早期"辽东故塞"史迹调查与分布示意图

①公主屯　②乌尔汉　③全胜堡　④新乐　⑤北陵东山（农大后山）　⑥青桩子　⑦菜家地　⑧拉古西台山　⑨海浪　⑩威宁营　⑪怪石洞　⑫碱厂堡　⑬九龙山城　⑭双山子　⑮灌水　⑯团山　⑰太平哨　⑱白菜地遗址　⑲挂房子战国窖藏　⑳拐磨子关隘

段，拟结合此次长城调查和历年来辽宁省、内蒙古自治区和河北省燕北地区的考古调查资料，把与燕秦汉北方长城屯守戍兵和有关的城、障、烽、堠遗址的发现，及其分布特点和防御体系略作记述于下。

（一）遗址类型

都尉守备镇城

汉代戍边设施，在郡国都置有都尉重镇，一般每郡2～3处。如上举辽东郡之中部都尉位于今沈阳东青桩子古城，辽西柳城地在今朝阳南十二台子古城，两者都是长城戍守中最高等级的守备镇城。其都尉官职"比二千石"秩，在当时职务堪比郡守，在县令以上，是与属国都尉并重的武官。

都尉之下的守备障城

辽西守备的较大城址，从长城沿线的发现看，一般设在长城线以内，显然专为屯戍守备长城边塞所建。这种守备城一般边长在100～200米（大型者200～300米），相距约10～20千米。如辽西阜新蒙古族自治县境内的高林台城址，即在辽西长城线内。在赤峰境内的北线长城沿线内，秦汉时代同属辽西和右北平境，发现如五里岔、蜘蛛山、八家子、香炉山、撒水坡、白斯郎营子、七道窝铺、三家子、刁家营子、谭家窝铺、他本套力改、沙巴营子、孙家营子、八家子等 10 余座。其建筑规模一般小于郡县和都尉镇城而大于长城沿线上的障堠小城。在个别重要的长城段或关隘处，也有相当于郡县的较大城堡，如朝阳召都巴西土城子，长、宽均 300 米以上。内蒙古自治区赤峰市南美丽河乡东城子村距长城线南 0.5 千米，有一座平面呈长方形的土筑古城，南北长 300、东西长 400 米，出土有灰陶罐、盆、豆、筒瓦，还有明刀币和山字纹、兽面纹半瓦当等。再如同属燕秦汉辽西郡范围，距燕秦汉北线长城仅 10 千米的奈曼旗西土城子，周长达 1400 余米，有南北门和瓮城结构，规模庞大，建筑工整，也是一座重要的辽西边城（或县治）。长城沿线守备城址中，因驻有重兵，除出土有建筑用的筒瓦、板瓦外，又多有生活用的陶器、货币和武器如铜弩机等。一些较大城址中更出土有刻有秦始皇诏版的铁权和陶量及官印等。如赤峰蜘蛛山古城内出土的陶量可容量 3000 多毫升，盛小米 25 千克以上；辽东沈阳东郊青桩子古城（辽东郡"中部都尉"）附近，亦出土有秦始皇"二十六年"刻款陶量残片；敖汉旗四家子老虎山长城沿线出土的秦代铁权重 30.75 千克，直径 25、通高 18.5 厘米，权身正面嵌有带诏版的凹槽。这些大型量器与权器，都应属为边塞戍兵颁发粮饷的官方量、衡专用器具，与秦汉两代的屯边守备戍兵直接有关。

障堠小城

又称障堠或堡城，实际上是长城边塞上的戍守小城。《汉书·武帝纪》唐颜师古注："汉制，每塞要处别筑为城，置人镇守，谓之候城，此即障也"。《史记正义》释为："障，山中小城"[①]。

这种障堠之城多规模较小，相距较近而构筑简单。如在河北省围场县东部大兴永村东台子、中部小锥子山、西部东城子等 10 座小城连成一线，即所谓"十里一堠"。从辽西考古调查证实，这类障堠之城在建平县等地的长城沿线分布较多，与河西走廊出土的居延汉简中著录的障城相仿，一般小于郡县城和都尉及都尉之下的守备障城，而大于一般的亭、燧（墩台），多数边长在百米以内。在调查的辽西境内的南线汉长城线，这类障城多边长 30~80 米，相距 1.5~2.5 千米，而且多直接建在长城上，或与墩台相望，是一种与长城直接属联的防卫障堠之设。典型者如赤峰境内的姜家湾土城，平面呈长方形，南北长 50、东西长 65 米，一面城垣接筑在长城线上，门在南墙中，显然为长城上设置的障堠。又如赤峰市美丽河乡敖包山上的小城，土筑而成，平面呈长方形，南北长 45、东西长 35 米，北距长城线仅 20 米，也几乎是与长城相接的障堠之城。另如河北省宣化境内的秦汉上谷郡长城线上的水泉、双城两城，相距仅数十米，并与北墙相连，正是左右犄角拱卫长城的障堠。

这些专司守备的障堠之城中的遗物，除了戍卒们常用的陶瓮、盆、罐、釜等残片和武器外，还常有铁镬发现。如赤峰南长城的 15 座守备城址中，就有四五座城内发现有铁镬等农具，即燕秦汉长城的戍卒亦有耕守相兼的屯戍性质。如西汉丞相晁错上《守边备塞劝农历本

---

① （东汉）班固：《汉书》卷六《武帝纪》，上海古籍出版社，1984 年。

策》所说："然而远方之卒，守塞一岁而更，不知胡人之能。不如选长居者，家室田作且以备之，以便为之高城深堑。"①"家室田作""高城深堑"的屯田制度，加上"罪徒戍边"之策的推行，自秦汉以来成为中国2000多年间封建社会屯戍镇边的基本方式，在地处北边的辽海地区基本亦采取了这种戍边措施。

烽燧、亭

烽燧又称"亭"。是古长城防御系统中小于"障城"，专司联系守备城堡、障堠和沿边墩台戍卒的纽带。《后汉书·马成传》载："太原至井陉，中山至邺，皆筑堡壁，起烽燧，十里一堠。"②烽燧多建筑于各守备城堡和关隘、交通要道间。烽燧多无城垣而筑有宽大高台，与障、塞、关城相呼应，有的直接利用长城沿线的高山、峡谷而筑之。从辽西地区发现和居延汉简所记西北边塞的烽燧址看，这类遗存多长宽在数十米间，它是边塞守御系统中最基层组织。如居延汉简中著录："匈奴人入塞，承塞中亭燧举烽燔薪"③。所谓"亭燧"即长城线上的烽燧（本报告称烽火台）；所谓"举烽"，是指夜间举火，所谓"燔薪"，是指白天举烟。因此一般两烽燧间，最远距离不过数千米，可前后相望、烽烟相接。如在内蒙古自治区奈曼旗境内的沙巴营子古城和西北城子的20千米间，即有五间房烽燧址、桃山关烽燧址、新营子烽燧址等多处。烽燧址因其特殊的功能，很讲究地理条件。在边塞和交通要道上，烽燧遗址多发现在河流交汇或交通岔口的山口上，一般居高临下，远近配置呼应。其多数台址平面呈正方形（少数圆形），呈现上小下大覆斗状，一般边长8~10米，台体上较少有建筑遗迹，只有数个墩台间的较大台址上或有建筑遗迹，即所谓烽火台上所筑之望亭。可见，烽燧址主要是报警应急时的哨台、烟台一类设施。

墩台哨卡

墩台哨卡与烽燧址类似，有的兼而用之。所不同者，一般独立的烽燧台址应有固定的戍卒守卫。燕秦汉长城线上的墩台哨卡有两种，一种如同沿边的堠望遗址，具有哨卡的性质，遇有敌情，夜间举火，白日举烟，即属亭燧一类。另一类墩台，具有相对独立、前后连属的守卫性质，如辽西建平老虎山一线的墩台连线，在约65千米间，即有墩台50座，平均一两千米一个墩台，各台中间并无城垣相接，只有壕堑相连。这种墩台连线，在甘青地区的河西走廊肩水塞等段落也有相应遗存，显然是汉代长城戍边的普遍形式。实际上是同时具有烽燧与哨卡的功能。有的较大两个台址并列，有明显的建筑遗迹，并遗有汉瓦等陶片。当是分别驻有固定戍卒和专用烟墩的结合。

关隘

燕秦汉长城线上的关隘，是为控制重要的长城地段专设的关城和隘口。这种关城多在长城山口或交通要隘处，其建置无定制，距离也无定式。其中有代表性的长城关隘，有河北省围场县境的岱尹梁东、西关城和建筑于朝阳县西北大青山口的老虎山长城东段的南北马迷水

① （东汉）班固：《汉书》卷四九《袁盎、晁错传》，上海古籍出版社，1984年。
② （南朝宋）范晔：《后汉书》卷二二《马成传》，中华书局，1965年。
③ 甘肃省文物考古研究所主编：《居延新简释粹》，兰州大学出版社，1988年。

山城。

再如围场县岱尹梁隘口。东、西二城相对筑于山口之两侧，两侧小城南北长76、东西长58米。东侧小城南北长40、东西长66米。这种控制山口的城堡，后来在明边墙也称山空，小于长城沿线的障城。它的功用正是"通川之道"上的关城。类似这种关城的墙寨，在长城的重要隘口多有遗存。如建平老虎山长城的羊山段的诸多山口，有石筑城垣以连接两个山口，构成天然屏障。当地呼作南天门、北天门、石门山，是扼守这一线长城隘口的特殊建筑。

上举在辽西朝阳县西北，由柳城通向塞道的大青山隘口也筑有南北两座城。关城在紧靠海拔1153米的大青山主峰东侧的马迷水村。两座城南北夹道相对，南城长约120、宽70米，北城长40、宽35米。两座城均地居山麓，控扼由大青山隘口西北出边地的古今交通孔道，应为古代屯戍大青山隘口的军事城堡。

上述燕秦汉古长城沿线及其交通隘口上的重要关隘遗址，与长城线上的守备城堡、障堠小城和烽燧遗址等，共同构成了完整的防御体系。并成为自秦汉以来数千年间，中国古代障塞防御系统的基本构成模式，在中国乃至世界古代军事防卫和民族建置历史上，独树一帜，影响深远。

（二）长城戍边守塞的管理制度

上述秦汉两代的守塞戍边之策，在长城障塞沿线配置城、障、烽燧的同时，更推行一套屯戍镇边的制度，致使屯田戍边成为一代定制。汉代修筑障塞，并实行遣卒戍边、屯田积谷的政策，早在汉文帝时代的大臣晁错的"戍边策"中亦说得很明白："然令远方之卒守塞，一岁而更，不知胡人之能。不如选长居者，家室田作且以备之，以便为之高城深堑，具蔺石，布渠苔。复为一城其内，城间百五十步。要害之处，通川之道，调立城邑，毋下千家，为中周虎落，先为室屋，具田器，乃募罪人及免徒复作令居之"①。

晁错提出的屯兵戍边的建议，大部分为汉廷所采纳。其中，"家室田作且以备之，以便为之高城深堑"的军镇屯田之举，在西汉时曾广施于西域等边郡。著名的赵充国就曾屯田西域，颇有政绩，上呈过"屯田十二便"。这种戍边屯田自秦汉以来一直影响了2000多年。正如魏武帝曹操总结屯田戍边时指出："秦人以急农兼天下，孝武以屯田定西域，此先代之良式也"②。

在屯田戍边之外，其他如于"要害之处，通川之道，调立城邑"，在上述考古发现的关隘、谷道之险要处多设有城障、关塞以控扼险要，与文献记载相印证。另如募罪人或免徒者戍边的政策，也在各边镇地区广为推行。如汉武帝元封六年正月就招募郡国徒（免罪之役徒）"筑辽东玄菟城"，这种在辽东募徒筑城戍边的政策同样带有军事屯田的性质。

① （东汉）班固：《汉书》卷四九《袁盎、晁错传》，上海古籍出版社，1984年。
② （晋）陈寿撰，（宋）裴松之注：《三国志》卷三〇《魏志武帝纪》，中华书局，2006年。

至于汉代戍边的兵制组织除在郡国设有四夷"校尉"和"都尉"等官制外,从辽西和辽东长城沿线发现的汉代"关内候""部曲将""骑部曲督"和"军司马"等官印看,汉代守塞戍边的军队组织仍实行部曲军制。屯田戍边与部曲军制相结合,应是终汉一代对长逾万里的北方长城边塞进行统筹经略的主要措施之一。

从当代考古发现看,在广阔的东北边郡,与西北边郡一样,不仅在都尉、候官、部和烽燧等建置上设置相同,而且在郡县之下亦实行分级统领的守御备边之法。由于屯戍制度属于汉廷的上层建筑部分,较难从现代考古遗迹中直接考察。本节仅参据汉代西北边塞重地居延等地出土汉简记载和有关文献作概略考察。

汉代戍边制度,如上述在障城体系中分析,各边郡地区自郡守之下,主要设四个分级统领,即在边塞要镇设"都尉",以"都尉"统领;其下设"候官",由"候"管理;"候官"下设"部",其管理者称"候长";"部"下设"烽燧",由"燧长"管理。都尉一般设于郡内的关塞要地,其职掌重于县令,比郡国,有高城深堑。如辽东郡下设东、西、中三都尉,均为关防要镇。如"东部都尉"武次县(今凤城县刘家堡古城)附近发现的"关内候印",则应是候一级的封爵之印;在"中部都尉",设于"候城",(今沈阳东青桩子古城),其地出土过秦"相邦吕不韦"铜矛。另如辽西郡设有东、西两部都尉,也分别设于"无虑"和"柳城",俱为交通重镇。

在"都尉"之下辅之有"尉丞"协理军事;都尉以下候官的统领"候",驻防障城。候下有"候长""燧长""亭长"等辅佐御边,为边塞守备的中下级军官,其中"燧长"为直接统领戍边军士的基层统兵者,下有"关佐"等协领戍边事宜,为边塞戍兵的最基层组织。在甘肃等地的长城地带居延汉简中,即有"肩水都尉""肩水候"和肩水"尉史""燧长""亭长""关佐"等各级戍边官阶[①]。由此形成了自郡守至都尉、候官、部、烽燧层层管理、防御严密的守塞戍边之制。在辽地虽然至今尚没有简牍一类文字发现,但推测其戍边制度亦应与西北地区的边塞基本相同。

总之,建立一套以都尉、候官、部、烽燧相配置的防御体系,附之推行以都尉、候、候长和燧长等为建制等级的守塞戍边兵制,加上招募戍边和军民屯田相结合的守备制度,构成了自战国、秦汉以来,经营边域、戍守长城边塞的总体方式,并为2000多年来历代封建王朝所效法,成为清代以前中国封建社会中边塞守御戍边的基本国策。

五　对辽宁省长城保护与管理的工作建议

作为世界文化遗产和全国重点文物保护单位的长城,其保护、管理、展示和利用工作都应是高标准的。根据辽宁省的实际情况,结合此次燕秦汉长城资源调查收获,就加强长城保护工作提出如下工作建议。

---

① 王辉:《浅谈汉简人名身份的补充和区分问题》,《中国文物报》2013年8月24日8版。

长城本体保护

积极指导和帮助地方政府，尽快启动辽宁省燕秦汉长城总体保护规划编制工作，并根据规划的要求，按照国家文物局的总体部署，有计划、有步骤地实施燕秦汉长城保护与展示工程。

同时，在燕秦汉长城资源调查工作的基础上，制定科学的长城保护抢救修缮规划和实施方案，按实际需要分清轻重缓急，根据规划逐步实施。此外，长城维修项目组织管理者、方案设计者和工程施工者，应当树立尊重历史和尊重科学的长城修缮理念。

长城环境保护

一是加强长城自然损坏防治的科学研究工作，将长城自然环境保护研究列入重要工作日程。

二是采取行之有效的措施，动员社会各界力量，尽可能的预防、抵制群众生产生活性破坏、取材性破坏、建设性破坏、旅游开发破坏等人为破坏行为。

长城管理

一是进一步加强地方领导。根据《文物保护法》和《长城保护条例》以及相关法律、法规的有关规定，作为长城保护与管理第一责任者的地方政府，应切实承担起保护和管理墙体的首要责任。建立长城保护的目标考核机制，并使之列入政府工作考核的重要内容。

二是加快长城保护地方立法，形成全省长城保护法规体系；强化相关部门保护长城职责，建立统一协调、多位一体的长城保护机制。

三是各级文物部门要在当地党委、政府的领导下，认真做好长城的各项基础工作，落实长城"四有"工作和科学划定保护范围和建设控制地带，全面树立保护标志，建立长城保护警示标志，健全长城记录档案，实施档案的动态化管理，加强长城保护管理机构建设，建立和完善保护员队伍。

长城展示和利用

一是鼓励和引导长城的合法利用行为，正确处理长城保护与利用的关系。在保护好长城的基础和前提下，遵循长城保护的自身规律，在法律法规的框架下依法开发利用长城资源。

二是强化对长城景区管理使用单位的行业监管和执法检查。文物行政主管部门通过有力的行业管理，规范长城开发利用行为，纠正、预防和避免因旅游开发破坏长城的违法行为，实现合理利用，杜绝无序开发；实现合法利用，杜绝违法开发；实现保护性利用，杜绝破坏性利用；实现永续利用，杜绝短期行为；实现可持续利用，达到良性循环。

三是探索创新长城合理开发利用模式。以长城有效保护与合理利用为目的，以实现长城保护与当地经济发展双赢为目标，积极探索长城合理利用的新模式。

长城保护人才培养和队伍建设

一是各级政府应从保护遗产、传承文明的高度出发，利用此次长城调查契机，适当增加长城保护行政管理人员和业务人员编制。为省级和有关的市、县文物行政主管部门设立专门的长城保护管理内设机构，使全省长城保护管理达到科学、规范，巡视检查达到经常、全面，长城违法案件的处理及时、有效。

二是各级政府和文物主管部门要为长城保护专业技术人员提供良好的工作环境和条件。采取有效措施，建立相应的奖励机制，创造良好条件，提高长城保护研究专业技术人员总体业务水平，防止人员外流。

长城保护经费

进一步加大经费投入。县（市、区）级地方政府应将长城保护经费纳入本级财政预算，设立长城保护修缮专项经费，同时，建议国家进一步加大长城保护投资力度，省、市财政也应在项目和经费上予以一定的支持。在条件允许的前提下，地方政府也应多方筹集社会资金，用于修缮长城本体和保护周边环境。

长城科学研究

一是应组织专门管理或者学术机构，关注、搜集和研究国内外、省内外、行业内外的长城保护优秀科技成果，用于本省长城日常保护管理和抢救修缮。

二是设立长城保护研究课题项目，组织开展长城保护课题研究，尤其是长城自然损毁防治的科技研究，提高长城保护的科学技术水平。

三是建立相关学术研讨会、交流会、论证会等各种长城学术研究和交流的平台，组织长城科技保护研究的国际或者省际合作项目，广泛进行国内外、省内外的长城保护学术交流活动，以提升长城本体和"长城文化"的研究水平，发挥长城遗产的多元社会效益。

长城对外宣传

进一步加强对外宣传力度。各级党委、政府及有关部门，应充分发挥媒体的作用，采取多种方式，加大对外宣传力度，营造全民保护文物、爱护文物的社会氛围，编撰各种长城书籍和媒体资料，进一步提高长城在国内外的知名度和影响力。把长城本体的文物保护，提升为包括环境在内的对长城"文化遗产"的整体保护，形成长效机制。

后　记

《辽宁省燕秦汉长城资源调查报告》是继 2011 年《辽宁省明长城资源调查报告》后又一部关于辽宁地区长城的考古调查报告。

本次长城资源调查和准备工作中，辽宁省文物局李向东、吴炎亮、付兴胜等同志，在领导和组织协调等方面付出了巨大努力。2013 年初本报告编写工作启动后，辽宁省文物局副局长李向东等，亲自参与工作规划制定和组织提纲编写工作，并多次组织对重点段落的复查工作。根据工作需要，聘请王绵厚同志起草编写提纲，并经辽宁省文物保护专家组郭大顺、姜念思、王绵厚、田立坤、李新全和冯永谦等先生，充分讨论研究后确认编写体例和重点内容。

本报告的编写工作具体分工如下。

前言和第一章由王绵厚、熊增珑执笔；第二章主要由王绵厚执笔；第三章考古调查资料，由长城调查队四位队长陈山、尚晓波、吴鹏、靳军负责整理出初稿、编制图表，熊增珑负责汇总和统稿，其中第一节"地理地貌"和第七节补充的历年考古发现部分由王绵厚增入；第四章在各队提供部分素材基础上主要由王绵厚执笔，熊增珑提供了长城保护管理工作的资料；刘明负责本书附录内容和彩图的选定以及图纸的绘制工作；李向东负责图表的审定；付兴胜承担了编写的组织协调工作。

报告最终全部文稿内容由辽宁省文物保护专家组王绵厚先生通纂，辽宁省文物保护专家组组长郭大顺先生和姜念思、田立坤两位先生，对报告修改稿提出了很好的意见，郭大顺先生负责了终审。

值此书出版之际，编者向所有长城资源调查工作者和报告编写人员，为长城保护做出贡献的社会各界人士，以及为本报告出版付出辛勤汗水的文物出版社的编辑，深表谢忱。并请读者对报告中的疏误批评指正。

编者

2016 年 8 月

地图·彩图

图　　例

——	长 城 墙 体	⬠	烽 火 台
🏰	敌 台	⬡	城 址
◵	哨 所	⊜	挡 马 墙
◌	相 关 遗 址		

区块文字说明

①建平县燕秦长城遗存
②建平县汉长城遗存
③北票市、阜新蒙古族自治县燕秦长城遗存
④黑山县、北镇市、凌海市、义县汉长城遗存
⑤沈阳市区燕秦汉长城遗存
⑥沈阳市、抚顺市南部燕秦长城遗存
⑦抚顺市区、抚顺县汉长城遗存
⑧新宾满族自治县汉长城遗存
⑨丹东市汉长城相关城址

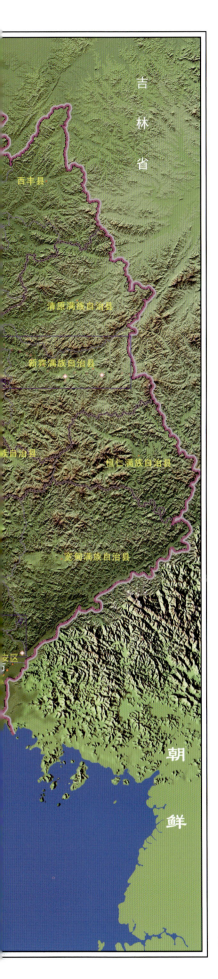

地图一　辽宁省燕秦汉长城分布地势图

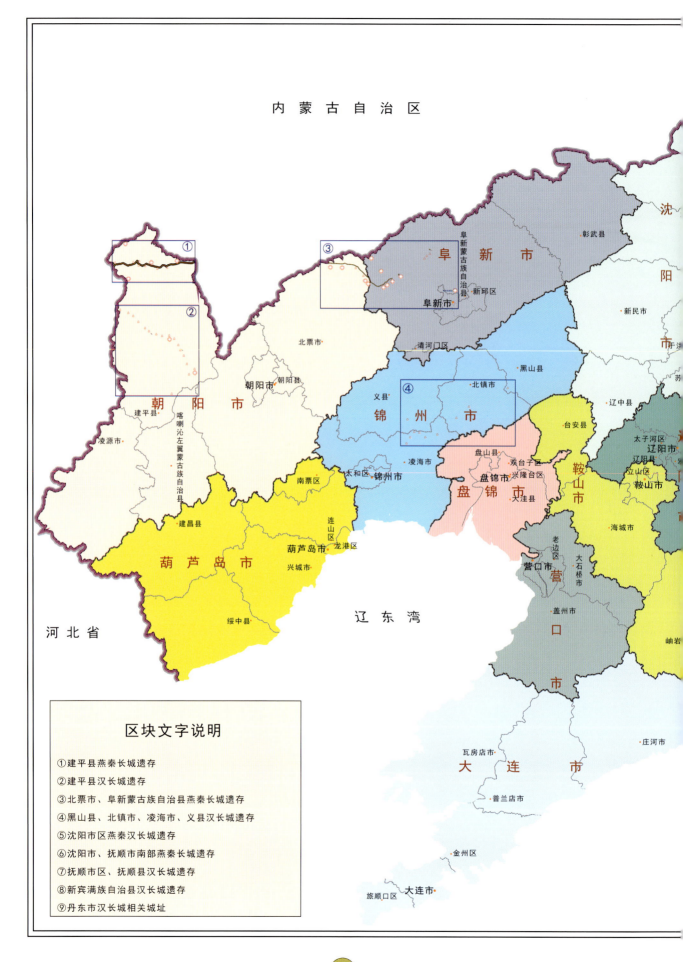

内 蒙 古 自 治 区

河 北 省

辽 东 湾

区块文字说明

①建平县燕秦长城遗存

②建平县汉长城遗存

③北票市、阜新蒙古族自治县燕秦长城遗存

④黑山县、北镇市、凌海市、义县汉长城遗存

⑤沈阳市区燕秦汉长城遗存

⑥沈阳、抚顺市南部燕秦长城遗存

⑦抚顺市区、抚顺县汉长城遗存

⑧新宾满族自治县汉长城遗存

⑨丹东市汉长城相关城址

地图二　辽宁省燕秦汉长城遗存分布政区图

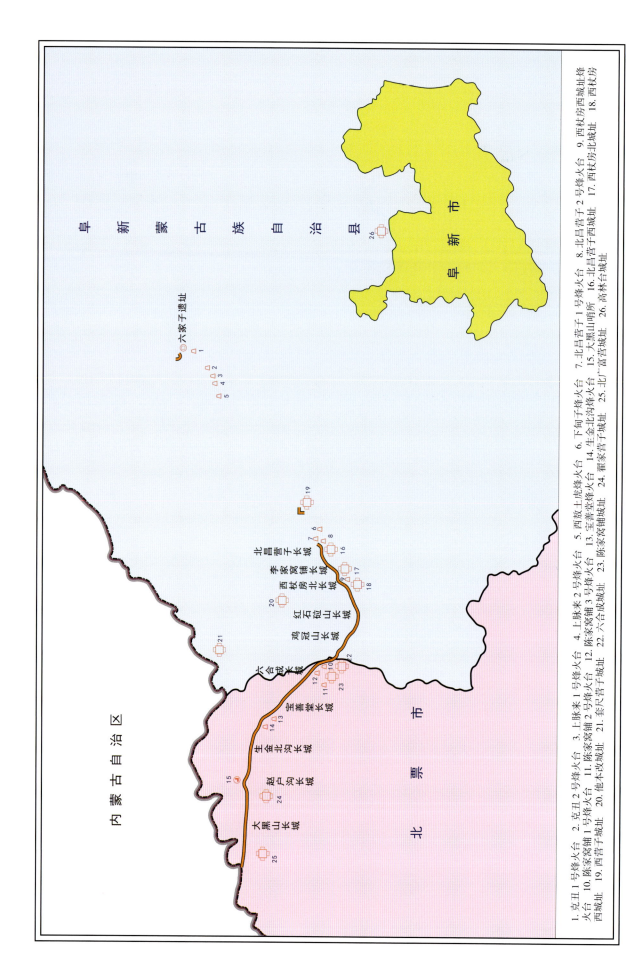

1. 克丑1号烽火台 2. 克丑2号烽火台 3. 上脉来1号烽火台 4. 上脉来2号烽火台 5. 西敖土虎烽火台 6. 下甸子烽火台 7. 北昌营子1号烽火台 8. 北昌营子2号烽火台 9. 西杖房西城址烽火台 10. 陈家窝铺1号烽火台 11. 陈家窝铺2号烽火台 12. 陈家窝铺3号烽火台 13. 生金北沟烽火台 14. 宝善堂烽火台 15. 大黑山哨所 16. 北昌营子西城址 17. 西杖房北城址 18. 西杖房西城址 19. 西营子城址 20. 他木改城址 21. 奏尺营子城址 22. 六合成城址 23. 陈家窝铺城址 24. 霍家营子城址 25. 北广富营城址 26. 高林台城址

地图三 阜新蒙古族自治县、北票市燕秦长城遗存分布示意图

250

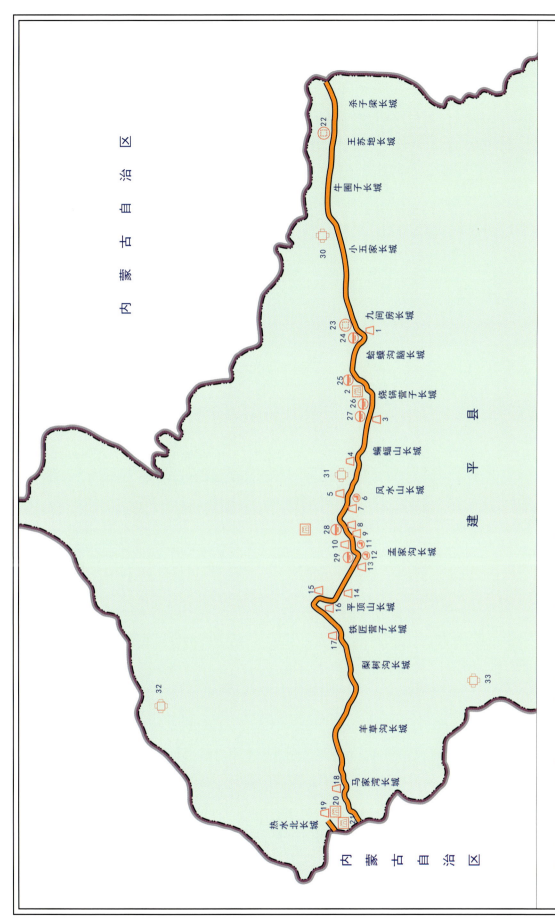

内蒙古自治区

内蒙古自治区

建 平 县

地图四　建平县燕秦长城遗存分布示意图

1.九间房烽火台　2.烧锅营子敌台　3.烧锅营子哨所　4.蝙蝠山烽火台　5.凤水山1号烽火台　6.凤水山2号烽火台　7.凤水山哨所　8.孟家沟1号烽火台　9.孟家沟2号烽火台　10.孟家沟3号烽火台　11.孟家沟4号烽火台　12.孟家沟1号哨所　13.孟家沟2号哨所　14.平顶山1号烽火台　15.平顶山2号烽火台　16.平顶山3号烽火台　17.铁匠营子烽火台　18.马家湾烽火台　19.热水北烽火台　20.热水北1号敌台　21.热水北2号敌台　22.王苏地遗址　23.九间房遗址　24.九间房挡马墙　25.烧锅营子1号挡马墙　26.烧锅营子2号挡马墙　27.烧锅营子3号挡马墙　28.孟家沟1号挡马墙　29.孟家沟2号挡马墙　30.小正家城址　31.霍家地城址　32.达拉营子城址　33.巴达营子城址

251

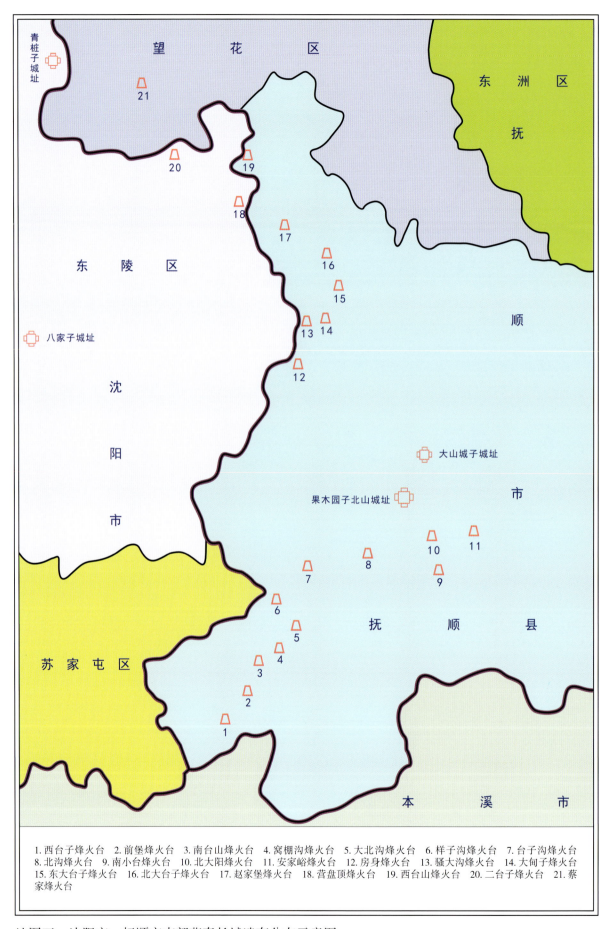

青桩子城址

望　花　区

东　洲　区

抚

21

20　　19

18

东　陵　区

17

16

15

13　14

八家子城址

顺

12

沈

阳

大山城子城址

果木园子北山城址

市

市

10　　11

8

7

9

苏　家　屯　区

6

5

抚　顺　县

4

3

2

1

本　溪　市

1.西台子烽火台　2.前堡烽火台　3.南台山烽火台　4.窝棚沟烽火台　5.大北沟烽火台　6.样子沟烽火台　7.台子沟烽火台　8.北沟烽火台　9.南小台烽火台　10.北大阳烽火台　11.安家峪烽火台　12.房身烽火台　13.骚大沟烽火台　14.大甸子烽火台　15.东大台子烽火台　16.北大台子烽火台　17.赵家堡烽火台　18.营盘顶烽火台　19.西台山烽火台　20.二台子烽火台　21.蔡家烽火台

地图五　沈阳市、抚顺市南部燕秦长城遗存分布示意图

沈北新区

于洪区

东
陵
区

抚顺市

沈阳市

青桩子城址

1.晓仁镜北大台子烽火台 2.晓仁镜西大台子烽火台 3.上马东山烽火台 4.中马北山烽火台 5.下马北山烽火台 6.七间房东山烽火台
7.东陵公园东山烽火台 8.新乐遗址西烽火台 9.全胜堡烽火台

地图六 沈阳市区燕秦汉长城遗存分布示意图

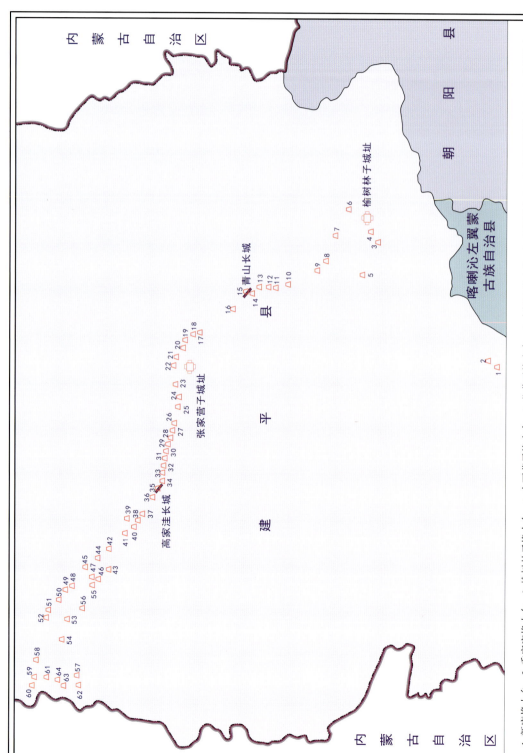

地图七 建平县汉长城遗存分布示意图

1. 新店烽火台 2. 李家店烽火台 3. 榆树林子烽火台 4. 大西营子烽火台 5. 北营子烽火台 6. 小桃址烽火台 7. 北岔烽火台 8. 疙瘩窝铺烽火台 9. 房身烽火台 10. 大石佛沟1号烽火台 11. 大石佛沟2号烽火台 12. 大石佛沟3号烽火台 13. 青山1号烽火台 14. 青山2号烽火台 15. 青山3号烽火台 16. 青山4号烽火台 17. 东山1号烽火台 18. 东山2号烽火台 19. 前苏州营子1号烽火台 20. 前苏州营子2号烽火台 21. 张家营子1号烽火台 22. 张家营子2号烽火台 23. 西张家营子烽火台 24. 上七家1号烽火台 25. 上七家2号烽火台 26. 孟家窝铺1号烽火台 27. 孟家窝铺2号烽火台 28. 孟家窝铺3号烽火台 29. 徐家沟1号烽火台 30. 徐家沟2号烽火台 31. 徐家沟3号烽火台 32. 南山烽火台 33. 孟家洼1号烽火台 34. 高家注1号烽火台 35. 高家注2号烽火台 36. 油房地1号烽火台 37. 油房地2号烽火台 38. 油房地3号烽火台 39. 大窝铺烽火台 40. 岳家注烽火台 41. 李家注烽火台 42. 高家烽火台 43. 西五家烽火台 44. 哈塘沟1号烽火台 45. 哈塘沟2号烽火台 46. 哈塘沟3号烽火台 47. 哈塘沟4号烽火台 48. 程家湾子烽火台 49. 龙台号烽火台 50. 机房沟烽火台 51. 姚嘁沟烽火台 52. 平房1号烽火台 53. 平房2号烽火台 54. 平房3号烽火台 55. 两间房烽火台 56. 丛家窝铺烽火台 57. 胡家营子烽火台 58. 丛家湾1号烽火台 59. 丛家湾2号烽火台 60. 小五家烽火台 61. 王谷地烽火台 62. 山根1号烽火台 63. 山根2号烽火台 64. 山根3号烽火台

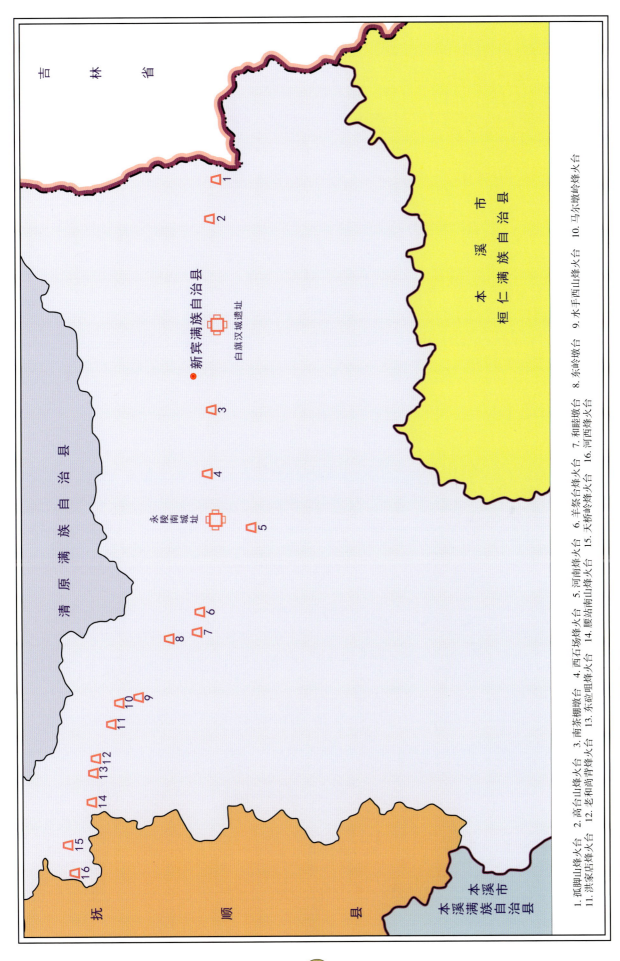

地图八　新宾满族自治县汉长城遗存分布示意图

1. 孤脚山烽火台　2. 高台山烽火台　3. 南茶棚墩台　4. 西右场烽火台　5. 河南烽火台　6. 羊祭台烽火台　7. 利睡墩台　8. 东岭墩台　9. 水手西山烽火台　10. 马尔墩岭烽火台　11. 洪家店烽火台　12. 老和尚背烽火台　13. 东崖明烽火台　14. 腰站南山烽火台　15. 天桥烽火台　16. 河西烽火台

255

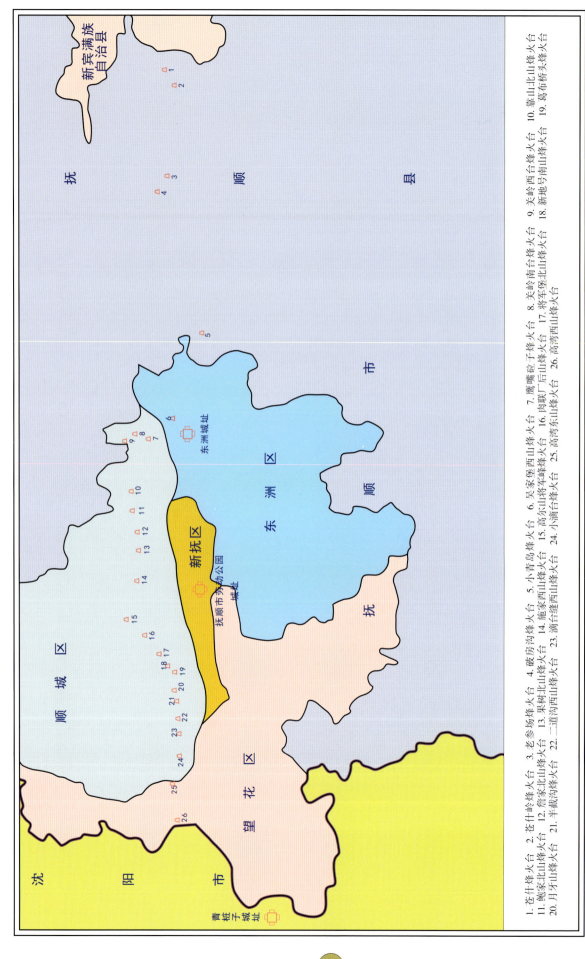

地图九 抚顺县、抚顺市区汉长城遗存分布示意图

1. 苍什峰火台　2. 苍什岭峰火台　3. 老参场峰火台　4. 破房沟峰火台　5. 小青岛峰火台　6. 吴家堡西山峰火台　7. 鹰嘴砬子峰火台　8. 关岭南台峰火台　9. 关岭西台峰火台　10. 靠山北山峰火台　11. 鲍家北山峰火台　12. 詹家北山峰火台　13. 果树北山峰火台　14. 施家西山峰火台　15. 高尔山将军峰峰火台　16. 肉联厂后山峰火台　17. 将军堡北山峰火台　18. 新地号南山峰火台　19. 葛布桥头峰火台　20. 月牙山峰火台　21. 羊截沟峰火台　22. 二道沟西山峰火台　23. 滴沟西山峰火台　24. 小滴台峰火台　25. 高冯东山峰火台　26. 高冯西山峰火台

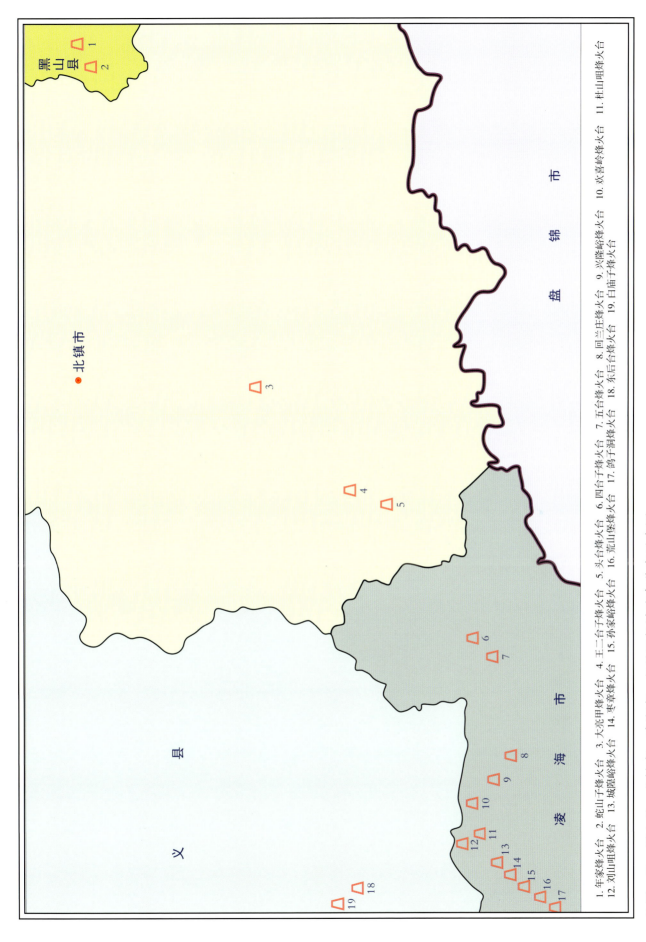

黑山县

1
2

北镇市

3

4
5

盘 锦 市

义 县

凌 海 市

6
7

8

9

10

11
12

13

14

15

16

17

18

19

1.牟家烽火台 2.蛇山子烽火台 3.大亮甲烽火台 4.王二台子烽火台 5.头台烽火台 6.四台子烽火台 7.五台烽火台 8.回兰庄烽火台 9.兴隆岭烽火台 10.欢喜岭烽火台 11.杜山咀烽火台 12.刘山咀烽火台 13.城隍峪烽火台 14.枣章烽火台 15.孙家岭烽火台 16.荒山堡烽火台 17.鸽子洞烽火台 18.东后台烽火台 19.白庙子烽火台

地图一〇 黑山县、北镇市、凌海市、义县汉长城遗存分布示意图

257

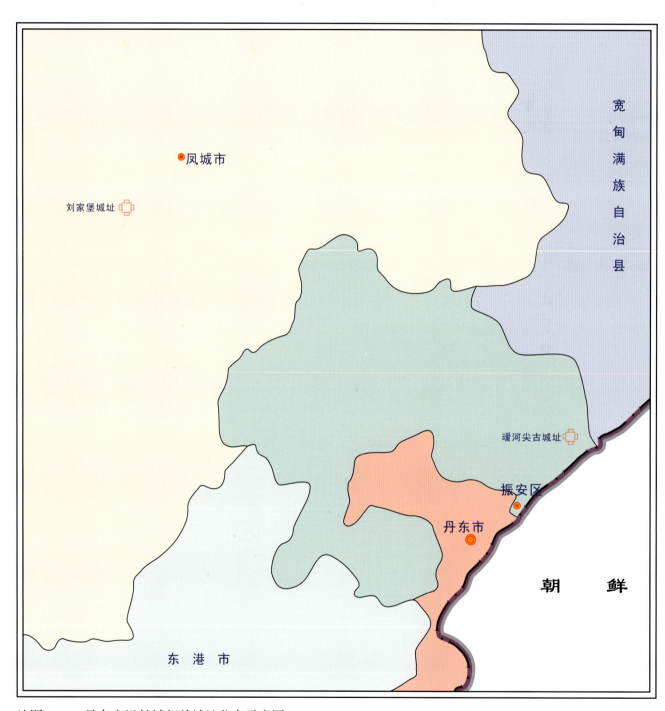

地图一一　丹东市汉长城相关城址分布示意图

彩图一　六家子北山长城（从东向西摄）

彩图二　北昌营子长城 2 段（从西向东摄）

彩图三　北昌营子长城 2 段（从西向东摄）

彩图四　李家窝铺长城2段（从南向北摄）

彩图五　西杖房北长城1段（从西向东摄）

彩图六　西杖房北长城3段（从南向北摄）

彩图七　红石砬山长城 7 段（从南向北摄）

彩图八　红石砬山长城 9 段（从东向西摄）

彩图九　鸡冠山长城 6 段（从东南向西北摄）

彩图一〇　鸡冠山长城7段（从东向西摄）

彩图一一　六合成长城 2 段（从南向北摄）

彩图一二　宝善堂长城（从西北向东南摄）

彩图一三　生金北沟长城 1 段（从北向南摄）

彩图一四　大黑山长城 1 段（从东北向西南摄）

彩图一五　大黑山长城 3 段（从东北向西南摄）

彩图一六　九间房长城7段（从东向西摄）

彩图一七　蛤蟆沟脑长城2段（从西向东摄）

彩图一八　蛤蟆沟脑长城 3 段（从西向东摄）

彩图一九　烧锅营子长城 1 段（从东北向西南摄）

彩图二〇　烧锅营子长城 1 段（从西向东摄）

彩图二一　烧锅营子长城 1 段（从南向北摄）

彩图二二　烧锅营子长城 2 段（从东向西摄）

彩图二三　烧锅营子长城 2 段（从西向东摄）

彩图二四　烧锅营子长城10段（从东北向西南摄）

彩图二五 烧锅营子长城 10 段（从东北向西南摄）

彩图二六 烧锅营子长城 10 段（从西南向东北摄）

彩图二七　烧锅营子长城 10 段支线（从西北向东南摄）

彩图二八　蝙蝠山长城 2 段（从东南向西北摄）

彩图二九　蝙蝠山长城 4 段（从西向东摄）

彩图三〇　蝙蝠山长城 5 段（从西向东摄）

彩图三一　风水山长城 1 段（从东向西摄）

彩图三二　风水山长城 9 段（从东南向西北摄）

彩图三三　孟家沟长城 7 段（从西南向东北摄）

彩图三四　孟家沟长城 11 段（从西向东摄）

彩图三五　平顶山长城7段（从西北向东南摄）

彩图三六　平顶山长城8段（从东北向西南摄）

彩图三七　马家湾长城1段（从西南向东北摄）

彩图三八　马家湾长城 2 段（从东北向西南摄）

彩图三九　马家湾长城4段
　　　　（从东北向西南摄）

彩图四〇　马家湾长城8段
　　　　（从东北向西南摄）

彩图四一　马家湾长城15段
　　　　（从西南向东北摄）

彩图四二　热水北长城1段（从西南向东北摄）

彩图四三　烧锅营子敌台（从南向北摄）

彩图四四　八家子城址（从东南向西北摄）

彩图四五　青桩子城址北城墙（从东向西摄）

彩图四六　青桩子城址西城墙（从东南向西北摄）

彩图四七　西营子城址南城墙（从西向东摄）

彩图四八　西营子城址北城墙（从南向北摄）

彩图四九　西营子城址遗物

彩图五〇　他本改城址东城墙（从北向南摄）

彩图五一　高林台城址东城墙（从北向南摄）

彩图五二　六合成城址遗物

彩图五三　翟家营子城址遗物

彩图五四　北广富营城址东城墙（从南向北摄）

彩图五五　北广富营城址遗物

彩图五六　小五家城址北城墙断面（从东向西摄）

彩图五七　小五家城址西北角（从西向东摄）

彩图五八　小五家城址西城墙（从北向南摄）

彩图五九　小五家城址遗物

彩图六〇　霍家地城址遗物

彩图六一　达拉甲城址全貌（从西向东摄）

彩图六二　达拉甲城址遗物

彩图六三　巴达营子城址北城墙（从东向西摄）

彩图六四　巴达营子城址南城墙断面（从北向南摄）

彩图六五　西台子烽火台（从西南向东北摄）

彩图六六　前堡烽火台（从南向北摄）

彩图六七　窝棚沟烽火台（从北向南摄）

彩图六八　大北沟烽火台（从西北向东南摄）

彩图六九　安家峪烽火台（从西南向东北摄）

彩图七〇　房身烽火台（从西南向东北摄）

彩图七一　北大台子烽火台（从西南向东北摄）

彩图七二　蔡家烽火台（从西南向东北摄）

彩图七三　高湾西山烽火台（从北向南摄）

彩图七四　晓仁镜北大台子烽火台（从东北向西南摄）

彩图七五　上马东山烽火台（从西南向东北摄）

彩图七六　晓仁镜北大台子烽火
　　　　　台遗物

彩图七七　上马东山烽火台遗物

彩图七八　中马北山烽火台遗物

彩图七九　下马北山烽火台遗物

彩图八〇　七间房东山烽火台遗物

彩图八一　东陵公园东山烽火台（从东北向西南摄）

彩图八二　全胜堡烽火台（从西北向东南摄）

彩图八三　全胜堡烽火台遗物

彩图八四　克丑 2 号烽火台（从北向南摄）

彩图八五　烧锅营子烽火台（从南向北摄）

彩图八六 孟家沟1号烽火台（从东向西摄）

彩图八七 孟家沟3号烽火台（从南向北摄）

彩图八八　平顶山 3 号烽火台（从北向南摄）

彩图八九　热水北烽火台（从东北向西南摄）

彩图九〇　半拉沟叶脉纹铜镜

彩图九一　团山子 1 号铜戈

彩图九二　团山子 2 号铜戈

彩图九三　双山子异形戈

彩图九四　青山长城1段（从南向北摄）

彩图九五　高家洼长城1段（从东南向西北摄）

彩图九六　白旗汉城遗址遗物

彩图九七　白旗汉城遗址遗物

彩图九八　永陵南城址（从西南向东北摄）

彩图九九　永陵南城址遗物

彩图一〇〇　永陵南城址遗物

彩图一〇一　永陵南城址遗物

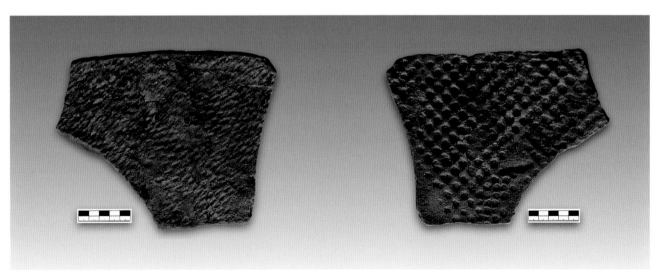

彩图一〇二　永陵南城址遗物（左为瓦面，右为瓦里）

彩图一〇三　榆树林子城址西南角（从南向北摄）

彩图一〇四　榆树林子城址南城墙（从西南向东北摄）

彩图一〇五　张家营子城址遗物

彩图一〇六　孤脚山烽火台（从北向南摄）

彩图一〇七　南茶棚墩台（从南向北摄）

彩图一〇八　西石场烽火台（从西南向东北摄）

彩图一〇九　南茶棚墩台遗物

彩图一一〇　西石场烽火台遗物

彩图一一一　羊祭台烽火台（从东南向西北摄）

彩图——二　羊祭台烽火台遗物

彩图——三　和睦烽火台（从西南向东北摄）

彩图一一四　东岭烽火台（从东南向西北摄）

彩图一一五　水手西山烽火台（从西南向东北摄）

彩图一一六　洪家店烽火台遗物

彩图一一七　天桥岭烽火台（从东南向西北摄）

彩图一一八　天桥岭烽火台遗物

彩图一一九　河西烽火台遗物

彩图一二〇　苍什烽火台（从西南向东北摄）

彩图一二一　苍什烽火台遗物

彩图一二二　苍什岭烽火台（从东北向西南摄）

彩图一二三　苍什岭烽火台遗物

彩图一二四　关岭西台烽火台（从西南向东北摄）

彩图一二五　靠山北山烽火台（从西南向东北摄）

彩图一二六　靠山北山烽火台遗物

彩图一二七　果树北山烽火台遗物

彩图一二八　施家西山烽火台
　　　　　　遗物

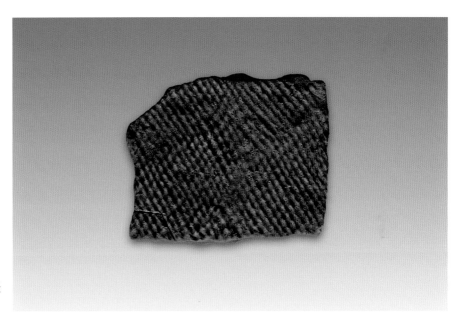

彩图一二九　高尔山将军峰
　　　　　　烽火台遗物

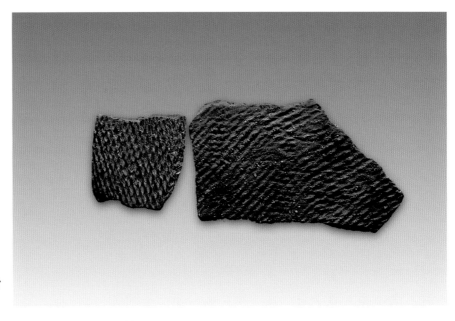

彩图一三〇　新地号南山烽火台
　　　　　　遗物

彩图一三一　滴台缝西山烽火台（从西北向东南摄）

彩图一三二　滴台缝西山烽火台遗物

彩图一三三　小滴台烽火台（从东向西摄）

彩图一三四　小滴台烽火台遗物

333

彩图一三五　孙家峪烽火台（从南向北摄）

彩图一三六　鸽子洞烽火台（从南向北摄）

彩图一三七　城隍峪烽火台（从西向东摄）

彩图一三八　兴隆峪烽火台（从西向东摄）

彩图一三九　五台烽火台（从北向南摄）

彩图一四〇　王二台子烽火台（从南向北摄）

彩图一四一　大亮甲烽火台（从南向北摄）

彩图一四二　蛇山子烽火台（从东向西摄）

彩图一四三　东后台烽火台（从东向西摄）

彩图一四四　季家店烽火台（从东向西摄）

彩图一四五　季家店烽火台遗物

339

彩图一四六　小桃吐烽火台（从东南向西北摄）

彩图一四七　小桃吐烽火台遗物

340

彩图一四八　大西营子烽火台（从东向西摄）

彩图一四九　大西营子烽火台遗物

341

彩图一五〇　榆树林子烽火台（从东向西摄）

彩图一五一　房身烽火台（从北向南摄）

彩图一五二　房身烽火台遗物

彩图一五三　大石佛沟 2 号烽火台遗物

彩图一五四　大石佛沟 4 号烽火台（从南向北摄）

彩图一五五　青山 1 号烽火台（从北向南摄）

彩图一五六　青山 1 号烽火台遗物

彩图一五七　东山 1 号烽火台（从东向西摄）

彩图一五八　东山 2 号烽火台（从南向北摄）

图一五九　前苏州营子1号烽火台（从东向西摄）

彩图一六〇　前苏州营子 1 号烽火台遗物

彩图一六一　前苏州营子 2 号烽火台（从东向西摄）

彩图一六二　西张家营子烽火台（从东向西摄）

彩图一六三　西张家营子烽火台遗物

彩图一六四　上七家 1 号烽火台（从北向南摄）

彩图一六五　上七家2号烽火台（从南向北摄）

彩图一六六　上七家2号烽火台
遗物

彩图一六七　孟家窝铺1号烽火台
遗物

彩图一六八　徐家沟1号烽火台
遗物

彩图一六九　高家洼1号烽火台（从东向西摄）

彩图一七〇　高家洼 2 号烽火台遗物

彩图一七一　油房地 1 号烽火台遗物

彩图一七二　油房地 2 号烽火台（从南向北摄）

彩图一七三　油房地 3 号烽火台
　　　　　遗物

彩图一七四　岳家洼烽火台遗物

彩图一七五　东五家烽火台（从东向西摄）

彩图一七六　东五家烽火台遗物

彩图一七七　哈塘沟1号烽火台（从西向东摄）

彩图一七八　哈塘沟 1 号烽火台
　　　　　遗物

彩图一七九　哈塘沟 4 号烽火台（从北向南摄）

彩图一八〇　龙台号烽火台（从东南向西北摄）

彩图一八一　机房沟烽火台（从西向东摄）

彩图一八二　丛家湾 1 号烽火台（从东向西摄）

彩图一八三　丛家湾 2 号烽火台（从西向东摄）

彩图一八四　山根 1 号烽火台（从东向西摄）

彩图一八五　威宁营遗址乳钉纹半瓦当

彩图一八六　威宁营遗址筒瓦